国家杰出青年科学基金研究专著

经济发展与中国土地非农化

曲福田　陈江龙　陈会广　著

商务印书馆
2007年·北京

图书在版编目(CIP)数据

经济发展与中国土地非农化/曲福田,陈江龙,陈会广著.—北京:商务印书馆,2007
ISBN 7 - 100 - 04885 - 0

Ⅰ.经… Ⅱ.①曲…②陈…③陈… Ⅲ.土地问题—研究—中国 Ⅳ.F321.1

中国版本图书馆 CIP 数据核字(2005)第 157141 号

所有权利保留。
未经许可,不得以任何方式使用。

经济发展与中国土地非农化

曲福田 陈江龙 陈会广 著

商 务 印 书 馆 出 版
(北京王府井大街36号 邮政编码 100710)
商 务 印 书 馆 发 行
北京瑞古冠中印刷厂印刷
ISBN 7 - 100 - 04885 - 0/K·911

2007年12月第1版	开本 850×1168 1/32
2007年12月北京第1次印刷	印张 11½

定价:23.00元

序

资源配置是经济发展的永恒主题,土地资源则是人类社会发展的主要资源。从威廉·配第、亚当·斯密、大卫·李嘉图到卡尔·马克思等都对土地资源与经济发展的关系以及地租理论作了奠基性的研究。而冯·杜能的农业区位论、阿尔弗雷德·韦伯的工业区位论、奥古斯特·廖什的市场区位论,又深入研究了土地资源区域分工配置的科学依据。1924年美国经济学家理查德·T.伊利和爱德华·W.莫尔豪斯合著的《土地经济学原理》出版。此后,关于经济发展与土地利用、土地制度与政策等问题成了经济学研究的重点领域。土地利用受自然资源禀赋、经济发展水平、制度法律规范、科学技术条件、社会文化偏好等多因素影响,而这些条件在不同的国家和地区、不同经济发展阶段有很大的区别,这就导致了各个国家和地区土地问题具有特殊性,关于土地资源配置的研究也就需要在共性的基础上,强调各个国家的个性特征。因此,经济发展过程中土地资源配置需要在普遍规律或原理基础上,结合各个国家的特点进行持续不断的探索和研究。

改革开放以来,我国经济发展进入了高速增长阶段,1978~2006年近30年间,GDP年均增长率高达9.6%,是世界上经济增长最快的国家。目前,我国工业化已处于中期阶段,城市化进程加速,土地等生产要素从农业向农业以外急剧转移。1978以来建设占用耕地的数量每年平均达 30 万公顷。可以说,改革开放以来的经济发展伴随的一个重要特征就是显著的土地非农化配置,并在较长时间内呈加速状态。我国人均不足 0.1 公顷,仅为世界平均水平的 2/5;耕地面积只占世界耕地面积的 9.5%,却养活着世界 22% 以上的人口,这对我国经济社会的可持续发展是一个严峻的挑战。1994 年美国学者莱斯特·布朗曾经发出了 21 世纪谁来养活中国人的担忧,更使我们认识到中国人只能依靠自己的土地养活自己。然而,经济发展是构建和谐社会的首要前提,土地作为重要的生产要素在经济发展中还在起着重要的作用。但如果完全禁止土地非农化,我国的经济发展肯定要受到阻碍。因而摆在中国人面前路子只能是寻求用最小的土地要素投入换取最大的经济产出,也就是要寻求最经济的土地非农化。而问题在于,由于财政分权体制和中国特有的政绩考核制度,中国经济发展主要是靠地方经济来推动。在其他生产要素高度市场化之后以及在现有产权制度条件下,土地是地方政府所能掌握和控制的最大、最有效的资源要素,在招商引资中土地价格是最好的竞争手段之一。通过压低土地价格,利用土地要素替代其他生产要素,土地过量供给,导致土地过速非农化现象,这在我国已是一个突出而普遍的问题。土地过速非农化一方面影响了粮食安全,一方面又影响着社会经济的健康发展。巨额土地资源开发成本在经济决策中被低估,导致产业进入门槛过低,产业结构低水平雷同,经济低质量增长。同时,农地过速非农化降低了农业资源的存量和生产能力,削弱国民经济发展的基础;由于土地和人口没有同步非农化,过速的土地非农化在一定程度上扩大了城乡差距,并因此引发了社会的不稳定和不和谐现象。

对于控制土地过速非农化,在理论和政策两方面我们曾作过很多的努力。但在实践中,经济增长与土地管理的冲突越来越突出,最后博弈的结果往往在很多情况下是以降低土地政策效率为代价,或者说土地政策与宏观经济政策难以有效地衔接和耦合。严格保护农地资源是我国的一项基本国策,而反思以往的研究,关注更多的是土地非农化的速度、影响以及如何通过土地利用规划、土地用途管制以及加强土地行政审批与监管等措施来减缓农地,尤其是耕地大量减少的趋势。这些研究的视角大多局限在土地资源本身的管理,很少将土地非农化配置放在国民经济发展的宏观体系中加以认识和分析,从而难以客观地回答土地非农化的"功"与"过",也不能科学解释不同经济增长阶段和不同区域土地非农化的主要驱动因素、内在机制和特征,使得现有的研究成果很难支撑土地政策对整个国民经济的调控。尤其是土地政策参与宏观调控之后,客观上要求土地政策的研究需要更高的层次和更广的视野。

事实上,土地资源在不同部门之间的配置有其自身的规律,它与经济发展阶段、区域资源禀赋和制度安排特征等密切相关。这就要求我们应从微观机制和宏观运行、经济发展和资源保护、作用机制和政策调控、国内现状和国外经验等多层面、多视角地全面、综合研究人地关系的突出矛盾和经济转型背景下土地资源在不同部门配置的规律性,尤其是快速经济增长阶段土地非农化的特征、机制及其对社会经济的影响。这对稀缺土地资源优化配置、土地利用规划与用途管制以及土地管理参与宏观调控具有重大的理论价值和政策意义。摆在我们面前的这本书是国家杰出青年基金获得者曲福田教授领导的研究小组近年来在经济发展与土地资源管理方面的又一力作。该书从经济发展中的资源配置为理论出发点,按照"过程—机制—反馈"的逻辑思路对中国经济快速发展过程中的土地非农化问题展开系统研究,试图把握中国土地非农化的时空规律、形成机制、综合效应,从而提出调控中国土地非农化的政策反馈。在研究维度上,从时间到空间;在分析层次上,从宏观到微观;多视角研究改革开放以来,中国经济转型期不同阶段经济发展、制度变迁与土地非农化的相互关系,大大拓展了我国关于土地非农化的研究体系。

首先,该书系统分析了1978年以来中国土地非农化的基本规律,并对粮食安全与土地非农化的关系作了理性分析。研究发现我国的土地非农化具有周期波动特征,且与经济增长的周期基本一致,与固定资产投资和国民生产总值呈高度相关。这说明在目前的经济发展还主要靠增加要素投入来推动的情况下,土地非农化既是经济增长的主要特征,也是经济增长的必然结果。众所周知,土地用途管制主要是基于对粮食安全的考虑。然而对管制程度的把握一直缺乏实证研究的支撑,土地用途管制科学性经常受到怀疑,也在一定程度上影响了土地管制和相关政策实施的效率。该书在理论概括的基础上,实证分析了土地非农化对中国大陆粮食安全的影响程度。结果表明,土地非农化对于粮食安全的影响显著,但粮食安全并非排斥土地非农化的合理性。实施上,经济增长客观上需要经历一定程度上的土地非农化,从日本和我国台湾地区的经验来看,农地保护应该有一个合理的程度。在理论上,这个程度就是最后一个单位的土地资源在非农部门和农业部门配置的边际收益相等,从而经济发展与农地保护取得均衡。当然,均衡的标准不仅是以市场价值为基础,而是以基于公共政策分析的社会成本价值为基础。这些实证研究结论对于我们全面认识粮食安全、经济增长和农地保护之间的辩证关系,重新评价中国的农地保护政策具有重要的理论意义。值得指出的是,基于经济发展和农地保护均衡基础上得出的合理的土地非农化这一命题和结论,在现有的研究中并不多见。

由于经济发展水平、资源禀赋、产业结构等多种因素在区域间有很大的差异,客观上以土地非农化为主要特征的土地资源部门配置效率在空间上存在明显的不同。土地非农化空间效率这一新的命题,对于在不同地区合理配置非农建设用地和确定农地保护的合理程度,科学优化全国的土地利用结构,提高土地资源整体配置效率和促进区域协调发展,有着十分重要的理论和实践意义。在空间尺度上,本书运用C-D生产函数研究了土地非农化对不同区域经济增长的贡献,分析了我国不同区域不同土地利用类型的比较优势。研究表明,我国的农地非农化对经济增长的贡献率由东向西递减;从比较优势来看,相对中部,东部和西部地区的非农业土地利用相对于农业土地利用更具有比较优势。但如果考虑到区域的生态环境要素,西部的非农业土地利用的比较优势就会减弱。据此,本研究提出了我国建设占用耕地指标的分解实行区域差异化政策。当然,这客观上要求实行完善的主体功能区规划及有效的区域补偿配套政策。区域统筹发展客观上要求我们根据各个区域资源潜力等方面的比较优势,科学界定各个区域的主体功能,提出分类指导的区域政策。从这个意义上讲,该书的研究成果为我们科学确定区域主体功能、调整区域土地利用战略、合理确定土地非农化的区域结构提供了一个科学的方法论。

自1998年以土地用途管制为特征的新的《土地管理法》颁布实施之后,我国事实上建立了全世界最严格的土地管理制度。然而,随着经济增长的加速,转型时期资源配置效率表现为一定程度的不确定性,表现在土地管理上就是耕地保护政策似乎一直没有达到理想的效果,土地过速非农化及其相应的粮食安全、经济安全、生态安全和社会安全受损越来越成为公共政策关注的焦点,以至于土地"闸门"已成为我国宏观调控主要政策手段之一。反思这一现象,问题的症结就在于对我国土地过速非农化现象背后的深层因素及其对土地非农化影响程度和作用机制尚未形成其他更有效的遏制方式。本书的研究则着眼于经济转型时期的经济发展和制度特征,构建了一个土地非农化驱动机制的理论分析模型,运用20世纪90年代以来土地非农化和相关的社会经济数据,在宏观层面上分析了我国土地非农化的主要驱动要素,并结合典型区域的案例分析,确定了主要驱动因素的作用性质及其程度。这是这一研究在理论上的一个突出贡献。多元回归模型的分析结果表明,土地非农化主要受三类因素的影响:需求、供给和政策调控。其中,人口和固定资产投资是促进土地非农化的主要推动因素;土地利用比较效益和资源禀赋等供给因素是土地非农化的基础因素;地方政府管制反馈与农地非农化呈负相关关系提醒我们,需要改变中央政府与地方政府在土地保护问题上的非合作博弈,才能从改变我国目前耕地保护政策实施效率低的问题,因为地方政府实际上是政策实施的主体。土地非农化经济驱动机制模型的建立和具体因素的分析,深入、系统地揭示了经济转型时期我国土地资源在非农部门配置的机制和规律,为我们科学地预测土地利用结构的变化、调整土地政策,实现土地资源定额优化配置和宏观调控的目标具有十分重要的意义。

纵观全书,本书是我国关于经济发展与土地资源利用管理领域的一部代表之作。首先,作者对经济发展与土地非农化规律进行了系统分析,表现出该研究的前瞻性与开拓性。一是试图回答经济快速发展阶段土地非农化的特征与机制,为土地调控政策,尤其是为宏观经济调控政策作了理论和政策准备。二是将经济发展、制度转型和土地资源部门配置联系起来加以研究,更新了视角,拓宽了理论研究的范围,使得土地非农化的研究更为全面、客观、科学。第二,该研究分析的层次从宏观到微观,分析的纬度从时间到空间,构建了一个转型时期经济发展与土地资源部门配置规律研究的理论分析框架,研究方法有创新,应该说这是对我国资源配置理论研究的一个拓展和贡献。第三,该研究得出了一些具有重要理论价值和政策含义的结论。如土地仍然是我国经济增长的主要投入要素并对经济增长有着很高的贡献率,基于粮食安全考虑的农地保护应有合理的界限,在现有的经济增长方式和区域经济结构条件下,土地非农化将随着我国经济快速发展还要保持较高的速度,我国区域之间存在着明显的土地利用比较优势,农地管制的地方反馈是土地非农化主要的制度因素。

当然,该研究还有一些值得探讨的地方,如在工业化、城市化水平已经很高的发达地区进一步提高土地的非农化比例,是否会超越当地的资源环境承载力,从而导致发展的难以持续和总体生活质量的下降?土地的非农化如何才能促进农业的现代化,以确保国家的粮食安全等。但作者严谨的理论分析和科学的实证检验,为我国土地经济与管理乃至资源经济与管理的研究贡献了有价值的理论成果,也为我国宏观调控政策尤其是土地调控政策的分析及制订提供了有参考价值的一种思路。

是为序。

陈锡文

2007年6月

目　录

第一章　绪论 ………………………………………………… 1
　第一节　经济发展中的土地非农化及其影响 ………………… 1
　第二节　理论问题的提出 ……………………………………… 23
　第三节　本书的研究体系 ……………………………………… 27
第二章　土地非农化研究动态综述 ……………………………… 35
　第一节　经济增长与土地非农化关系研究 …………………… 35
　第二节　土地非农化机制研究 ………………………………… 38
　第三节　土地非农化影响评价研究 …………………………… 44
　第四节　土地非农化调控政策研究 …………………………… 47
　第五节　研究评述 ……………………………………………… 51
第三章　日本和中国台湾地区经济快速增长阶段土地非农化 … 59
　第一节　日本经济快速增长阶段的土地非农化 ……………… 59
　第二节　中国台湾地区经济快速增长阶段的土地非农化 …… 66
　第三节　小结 …………………………………………………… 72
第四章　我国经济快速增长过程中的土地非农化 ……………… 74
　第一节　1978~2004年我国土地非农化过程分析 …………… 74
　第二节　土地非农化对经济增长的贡献 ……………………… 79
　第三节　土地非农化对经济增长贡献的地区差异分析 …… 85
　第四节　小结 …………………………………………………… 92

第五章 土地非农化与粮食安全 ·············· 95
第一节 粮食生产与粮食安全 ·············· 95
第二节 土地非农化对粮食安全的影响及其预测 ········ 106
第三节 小结 ························ 117

第六章 土地非农化动力机制的理论框架与实证研究 ······ 119
第一节 土地非农化驱动力机制的理论分析框架 ······· 119
第二节 土地非农化驱动力要素分析 ············ 125
第三节 土地非农化驱动因素的实证分析 ·········· 134
第四节 结论与讨论 ····················· 140

第七章 土地收益分配与土地非农化 ············· 145
第一节 土地非农化收益分配及其主体 ············ 145
第二节 收益主体博弈与土地非农化 ············ 146
第三节 土地非农化收益分配的案例分析 ·········· 153
第四节 小结 ······················· 164

第八章 三元制度变迁模型与土地非农化 ··········· 167
第一节 三元制度变迁模型的建构 ············· 167
第二节 土地征用的理论与现实 ·············· 184
第三节 我国征地制度变迁 ················ 192
第四节 小结 ······················· 217

第九章 区域土地非农化与制度响应的理论框架 ········ 221
第一节 转型期地方政府行为与土地非农化 ········· 221
第二节 土地非农化的调控 ················ 230
第三节 待验证的研究假说 ················ 241

第十章 区域土地非农化与制度响应的实证研究 ········ 244
第一节 研究区域、数据说明与实证模型选择 ········ 244

第二节　经济社会及制度与政策因素对土地非农化影响的
　　　　　　理论预期……………………………………… 256
　　第三节　结果与讨论……………………………………… 259
第十一章　土地非农化效率的空间差异分析…………………… 270
　　第一节　土地资源空间配置效率与可持续利用………… 270
　　第二节　土地非农化在不同区域、不同部门配置的数量
　　　　　　比较………………………………………………… 272
　　第三节　我国土地利用比较优势和土地非农化配置的空间
　　　　　　差异分析…………………………………………… 281
　　第四节　小结……………………………………………… 294
第十二章　区域经济发展与土地非农化需求…………………… 296
　　第一节　区域经济增长与建设用地扩展机制分析……… 296
　　第二节　区域经济增长与建设用地扩展实证分析……… 307
　　第三节　建设用地需求模型与不同时期江苏建设用地
　　　　　　需求预测…………………………………………… 318
　　第四节　江苏省经济增长与土地资源供需分析………… 322
第十三章　中国土地非农化的政策体系改革…………………… 330
　　第一节　中国土地非农化政策调整的基本思路………… 330
　　第二节　解决中国土地非农化问题的政策建议………… 335
后记………………………………………………………………… 351

第一章 绪 论

第一节 经济发展中的土地非农化及其影响

土地非农化[①]是一个全球性的现象,全世界的建设用地(建成区和基础设施面积)大致以每年 1.2%的速度增加[1]。加拿大 1966~1986 年为了建设 70 个城市占用了 30 万公顷农地,日本从 1950 年到 1979 年,工业化占用了 133 万公顷的农用地。联合国粮农组织《迈向 2010 年的农业》报告预测,到 2010 年发展中国家(不包括中国)的工业化和城市化将占用 3 500 万公顷的新土地,届时将导致其中的 2 000 万公顷农用地转入非农土地利用。这一现象也是经济发展中的客观现象。

改革开放以来,我国经济发展进入了高速增长阶段,1978~2004 年的 27 年间,中国的国内生产总值增加了 12.2 倍,年均增长率高达 9.4%,是同一时期全世界经济增长最快的国家。20 世纪 90 年代以来,我国经济增长中出现了一系列新的结构性变化,进入了投资需求带动的"重型"增长方式阶段,按照国际经验,就是进入工业化中期阶段。1999 年我国城市化水平已经达

---

① 见本章"土地非农化及其实质"对土地非农化含义的界定。

到了30.89%[①]，按照一般规律，一个国家的城市化水平在达到了30%左右以后，就进入了城市化加速期。目前，我国工业化中期、城市化加速阶段的经济与社会特征日益凸显，社会财富以前所未有的速度累积，土地等生产要素从农业向农业以外急剧转移。1978～2004年建设占用耕地的数量达497.78万公顷，年均18.44万公顷。随着经济的发展，土地非农化速度呈加速状态。1978～1989年，年均建设占用耕地的数量为15.81万公顷；1990～1999年，年均建设占用耕地的数量为16.81万公顷；2000～2004年，年均建设占用耕地的数量为19.43万公顷。从图1—1可以看出，土地非农化数量变动基本与经济增长的波动相吻合，土地非农化是经济发展过程中一定阶段的客观现象。国际经验表明，这种现象还将保持较长的时间。

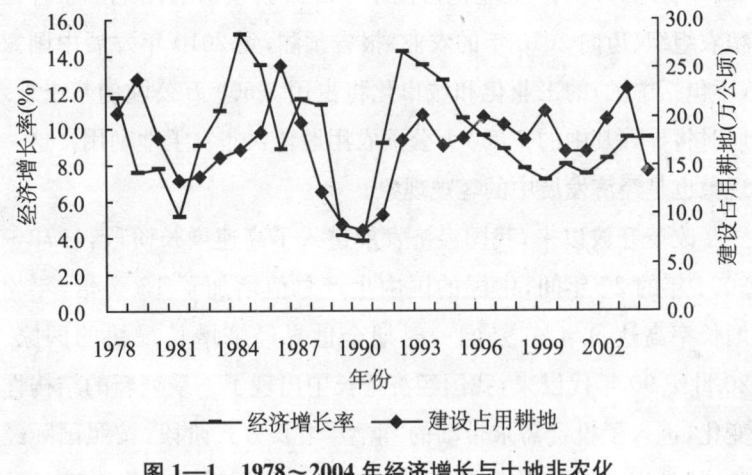

图1—1　1978～2004年经济增长与土地非农化

---

① 见2000年《中国统计年鉴》，第95页。

一、土地非农化及其实质

从广义上来讲,非农化是指劳动力、土地和资本由农业部门向非农业部门流动,即农业生产要素在非农产业中重新配置和定位。本书中土地非农化就是指农用地转变为一切非农产业部门的建设用地的过程。所谓的农用地是指用于农业生产的全部土地,包括直接农用地和间接农用地。直接农用地包括耕地、园地、林地、牧草地、养殖水面等用地;间接农用地是指排灌沟渠、田间道路、晒谷场、温室、畜舍等生产性建(构)筑物占用的土地[1]。建设用地包括城镇村居民点用地、独立工矿用地、特殊用地、风景旅游设施用地、交通用地和水利设施用地[2]。

在现行土地制度下,土地非农化的途径主要有以下三类:一是国家直接以划拨或出让方式将国有农地(国有农场、林场等)转化为非农建设用地;二是国家首先征用农村集体所有的农地[2],然后再以划拨或出让的形式把农地转化为非农建设用地;三是集体或个人建设,在不改变集体土地所有权的情况下将农地转化为非农建设用地。相比之下,第一种和第三种途径的转化不涉及土地所有权的转移,且数量较少;第二种途径转化则涉及土地所有权的转移,且数量很多。所以,本研究所指的土地非农化很大程度上是以第二种途径实现的土地非农化作为研究对象。

---

[1] 在本书中,考虑到数据的可获得性,农用地专指耕地,而在历年建设用地扩张过程中,60%以上是占用耕地。因此,用建设占用耕地的数据基本上能反映出土地非农化的情况。

[2] 本书中的"征用"与2004年8月28日通过的《中华人民共和国土地管理法》修正案中的"征收"含义相同。

土地非农化是经济发展和城市化、工业化进程中的一个普遍现象,其实质是土地资源在各产业间的再分配,土地的两种用途——农业利用和建设利用之间竞争配置的过程。

在市场经济体制下,生产者是根据获得利益的多少即效益好坏来配置资源,而一般来说,非农建设用地的经济收益远高于农业用地的经济收益。因此,在单纯的市场机制作用下,农业用地与非农建设用地之间竞争的结果是农业用地不断向非农建设用地转化。这可用图1—2来表示。假设某地区土地数量固定为L,只存在农业用地与建设用地两种用途,土地可以在两种用途之间自由转移,且土地所有者追求经济收益最大化。图中L——区域土地总面积,L_C——建设用地面积,MR_a——农业用地边际收益,MR_C——建设用地边际收益。最初,农业用地的边际收益线MR_a与建设用地的边际收益线MR_C相交于E点,决定了最佳土地配置:L_1为建设用地数量,$L-L_1$的土地供农业利用。随着人口增加和社会经济的发展,建设用地需求量增加,致使建设用地边际收益增加,边际收益曲线向上移至MR'_C。在这个过程中,虽然农业用地边际收益也有所增加,但和建设用地相比,增加幅度非常小,不妨假

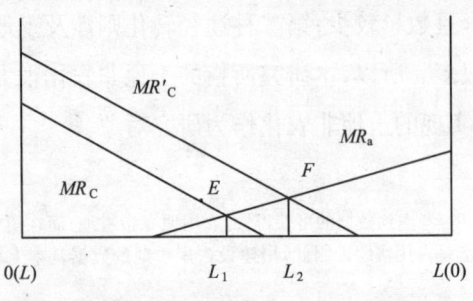

图1—2 土地非农化的过程

设农业用地的边际收益没有增加,即 MR_a 线没有上移。此时,在 F 点达到新的平衡点,意味着有 $L_1—L_2$ 数量的土地非农化。

在单纯的市场机制作用下,农业用地与非农建设用地之间竞争的市场均衡可能会存在一系列弊端:大量的农地资源可能因转化为非农用地而消失,自然生态平衡将遭到严重破坏,甚至有可能阻碍社会经济的可持续发展。因此,政府有必要对农业用地与非农建设用地之间竞争进行干预。政府干预的目的在于控制农业用地向非农建设用地转化的速度、规模,其方式主要有:对农业进行补贴;征收非农建设用地的收益;既对农业进行补贴,又征收非农建设用地的收益[2]。

土地非农化主要通过使一部分土地资源丧失农地的功能,具有非农建设用地的功能,从而对社会经济发展产生影响。因而,要分析土地非农化的影响,应当对土地非农化过程中不同类型土地的功能进行讨论。

1. 农地的功能

一般地,农地主要有养育功能、社会保障功能、粮食安全保障功能、生态功能等。①养育功能。农地最根本的功能和特性是农地可以通过其内部和上层附着各种有用矿物和营养成分,在一定条件下能持续生产出人类所需要的各种生物产品。人类社会对农地的需求实质上是对养育功能的需求[3]。②社会保障功能。在我国,农地既是农业最基本的生产要素,又是农民最基本的生活保障。在社会保障体系不完善的情况下,土地作为社会保障的替代物,为占中国人口绝大多数的农民提供了基本的生活保障,成为维护社会稳定的一个重要因素。土地的社会保障功能主要体现在以下几个方面:提供给劳动者足够的食品,也就是最低生活保障;为失去劳动能力的老年人提供养老保障;为村庄提供公共物品;能够吸纳大部分的农村剩余劳动力发挥失业保险的功能。农地承担了生产资料和社会保障的双重功能,而且人地关系越紧张,农地的社会保障功能就越大于生产资料功能[4]。③粮食安全保障功能。"民以食为天",在我们这样的大国,如果不首先解决吃饭问题,一切都无从谈起。农地是粮食生产最重要的自然资源基础,是粮食安全的根本保障。粮食安全不是在"库里",而是在"地里",因此保持一定数量和质量的农地是保证粮食安全的基础。在农业科技短期没有重大突破的情况下,粮食生产直接决定于农地的数量和肥沃程度。实际上,即使农业科技能够获得重大突破,确保粮食安全仍然需要保持一定数量和质量的农地。因为经济学已经证明,一种要素不变,增加其他要素投入,边际产量是下降的。如若农地持续减少,粮食总量必有下降的一天[5]。④生态功能。农地(包括耕地、菜园地、林地、专用牧草地)是重要的绿地资源,除了具有为国民经济发展提供产品、积累资本等经济贡献外,还具有保护植被、涵养水源、净化水体、改良土壤、净化空气、美化环境和提供各种可再生的生物资源、保存物种基因等多种功效[6]。农用地是森林、植被和湿地的载体,土壤中含有各种营养物质以及水分、空气等,这些是地球上一切生物生长、繁殖的基本条件。而森林、植被、湿地不仅为地球供应氧气、水分,而且能够保持生态平衡,也能为人类提供景观和休闲场所[2]。随着经济的发展,土地的生态功能效用越来越高。西方发达国家对于土地非农化的限制在一定程度上是从保护农地生态功能的角度出发的。

2. 非农建设用地的功能

非农建设用地的功能包括承载功能、抵押功能等。①承载功能。承载功能是指非农建设用地在非农业部门如建筑业、交通运输业、工业等作为地基、场地和操作基础发挥作用,是人类修建的一切建筑物(住宅、厂房等)和构筑物(交通设施、工程管道等)的载体,为人类提供居住、休息、娱乐、工业生产的场所。居民点用地、工矿用地和交通用地是非农建设用地承载功能的具体表现。在城市化过程中,非农建设用地的承载功能一直处于不断加强的趋势。由于城市的兴起,人类的生产和生活越来越具有空间集中化的趋势,因此对非农建设用地提供的承载功能服务的需求增加,这直接导致了城市数目的增多和城市用地范围的扩大。②抵押功能。现代社会的土地或房地产不仅仅是生产生活的实质资料(实体资产),而且经常作为抵押品。由于土地具有位置固定性特征以及保值和增值作用,因此土地是较好的抵押品。我国现行法律规定,只有合法享有国有土地使用权才可以进行抵押。农地一般属于集体所有,因此其通常没有抵押权。而非农化后,其就转变为国家所有,可以进行抵押。

二、中国土地非农化的影响分析

(一) 土地非农化与经济增长

土地非农化一方面支撑着经济的增长,一方面作为重要的资产实现财富的原始积累与扩张。研究表明,我国目前经济增长的动力主要来自生产要素的投入,全要素生产率增长对经济增长的贡献不足 10%[7]。图 1—3 的数据表明,1982~2004 年我国的固定资产投资增长率、土地非农化率与经济增长率之间保持较高的相关关系。在 20 世纪 90 年代中期以前,相关程度更高,1982~

1994年土地非农化率与经济增长率之间的相关系数为0.83。这说明在经济快速增长的初始阶段,土地作为自然生产要素在中国经济增长中起着重要的作用。随着经济的发展,土地作为自然要素的贡献率将会逐步下降,但土地资产功能的作用将逐步上升。土地的资产功能主要体现在土地出让金的收入以及土地作为抵押物所起的融资作用。我国城市土地收益已经成为地方政府财政收入的重要来源。按照现有的土地管理规定,大部分转为非农利用的土地需要经过征收的手续才能合法地转到使用者手中,在征收过程中土地实现了功能的转化,从主要承担养育功能的土地转为具有资产特性的土地,而地方政府则在这一过程中通过征收与土地出让之间的价格剪刀差积累了相当的财富用于经济增长的投入,实现了财富的原始积累。

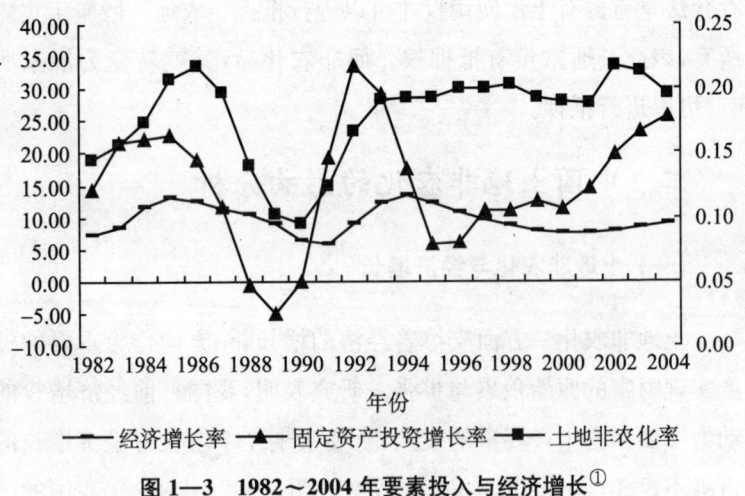

图1—3　1982～2004年要素投入与经济增长[①]

① 数据经过三年平滑修正。

1. 土地非农化为非农产业发展提供了土地载体

任何生产活动，无论是农业生产活动，还是非农业生产活动，都需要土地这一载体。但在不同的生产部门，需要土地的类型是不同的。在农业生产中，主要需要的是农用地。农用地利用其特有的自然生产力直接参与农产品的生产过程。而在非农产业生产中，主要需要的是建设用地。建设用地，"只是作为地基，作为场地，作为操作的基地发生作用……"[8]，为厂房、道路等提供地基，为生产过程提供场地，为劳动者提供立足场所。

一般来说，随着经济水平的不断提高，国民经济中的第一产业比重会逐渐下降，第二产业和第三产业比重会相应上升。在进入工业化阶段后，大多数国家的经济增长都来源于非农产业的发展。这是一个经济发展规律。而非农产业的发展需要建设用地为其提供支撑。随着非农产业的不断发展，建设用地的需求必将不断膨胀。土地非农化是形成新建设用地的主要途径，它不断地将农地转变为建设用地，从而为非农产业的发展提供土地载体。

对于我国而言，非农产业的发展对建设用地的需求量更大，因为目前我国经济增长方式是粗放型的。我国经济的快速增长在很大程度上是依靠生产要素的粗放投入实现的。土地作为三大生产要素之一，经济的快速增长必然需要其大量投入。据统计，1978～2004年间，全国约有497.78万公顷的耕地转变为非农利用，平均每年占用耕地为18.44万公顷。大量土地非农化，为我国经济的高速增长提供了土地保障，使得过去20年GDP年增长率维持在平均10%左右。

2. 土地非农化为经济增长提供资本来源

对于我国这样的发展中大国，土地非农化不仅为经济增长提供土地保障,更重要的在于其能为经济增长提供资本来源。

资本与土地一样,也是三大生产要素之一。发展经济学曾一直坚持"资本形成是经济发展的唯一决定因素"[9]。虽然后来发展经济学开始着重强调人力资本的增进和技术水平的提高在经济发展中的作用,而把资本形成看作是经济发展的重要因素或约束条件之一,但是,从一系列含有技术进步的增长模型和人力资本模型的假定方法和分析过程中,我们可以看出,这些模型都隐含着这样一个事实,即资本投入(包括实物资本投入和人力资本投入)是技术进步和人力资本增进的前提条件。因此,无论从哪个角度讲资本形成都应该是经济增长和经济发展的基础和前提[10]。对于我国这样资本十分短缺的发展中大国来说,资本投入对经济增长更为关键。我国的经济发展实践也证明了这一点。据王小鲁测算,1979~1999年,调整后的GDP增长率为8.30%,资本的贡献就达到5.1%[11]。由此可见,资本形成确实是中国经济增长的主要因素。而土地非农化具有巨大的资本功能。改革开放以来通过低价征用农民的土地,最少使农民蒙受了2万亿元的损失[12],这笔钱正是地方政府财富原始积累的重要组成。土地非农化不仅体现在其自身就能产生巨大的增值收益,更主要表现在其在吸引民间资本、外资以及融取银行资金中发挥的重要作用。

(1)土地非农化本身能产生巨额的土地增值收益。一般来说,非农建设用地的价格高于农业用地的价格。在早几年,由于种粮实际上几乎是入不敷出,因此农地使用价格几乎为零。在农村税费改革取得进展且对农民的直补政策到位以后,农民每公顷土地每年获得的收益也极为有限,正常情况下绝对不会超过1万元/公顷。假设使用权让渡70年,也不会超过70万元/公顷。与之相反,非农建设用地的价格则要高得多。2003年全国主要城市的商业地价平均值为1 919万元/公顷,住宅地价平均值为1 103万元/公顷,工业地价平均值为494万元/公顷[13]。可见,农业用地的价格远低于非农建设用地的价格。所以,土地非农化能产生巨额的土地增值收益。

(2) 土地非农化在吸引民资、外资中发挥着巨大作用。首先土地是一切生产和一切存在的源泉,是各行各业发展必不可少的物质条件。民间资本、外国资本无论投资于哪个行业,都离不开土地。其次为了吸引外资,地方政府一方面必须提供"物美价廉"的公共服务,改善治安、法律、工商行政管理等服务;另一方面也要想方设法改善城市基础设施,加强各种硬件建设。而当前土地出让金是大多数城市基础设施建设费用的重要来源。再次,追逐利润是资本的"天性"。一个地方投资成本越低,就意味着资本的盈利空间越大,就越能对资本产生吸引力。而一方面自从土地资源从无价变为有价,土地方面的税费无疑是资本所要考虑的重要成本之一;另一方面自我国加入了WTO,政府强调规范管理税收统一,地方政府已不能随意给企业特殊税率,而提高政府工作效率说起来容易但改进起来慢。这样,地方政府为了更多的招商引资就越来越依赖低价出让土地,甚至免费赠送土地,而且低价出让土地比较有可操作性。现实中以土地成本价以下的价格招商现象十分普遍。如在苏州,土地开发成本大约在每公顷300万元左右,而地价已降至每公顷225万元以下。江苏吴江以及浙江宁波和杭州等地则将地价直接压到了每公顷75万元,无锡甚至降到每公顷30万至45万元以下,就是上海一些郊区也拿出了每公顷75万至90万元的低价[14]。有的地方采取了类似"税收返还"的办法,每年将新增税收的地方留成部分、全部或绝大部分返还给工业园区的建设主体，从而出现"零地价"或者"土地买一送一"现象，土地近乎免费供给。地方政府这么做，看重的是工厂建成之后给本地区带来的 GDP、税收、就业等政绩利益和长期收益。但这也使企业获得土地的成本较低，造成了投资冲动，从而导致大量建设项目的轻易进入。

（3）土地非农化的替资功能。替资功能是指通过不断扩大土地非农化规模，大量投入土地资源以弥补资本的不足。在三大生产要素之间，人们一般比较强调劳动与资本之间的替代关系，其实，土地与资本也具有替代关系。假定企业的生产成本由资本、劳动和土地成本构成，则企业的成本函数可写成 $C=wL+rK+aT$，式中，$w、r、a$ 分别为工资、利率和地租。如图 1—4 所示，在其他条件不变的情况下，土地价格下降，即等成本曲线由 CC 变为 CC'，等产量曲线由 q 变为 q'，资本和土地组合由 X 点变为 Z 点。可见，当地价下降时，资本投入量从 K_0 变为 K_1，这说明需要的资本减少了。其中，L_1L_2 和 K_1K_2 为地价下降所导致的替代效应。也就是说，当地价下降，资本就会变得相对昂贵，企业会少用资本，多

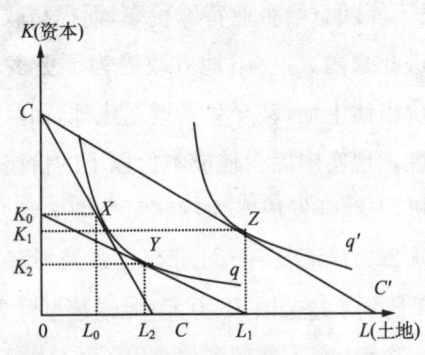

图 1—4 地价下降的替代效应

用土地，同样能达到相同的产量。因此，当资本稀缺时，扩大土地非农化规模、多提供土地同样能达到相同的经济总量。

（4）土地非农化的融资功能。我国《城镇国有土地使用权出让和转让暂行条例》、《城市房地产管理法》以及《担保法》规定，土地使用权可以为抵押权的标的物。但在我国，只有国有土地的使用权可以抵押，耕地、宅基地、自留地、自留山等集体所有的土地使用权不能抵押。而土地非农化过程也是集体所有的土地转变为国有土地的过程。所以，土地非农化后，地方政府、企业就可以用土地作抵押很容易地从银行中获得资金。企业一般以土地使用权来作抵押，而政府既可以以土地使用权作抵押，也可以土地的收益权作抵押。一般来说，经济较发达地区的政府以土地使用权作抵押，当农用地变成建设用地后就到了政府的土地储备中心，土地储备中心持有土地证，找评估公司对土地作评估，于是银行就按评估值的70%给政府放贷。经济欠发达地区的政府一般是以土地的收益权来抵押的，因为这块地还没有变成建设用地，只是规划作建设用地，政府需要投资搞基础设施建设[15]。这样，土地非农化的抵押权力实际上就是地方政府的某种货币发行权力。所以，有人将土地称之为"准通货"。

土地非农化的巨大资本功能为我国经济增长提供了重要的资本支撑。土地非农化已成为我国一种重要的资本原始积累方式。按照国土资源部的保守统计，从1987年到2001年，全国非农建设占用耕地220多万公顷，其中近七成是政府用行政方式征占的土地。如果以每公顷地的最终使用价格为150万元、农民分得10%计算，那么，近20年来全国农民最少丧失了3万亿元的土地增值收益，这就是土地非农化所提供的资本原始积累[16]。

经济增长过程是生产要素不断投入的过程。在劳动力、土地、资本三大生产要素中,由于我国劳动力资源非常丰富,因此我国的经济增长主要取决于土地和资本的投入。这里的土地实际上是指建设用地,因为目前我国经济增长主要来自于非农产业的发展。根据上面的分析,可以看出土地非农化在土地和资本投入这两方面恰好都有积极的作用。所以,在一定意义上说,土地非农化对我国经济增长具有十分重要的意义,对我国经济增长作出了重大的贡献。1979~2004年全国GDP年增长率和土地非农化面积的年度变化曲线(图1—5)也表明,经济增长与土地非农化高度相关。

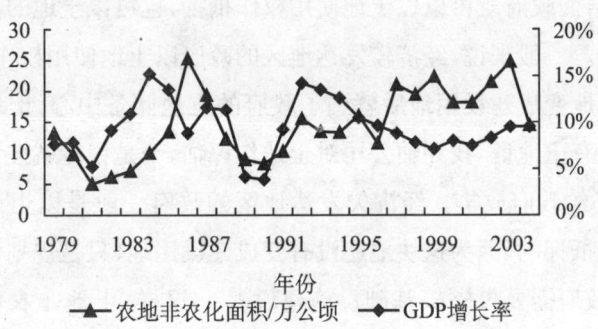

图1—5 1979~2004年全国土地非农化面积与GDP年增长率变化

(二) 土地非农化与经济安全

经济增长需要土地非农化,因此一定规模的土地非农化是维持经济平稳运行的必要条件,但如果土地非农化的规模、速度与经济发展水平不相协调,土地非农化也会破坏经济平稳运行,引起经济的不安全。

1. 土地快速非农化导致了经济过热和低的经济增长质量

一般来讲,农地快速非农化对经济短期平稳运行的负面影响主要表现在农地快速非农化可能引起或加重投资过热现象,从而导致经济波动。这主要是因为:①任何投资都需要一定的土地作为载体,因此土地过速非农化为投资过热提供土地载体;②土地非农化具有强大的资本积累功能;③现行土地非农化政策使得企业获得土地的成本较低,刺激着众多投资者,导致产业投资过热。因此,土地非农化规模越大,投资过热的危险就也越大。现实也表明土地非农化规模与固定资产投资密切相关,在固定资产投资增长较快的年份,都伴随着大规模的土地非农化。从图1—6可见,1979~2004年我国固定资产投资额增长率变化趋势与土地非农化规模变化趋势基本一致。

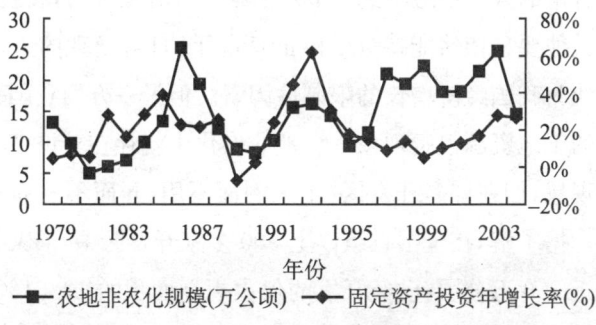

图1—6 1979~2004年全国土地非农化面积与
固定资产投资年增长率变化

不仅如此,过速的土地非农化中,巨额土地资源开发成本在经济决策中被低估,不仅导致产业进入门槛过低,出现过度重复建设,产业结构低水平雷同,而且低地价或无地价形成了低质量的经济增长,即经济增长没能扣除应有的土地资源成本而呈现虚假繁荣。有关研究表明,2005年我国消费的石油、原煤、粗钢、氧化铝、水泥占世界总消费量的比例分别是7.8%、39.6%、31.8%、24.4%和47.7%,而创造的GDP只占世界GDP总量的5%(按当年汇率计算)。这种粗放型的经济增长方式导致的结果是社会经济发展将很快面临资源环境的刚性约束,发展是不可持续的。

2. 土地快速非农化造成大量土地资源浪费,影响国民经济发展的可持续性

对中国这样一个人口大国来讲,资源匮乏永远是经济和社会发展的制约因素,特别是土地,其稀缺性在全世界都是罕见的。2004年,我国耕地只占全国土地面积的12.75%,人均耕地仅有0.09公顷,不到世界人均水平的40%,北京、天津、上海、浙江和广东等6省市的人均耕地不到0.05公顷[17]。时至今日,在资本、劳动力等其他要素依然能持续供给的情况下,日益凸现的土地稀缺性已经成为我国经济增长的限制性因素。但另一方面我国又存在着严重的土地资源浪费现象。土地非农化中就存在着许多土地资源浪费现象,如在许多开发区,土地圈而不用、开而不发的现象十分普遍。据了解,在全国省级以上900多家开发区中,国家批准规划面积近200万公顷,已经开发的仅占规划面积的13.51%,有近173.33万公顷土地闲置[18]。

3. 土地快速非农化降低了农业生产能力,从而削弱国民经济发展的基础

农业是国民经济的基础,这是人类社会发展的一条重要规律。在工业化发展过程中,虽然农业产值的比重始终是呈下降趋势的,但是农业的基础产业地位始终是无可置疑的。一般来说,农业的

基础性地位可概括为四大贡献:即产品贡献、要素贡献、市场贡献和外汇贡献。产品贡献表现为农业提供直接消费农产品和作为工业原材料的农产品。要素贡献是指农业资源向非农部门转移对国民经济增长的直接和间接贡献,一般包括资金贡献、劳动力贡献以及土地贡献。市场贡献主要表现为大量农业人口的存在,是工业消费品的重要市场。外汇贡献是指农产品出口能为工业化提供外汇。

土地是四大农业自然资源(气候、水、生物、土地)中的一项基础资源,没有了农地,就不存在农业。有人提出以人工合成食物来替代农业,恐怕是不现实的,人类还是要以农地作为提供食物的基础。土地非农化将农地转变为建设用地,且这一过程是不可逆的。因此,在农业生产技术没有得到重大突破时,农地快速非农化将会降低一个国家的农业生产能力,削弱国民经济发展的基础。更为重要的是,土地非农化一般减少的是质量较高的农地,这将迫使人们利用和开发劣质土地,这不但降低了农业劳动生产率和土地生产率,而且需要大量资金,使农业生产成本上升。而且,土地转移过程中,经过人类长期培育和利用的优质表层土壤丧失,附着在此土地上的农业基础建设设施也随之被破坏,这是农业生产力的巨大损失。要弥补这些损失需要花费大量的人力、财力和较长的时间,而且有时则是无法弥补的。

4. 现行体制下,土地非农化在一定程度上拉大了城乡差距

在现行体制下,土地大量非农化一方面造成农村财富的流失,另一方面加剧了农村的人地矛盾,从而在一定程度上拉大了城乡差距。虽然现行法律规定,征用土地必须给予农民一定补偿,但补偿很低。这主要因为一是补偿范围偏窄,仅限于土地补偿费、安置

补助费、地上附着物和青苗补偿费;二是补偿费测算方法不科学,以被征地前三年平均年产值为依据,用土地平均产值乘以倍数的方法来计算征地补偿费的标准。而出让土地时却按照市场价格,这样政府通过"低价征用,高价出让"从农业中转移出大量资金。据一位专家估计:新中国建立以来,通过农产品价格"剪刀差",从农民身上拿走了大约6 000~8 000亿元,而改革开放以来,我们在征地中的价格"剪刀差",又从农民身上拿走了大约20 000亿元[19]。

另一方面,现行的土地非农化政策也不利于农村劳动力流出,进一步加剧了农村的人地矛盾。在计划经济体制下,农民土地被征用后,政府一般会安排农民到非农部门工作。因此,可以说土地征用在当时对劳动力转移起到了积极的作用。但随着社会主义市场经济体制的逐步确立和户籍制度、劳动用工制度的改革,土地征用这种作用逐渐减弱。温铁军曾用1989~1994年国家基础占地与农民进城就业数据进行研究,得出结论是国家占地与农民进城就业的比例越来越低[20]。这在某种意义上表明,现行的土地征用制度有利于农村最稀缺的要素——土地流入城市,而使最过剩要素——劳动力大量滞留在农村,导致农业人均耕地进一步减少,农村的人地关系进一步紧张,直接制约着我国农业规模化发展和生产效率的提高,影响农业发展技术道路的选择和农业现代化的进程。

5. 现行体制下,土地非农化在一定程度上扩大了东西部差距

在正常的情况下,土地价格应该与经济发展水平成正相关关系。经济发展水平高的地区,土地价格也必定高;反之,则比较低。为了追求利润最大化,一些产业必然从土地价格高的地区流向土地价格低的地区,即从经济发达地区转移到经济欠发达地区,由此带动欠发达地区经济的发展。但在现行土地非农化政策下,地方

政府操纵地方的土地价格,人为压低土地价格,使得土地价格在经济发达地区与欠发达地区之间的差距很小。据国土资源部发布的《重点地区和主要城市地价动态监测报告》显示,2003年全国主要城市工业地价总体水平值为494万元/公顷,长江三角洲2003年工业用地地价为510万元/公顷;2004年,全国工业用地平均地价为494万元/公顷,2004年长江三角洲工业用地地价为521万元/公顷。从中可以看出,经济发达地区的工业用地地价与全国平均水平相差并不大。这说明在中西部地区投资所需要的土地成本并不比东部低多少。从用地成本来看,中西部地区对投资者的吸引力来说也就不比东部地区大多少。这也是当前大部分投资仍然集中在东部地区,没有转移到中西部地区的原因之一。而投资仍然集中在东部地区,不向中西部转移,必然会拉大东西部差距。

(三) 土地非农化与粮食安全

粮食是一种具有战略意义的特殊商品,粮食安全始终关系着国民经济发展的全局,关系到社会和政治稳定,粮食问题任何时候都不能忽视。这是发达国家在市场经济高度发达的同时,也高度关注粮食安全的原因。对于拥有十几亿人口的中国,粮食安全问题更是"天大"的问题,永远是关系国家经济发展和长治久安的大问题。

一个国家的粮食安全状况主要体现在粮食产生自给率(一般要求在90%以上)、粮食的国际贸易依存度(一般不超过10%)、粮食库存量(一般要求占到当年消费量的18%)和人均粮食占有水平(我国为400公斤以上)几个方面,而这一切都与国内的粮食生产状况有关。粮食总产量(W)是粮食单产(P)和粮食占用耕地面积(S)的函数,即$W=f(P,S)$,说明粮食总产量(W)取决于粮食单产水平(P)和粮食占用耕地(S)两项因素,这两项因素是可以相互替代的。据对1991～1996年世界主要国家的粮食单产水平进行测算,世界平均水平为2 115公斤/公顷,澳大利亚为1 028公斤/公顷,美国为3 773公斤/公顷,加拿大2 026公斤/公顷,中国为4 178公斤/公顷,中国的粮食单产水平已经超过了世界平均水平和主要产粮的发达国家。也就是说今后粮食单产提高的潜力有限、难度很大,粮食供求平衡和安全问题的解决将主要依赖于耕地面积的巩固和增加,如果不能保护和保持一定面积的耕地,则农业很难持续发展,粮食安全很难保障[21]。

农地快速非农化,一方面造成耕地的大量减少,另一方面造成耕地的质量下降,从而对我国粮食安全产生负面影响。从2003年年末开始出现的全国农产品价格上涨,主因应该是连续几年来的粮食减产,而耕地面积的逐年减少是粮食减产的主要原因之一。根据国土资源部历年发布的国土资源公报,近几年来,我国耕地面积一直处于逐年递减的趋势,截至2003年底,我国耕地面积已从1996年的13 003.92万公顷减少至12 339.22万公顷。与2002年相比,2003年耕地面积减少2.01%,全国净减少耕地253.74万公顷,人均耕地已由2002年的0.098公顷降为0.095公顷。而土地非农化则是造成耕地面积减少的一个主要原因。据田进光等学者对我国近10年来耕地资源减少的去向研究表明,20世纪90年代以来,我国耕地面积减少324万公顷,其中耕地转变为建设用地占耕地面积减少的46.29%[22]。

更为严重的是,当前土地非农化占用的耕地都是良田。就全国而言,我国土地非农化比较严重的地区都集中在经济较发达的长江三角洲和沿海平原地区。而这些地区耕地的质量又恰好是我国耕地中相对较好的。就局部而言,耕地非农化所减少的耕地也往往是耕地质量相对较好的,大多是沿主要交通干线两侧和城镇周围较平坦区域的优质耕地。因此,土地非农化对耕地的影响不仅是在数量上,而且也对我国耕地的整体质量产生较大的影响,导致我国耕地质量的整体下降。虽然,为了保护耕地资源,我国制定了"占一补一"政策,但"占优补劣"现象非常突出。据国土资源部提供的资料显示,2003年度,在全国建设占用耕地面积中,有灌溉设施的占71%,多数是居民点周边的优质良田,但补充的耕地,质量大多较差,综合地力明显低于被占用的耕地,补充耕地中有灌溉设施的只占51%。另据各地调查,补充耕地与被占耕地的粮食生产能力每公顷至少相差3 000公斤以上,以此推算,近10年间全国约400万公顷占补耕地因质量差距,导致耕地的粮食综合生产能力至少减少120亿公斤[23]。这些都说明了土地非农化与国家的粮食安全呈负相关关系。

(四)土地非农化与社会安全:失地农民问题

土地非农化过程中产生失地农民是正常现象,问题的关键是如何帮助失地农民解决面临的问题,消除他们的后顾之忧。但现行体制只能解决失地农民近忧,难以化解远虑。要解决农民的后顾之忧,首先需要了解土地对农民的效用。总体来说,土地对农民而言,既是重要的生产资料,又是最基本的生活保障资料。因此,在土地非农化中,必须要解决农民的基本社会保障问题。只有这样,才能解决失地农民的后顾之忧。

我国现行的土地非农化政策并没有解决这一问题。现行的征地安置采取的是货币安置方式,对被征地农民,法律和习惯上都只考虑给予经费上的补偿,而对失地农民的居住安顿、重新就业、生活观念和生活习惯转变等问题,未予考虑。即使是单一的货币安置,也存在着安置标准过低的问题。根据现行的征地补偿标准,全国农民平均从每公顷被征土地上得到政府支付的补偿、青苗补偿、劳动力安置、农户地上附着物补偿合计每公顷30多万元;按2002年农民生活费支出年均2 000元计算,还不到10年的生活费[24]。显然,这么少的征地补助费是难以解决失地农民的就业和社会保障问题的,结果使得他们沦为种田无地、就业无岗、低保无份的"三无游民",这必将会造成严重的社会问题,激化社会矛盾,影响社会安定与秩序。根据国务院发展研究中心统计,从1987年至2001年,全国非农建设占用了159.67万公顷耕地,至少有3 400万农民因征地失去或减少了土地。按现在的经济发展进度,2000年至2030年30年间占用耕地将达到363.33万公顷以上,失地和部分失地农民将超过7 800万人[25]。如果不解决这些人的就业和生活保障问题,对未来社会的稳定威胁将更加严重。

(五) 土地非农化与生态安全

一个国家的生态环境要有利于该国的生存和发展,这就要求在土地利用结构、资源配置和土地利用方式的选择上,要有利于生态环境的保护。而土地非农化对环境保护具有一定的负面影响。

首先,土地非农化将导致一部分农地的特有生态功能消失。农用地不仅具有为国民经济发展提供产品、积累资本等经济功能,而且还具有保护植被、涵养水源、净化水体、改良土壤、净化空气、美化环境和提供各种可再生的生物资源、保存物种基因等生态功能。而土地非农化后,农地的这些生态功能随之消失。土地非农化,水泥地面代替了绿地,使植被遭到破坏,导致环境自我恢复能力下降,压缩了生物的生存空间,增加了环境的脆弱性。

其次,土地非农化后的非农生产方式,产生大量的污染物,对生态系统、尤其是城市郊区的生态系统造成巨大压力。城市边缘区的土地及其自然景观是城市的生态屏障,具有缓解环境污染,改善小区域气候,提供自然景观,满足市民游憩、旅游等功能。而城市郊区一般是土地非农化的主要区域。随着土地非农化,城市的蔓延、工厂的迁入,污染源不断增加,而对改善生态环境有重大作用的森林、水面和生物资源不断减少,从而造成郊区的生态系统遭到破坏。这反过来也会破坏城市的生态平衡。

最后,现行土地非农化政策的缺陷加剧了土地非农化行为对生态环境保护的负面效应。为了遏制耕地的减少,我国制定了"耕地总量动态平衡"政策。该政策实施以来,虽然在制约各地对建设用地的盲目需求,提高集约利用水平,保护和补充耕地等方面发挥了积极的作用,但同时对生态环境产生了一定的负面效应。这主要表现在:为了保持耕地总量动态平衡,使得大量的草地林地被开垦为耕地;新开垦耕地主要分布在半湿润和半干旱地区,直接影响了这些区域的生态环境与水资源安全;新增耕地存在开垦坡耕地现象,增加了发生水土流失的潜在威胁[26]。

第二节　理论问题的提出

我国经济正进入一个稳定高速的发展阶段,土地非农化是经济发展中的客观规律,非农化的过程将保持较长的时间。土地非农化一方面支撑着经济的增长,另一方面却也带来一系列经济、生态、社会问题。因此,需要对土地非农化进行深入细致而系统的研究,探究其中的理论问题和运行机理,为经济发展过程中的自然资源的合理配置提供科学依据。

一、经济发展与土地非农化的关系

作为一种生产要素,土地利用与经济发展之间必然存在一定的相关关系,然而由于发展阶段、资源禀赋、制度条件等的影响,这种关系在不同的国家、区域表现出来的规律是相异的,也就是说没有一种普遍性的规律来解释各个国家经济发展与土地利用之间的精确关系。这就要求我们在实证归纳的基础上,提炼出具有相同背景的国家或区域经济发展与土地利用的理论关系。现实中,由于缺乏必要的理论指导,我国土地管理的政策效率并不高,虽然号称实施世界上最严格的耕地保护措施,但每年耕地减少的数量仍然巨大。这主要是有两方面的原因,一方面是我们的政策没有严格实施;另一方面是既有的政策并没有尊重客观规律,在现实经济增长的推动下,大量的耕地转为非农用地满足经济发展的需求。同样,由于没有认识到不同经济发展阶段土地利用的规律,在区域经济发展水平差距较大的国情下,推行一刀切的土地利用政策,资源配置不均,导致稀缺土地资源空间配置效率低下,区域的比较优势没有充分发挥。理论和现实的需求表明,必须深入研究经济发展与土地利用的关系,通过不同国家、不同发展阶段土地非农化典型经验的归纳研究,提炼出具有相同人地关系的国家或地区不同经济发展阶段土地非农化的规律,从而为土地管理宏观政策的制定和土地资源的区域配置提供理论依据。

二、土地非农化的效应

土地的非农化既有正面效应,又有负面效应。土地非农化一方面促进了经济的增长,另一方面由于其既有自然属性又有社会属性,从而不可避免要产生一定的负面作用。土地非农化过程中既会对自然生态、粮食安全产生影响,还会因为功能的转化导致利益格局的变化,从而影响到社会安定。在不同的国家和地区,土地非农化的效应也各有差异。对土地非农化效应的正确评估是制定土地管理公共政策的基点,准确地把握各个效应的程度,才能制定出既能保障经济健康发展,又能保证生态安全、社会和谐的管理对策。从目前的研究进展看,理论上对于土地非农化效应的研究是不足的,对于正反两方面的效应不能提供科学的实证研究成果,从而无法甄别出土地合理非农化和过速非农化的界线,导致土地保护政策要么矫枉过正,要么差之千里。

三、土地非农化的机理

土地非农化是土地利用结构动态变化过程的组成部分,而土地利用结构变化是社会经济因素和自然环境因素共同作用的结果,自然环境因素的差异往往又能通过社会经济条件表现出来,所以,土地非农化本质上是由于社会经济环境变化而引致的。社会经济环境的因素主要包括经济发展过程中土地利用比较利益的变化、人口增长、投资、非农化的利益分配机制等,这些因素从不同的方向作用于土地非农化的过程,形成一个供给和需求的推拉关系。在转型经济中,由于市场的不完备,制度因素对于资源配置具有重要的影响。制度因素既包括产权、土地管理政策,还包括中央政府与地方政府的关系、干部考核体制等。在财政分权和现有的产权制度下,土地作为地方政府能够掌控的重要资源,在发展的冲动下地方政府具有推动非农化的偏好,在各级地方政府合力的作用下,土地的过度非农化不可避免。此时,中央政府必将通过新的制度安排来约束地方政府的行为,而地方政府又会通过新的制度创新来规避约束。因此,将这些要素有机地综合起来构建一个解释土地非农化的机理模型,并经过实证研究辨别出土地非农化的驱动力机制中哪些因素起主导作用,哪些是可控的,哪些因素是不可控的,通过对可控的主导性驱动因子施加影响或调控,将对提高政府公共政策干预的效率具有重要意义。

四、土地非农化的调控

通过对土地非农化过程、效应、机理的理论与实证研究,掌握经济发展与土地非农化的规律,这将为土地非农化的调控提供科学的依据。如何根据研究的结果,构建一个符合中国国情的土地非农化调控体系是本书研究的重点之一。

总之,中国的土地非农化为经济发展研究、制度变迁及自然资源可持续利用提供了很好的视角和丰富的素材,考察经济发展、制度变迁对中国土地非农化的影响,既有重要的理论意义,又有重大的实践指导价值。对以上问题的回答,有助于解释政府在土地非农化中的资源配置行为,并可从这些问题的研究成果中得到一些政策启示,为科学制订、修编区域土地利用规划、改进政府对农地与非农地市场的调控,特别是在快速增长过程中,为如何以科学发展观作为指导,有效控制土地过度非农化,实现社会经济可持续发展提供理论指导。

第三节 本书的研究体系

本书的研究体系依据"过程—机制—效应—反馈"这一逻辑思路对中国经济快速发展过程中的土地非农化问题展开系统研究，试图掌握中国土地非农化的数量规律、形成机理、综合效应，从而提出调控中国土地非农化的政策反馈。

一、研究目标

针对以上所要研究的问题，本书总的目标是，在工业化中期、城市化加速期背景下，探索经济快速发展阶段土地非农化的规律，讨论经济快速发展地区是如何平衡经济发展与耕地保护的关系，研究经济发展、制度变迁对土地非农化的绩效影响，构建一个有效调控土地非农化的公共政策体系，为政策制定者进行公共政策和制度选择、宏观调控耕地保护提供科学的理论和实证依据。通过以上研究，期望在土地非农化与区域的互动机理以及土地非农化的时空规律方面有所突破，从经济发展、制度变迁的角度构建土地非农化的研究框架，试图用经济学的研究思路来分析土地资源配置的问题，从而为土地非农化的研究找到一个前后逻辑一致的理论支撑。为了实现这一总目标，本书包括以下几个具体研究目标。

1. 土地非农化过程与机制

本研究试图从不同尺度通过定性和定量相结合模拟土地非农化驱动力过程，从理论上推导土地非农化驱动力主导因子的作用机理，并通过计量经济检验这个假设，为土地非农化机理研究提供一个理论框架与实证模型。从不同的尺度(东中西三大区域、三大区域内部)研究土地非农化的空间效率,弥补地理学、经济学在该领域研究的空白,为土地资源的配置提供一个实证支撑。

2. 制度建设与创新

试图构建一个理论框架和实证模型来模拟20世纪90年代初期以来经济快速发展地区耕地保护正式制度安排与非正式制度创新对土地非农化的影响,研究和发现调控土地非农化的制度与政策的绩效差异,为中央政府如何采取制度与政策措施来纠正地方政府土地非农化偏好提供理论与实证依据。

3. 公共政策设计

土地非农化将会影响我国粮食安全作为一个基本判断,一直成为我国土地管理政策的逻辑出发点。本研究试图评判这一基本判断和逻辑出发点的合理性,实证地研究土地非农化对粮食安全的影响程度。根据预测与评估的结果,提出我国农地保护政策的调整方向。通过经济发展与土地非农化规律的研究,以及土地非农化机理的研究,为构建一个调控有效而能协调好"吃饭"与"建设"的矛盾、实现社会经济可持续发展的公共政策体系提供理论与实证研究基础。

二、研究范围

本研究的时间尺度,是我国1978以来经济快速增长阶段。1978~2004年,我国的经济增长率年均达到了9.4%。典型国家或地区中,日本的快速增长阶段是指1955~1973年的经济发展过程,这一段时间日本的经济增长速度为9.8%;中国台湾的快速增长阶段是指1962~1990年的经济发展过程,这一段时间的平均经济增长率为8.86%。在研究空间尺度上，主要从东中西三大区域尺度研究土地非农化的空间效率差异；通过中国大陆31个省(市、自治区)省域尺度研究土地非农化的驱动力机制，而又从市域尺度对常州、马鞍山经济快速发展地区土地非农化调控的制度、政策绩效进行分析。

三、研究内容

为回答或解释所研究的问题，实现以上研究目标，本项研究由以下几个部分构成了一个相对完整的逻辑体系。

1. 背景分析

即本书绪论部分和第二章。绪论主要阐述在工业化中期、城市化加速期我国经济发展进入了高速增长阶段的背景下，研究经济发展、制度变迁与中国土地非农化互动机理及其绩效，对协调耕地与建设用地的比例关系、实现土地资源部门间分配高效优化的公共政策意义；提出研究问题，即研究土地非农化的驱动力机制中哪些因素在起主导作用，发现它们对改进政府公共政策干预的效率有何影响，以及在土地过度非农化的背后政府行为是如何通过正式制度安排与非正式制度创新来响应经济发展的要求并改变土地资源配置的初始状态的；而如何对这一揽子的问题回答和解释，则在逻辑上由本项研究的目标、内容体系和研究技术路线来概括地展现我们研究的思路。第二章土地非农化研究动态综述，主要从经济发展与土地非农化、土地非农化机制、土地非农化效应以及非农化调控等方面回顾国内外研究进展，归纳、概括和评价了过去和近期的与本项研究有关的重要文献，以及研究存在的不足，为我们指出了研究的重点和今后努力的方向。

2. 比较研究

即第三章典型国家或地区经济快速增长阶段土地非农化,以及第四章我国经济快速增长过程中土地非农化部分内容。研究东亚发达国家或地区经济快速增长阶段土地非农化的特征及其农地保护政策的变化;研究1978～2004年我国土地非农化的过程。通过研究,试图寻找人多地少的国家或地区在经济快速增长阶段土地非农化的规律及其农地保护政策的变迁,为我国的农地保护政策提供有益的借鉴。

3. 理论框架构建

即第六章土地非农化动力机制的理论框架部分,第九章区域土地非农化与制度响应的理论分析框架,第十一章土地非农化效率的空间差异的理论分析部分。

土地非农化本质上是由于社会经济环境变化驱动而引致的,根据效率原则配置土地资源是实现土地资源可持续利用的重要手段。按"供给"与"需求"二分法将土地非农化经济机制的驱动力因素分为两大类,从而构建土地非农化驱动力机制的理论分析框架。从比较优势的角度理论分析了土地非农化空间配置效率差异与土地可持续利用的关系。

土地征用是我国大部分土地非农化的必需手段和必要过程,通过研究土地征用的理论基础、现实问题、本质特征等,结合转型期地方政府的行为目标,研究土地征用制度、转型期地方政府行为对于土地非农化的影响,探求我国农地过速非农化的制度渊源。探讨20世纪90年代初期以来正式制度安排——基本农田保护制度、耕地总量动态平衡政策、土地用途管制、农地转用收益分配、建设占用耕地占补平衡政策,以及非正式制度安排——土地整理指标置换、建设占用耕地占补指标定额交易等,对经济快速发展地区土地非农化的影响,研究发现并总结这些制度与政策因素的响应机制、传导机制。从而试图将土地非农化纳入制度分析和发展经济学分析的视野,初步构建土地非农化调控的制度响应分析框架,根据市场—政府的经济学二分法将影响和调控土地非农化因素分为体现市场经济、利益驱动的经济社会因素以及体现政府管制、规则制订的制度政策因素,抽象出土地非农化调控的理论分析模型,讨论研究方法,提出几个待验证的研究假说。

4. 实证研究

即第四章我国经济快速发展过程中的土地非农化,第五章土地非农化对粮食安全的影响,第六章土地非农化驱动力机制的实证分析,第七章土地收益分配与土地非农化,第八章三元制度变迁模型与土地非农化,第十章土地非农化与制度响应的实证研究,第十一章土地非农化在不同区域、不同部门配置的数量比较和空间效率差异分析。

处于快速工业化和城市化的我国土地非农化是一个必然的趋势,协调好"吃饭"与"建设"的矛盾是实现社会经济可持续发展的关键。实证地研究土地非农化对粮食安全的影响程度,结合经济全球化的背景,对土地非农化与粮食安全的关系作出评估与预测,对我国土地管理政策的这个逻辑出发点作出合理的评价,提出我国农地保护政策的调整方向;通过分析时间系列和截面系列数据的比较,把握我国当前土地非农化的过程,预测未来土地非农化的发展趋势。通过计算和分析省级汇总建设用地和耕地产出效益的区域梯度差异,比较不同区域土地利用比较优势和土地非农化地区间配置效率差异,应用 C-D 生产函数测算我国不同区域土地非农化对区域经济增长的贡献,为基于空间效率差异协调经济发展与耕地保护矛盾、调整土地利用政策提供实证基础。

在土地非农化驱动力机制的理论分析基础上,选择合适的变量,研究不同经济发展阶段土地非农化影响因素的动态变化。并利用中国大陆各省份的混合截面数据,对省域尺度上土地非农化动力机制回归模型进行计量估计,讨论省域尺度上人口、固定资产投资、资源禀赋、非农化收益分配和土地利用比较利益对土地非农化的影响。发现土地非农化的驱动力机制中哪些因素起主导作用,这将对改进政府公共政策干预的效率具有重要意义。

地方政府在处理经济发展与耕地保护关系上,通过非正式的耕地保护制度安排和创新响应经济发展要求,他们所进行的土地制度创新值得关注。通过概括地介绍了研究区域——常州、马鞍山的总体情况,分析自20世纪90年代初期以来,经济快速发展地区土地非农化态势。利用样本数据进行计量经济检验,并对估计结果进行经济学分析与讨论。利用来自经济快速发展地区常州、马鞍山的经验,可以反映出20世纪90年代初期以来耕地保护正式制度安排与非正式制度创新在市域尺度上对土地非农化的影响以及在不同时期制度变迁的绩效差异,为我国控制土地非农化的公共政策调整提供实证支持。

5. 公共政策分析

即第十二章土地非农化公共政策体系构建。在本章将根据研究的主要结论,提出有利于耕地保护,有利于为经济和社会可持续发展提供资源保障,有利于区域城乡统筹发展的政策建议。在此基础上形成构建我国土地非农化公共政策体系的框架性建议,并以此作为今后研究的方向。

参考文献

[1] Meyer, W. B., Turner II, B. L. (Eds.). 1994. *Changes in Land Use and Land Cover: A Global Perspective.* Cambridge University Press, New York and London.

[2] 张宏兵:"土地非农化机制研究"(博士论文),浙江大学,2001年。

[3] 王万茂:《土地资源管理学》,高等教育出版社,2003年,第11页。

[4] 盛广恒、郭剑平:"城市化过程中耕地非农化的机会成本分析",《河海大学学报》,2005年第1期。

[5] 王东京:"耕地不是唐僧肉",《南风窗》,2004年第5期。

[6] 赵学涛:"城市边缘区农地流转与农地保护",《国土资源情报》,2003年第1期。

[7] 郭庆旺、贾俊雪:"中国全要素生产率的估算:1979—2004",《经济研究》,2005年第6期。

[8] 马克思:《资本论》第3卷,人民出版社,1975年,第880页。

[9] 谭崇台:《发展经济学》,上海人民出版社,1989年,第137页。

[10] 尚斌义等:"我国新时期资本形成问题分析",《管理科学学报》,2000年第4期。

[11] 王小鲁:"中国经济增长的可持续性与制度变革",《经济研究》,2000年第7期。

[12] 陈锡文:"关于我国农村的村民自治制度和土地制度的几个问题",《经济社会体制比较》,2001年第5期。

[13] 罗丹等:"不同农村土地非农化模式的利益分配机制比较研究",《管理世界》,2004年第9期。

[14] 张准:"浅析招商引资中的土地问题",《世界农业》,2004年第5期。

[15] 刘守英:"政府垄断土地一级市场真的一本万利吗",《中国改革》,2005年第7期。

[16] 许经勇:"'三农问题'与资本原始积累",《南京财经大学学报》,2004年第6期。

[17] 张海旺、席念霞:"耕地保护中的三个矛盾与三个统筹",《调研世界》,2005年第3期。

[18] 刘正山:"'沦陷'与拯救——'圈地运动'与治理整顿搏击记事",《中国土地》,2004年第3期。
[19] 刘田:"征地问题深思录",《中国土地》,2002年第8期。
[20] 温铁军、朱守银:"政府资本原始积累与土地'农转非'",《管理世界》,1996年第5期。
[21] 王雅鹏、杨涛:"试论农地资源的稀缺性与保护的必要性",《调研世界》,2002年第9期。
[22] 田进光等:"近十年中国耕地资源时空变化特征",《地球科学进展》,2003年第1期。
[23] "征地制度改革坚守红线",《瞭望新闻周刊》,2006年第13期。
[24] 胡文政:"现行土地配置制度的弊端与成因",《中国房地产》,2005年第7期。
[25] 韩俊:"如何解决失地农民问题",《科学决策》,2005年第7期。
[26] 谭永忠等:"'耕地总量动态平衡'政策驱动下中国的耕地变化及其生态环境效应",《自然资源学报》,2005年第5期。

第二章 土地非农化研究动态综述

研究经济发展、制度变迁对土地非农化的影响及其机理,构建一个有效调控土地非农化的公共政策体系,是本书的主旨。本章文献回顾将围绕着这一主旨展开,对国内外学者在土地非农化方面的研究作一系统回顾述评。

第一节 经济增长与土地非农化关系研究

全世界的建设用地(建成区和基础设施面积)大致以每年1.2%的速度增加,土地非农化是一个全球性的现象[1]。联合国粮农组织《迈向2010年的农业》报告预测,到2010年发展中国家(不包括中国)的工业化和城市化将占用3 500万公顷的新土地,届时将导致其中的2 000万公顷农用地转入非农土地利用。即使是在发达国家,随着城市化水平的进一步提高,土地非农化的趋势仍在延续。1992~1997年美国有6.39万公顷的耕地和林地转为建设用地。1988~1998年美国加州首府萨克拉门托市(Sacramento)农用地转为城市用地的数量达到了12 797.42公顷,占土地总面积的1.55%。而且随着城市化水平的进一步提高,在未来的20年将会有24.7万公顷的农地转为城市用地[2]。1948~1990年以色列的建设用地增长了13.43倍,人口增加了5.56倍。

20世纪90年代以来,中国大陆的农地流失与粮食安全问题在国际上引起了广泛的关注,由此也引发了学者们对于中国土地非农化问题的关注。宏观尺度的研究表明现阶段中国的土地非农化与经济发展之间存在密切的关系。鲁明中[3]的研究表明经济发展水平与城镇建设用地和交通用地之间存在较为密切且都正相关的关系,经济发展水平越高,城镇建设和交通建设占地也越多。鲁明中[4]还对交通和城镇建设占地进行分析,并结合未来我国经济发展战略,对土地非农化的数量作出了预测,估计1997~2030年我国土地非农化的数量大致要在1 666.67万公顷以上。Konagaya[5]在杜能的经典竞租模型中加入当地自然条件对土地利用的影响,发展成了GTR(Generalized Thunen-Ricardian)模型,用城市因素和当地自然因素来研究土地利用结构的变化。Konagaya应用该模型来预测中国的土地变化,研究表明,随着东部地区城市化水平的提高,土地非农化加速,中国的耕地将逐渐集中在北部和东北地区。曲福田、陈江龙[6]比较了海峡两岸经济成长阶段土地非农化的趋势,认为两岸土地非农化都有加速的趋势,但原因不同,台湾是放松对农地管制的结果,大陆则是在严格的耕地保护政策下,由经济发展的强大需求引致的。1992~1995年,以省级数据计算的固定资产投资与非农建设占用耕地之间的相关系数高达0.85[7]。在区域尺度上,Zhou[8]依据Konagaya的GTR模型研究了中国东部地区的土地利用结构变化,他认为城市化水平、农村经济的发展、自然地理条件对于土地利用结构的变化,特别是耕地数量的变化有重要影响;在东部地区社会经济的影响更大,东部地区的耕地数量将会持续快速地减少,到2025年东部地区的人均耕地数量为0.0727公顷,2025年以后东部地区的耕地减少速率将会降低。K. C. Seto以珠江三角洲地区作为研究区域,通过Landsat TM图像中土地覆被嵌套层次(nested hierarchy)的判读来监测土地利用变化情况,研究发现该地区作为中国经济快速增长地区,大多数土地利用变化类型是由农业土地转化为城镇用地,在1988~1996年间城镇面积扩大了3倍多[9]。陈江龙、曲福田以经济发达地区江苏省江阴市为例,运用马尔柯夫链的理论与方法,构建土地利用结构转移的概率矩阵,预测江阴市未来的土地利用结构,模拟结果表明,经济发达地区土地利用结构变化存在非农化趋势加快的特征[10]。

大部分的研究认为,土地非农化是一个不可避免的现象,随着经济的发展,土地非农化将会有加速的趋势,政策调控的重点是要将土地非农化控制在一个合理的限度内。王万茂从理论上提出了一个解决粮食安全与经济建设所需用的土地资源最优利用方案,即 $MRS_{XY}^A = MRT_{XY} = MRS_{XY}^B$,其中MRS是边际替代率,MRT是边际转换率[11]。陈奉瑶认为,在土地数量有限的情况下,不同用途的边际收益相等时,土地资源达到了最佳配置[12]。诸培新、曲福田根据可耗竭性资源理论,构建了耕地资源在农业部门和非农业部门配置的最优决策模型,并通过模型的分析,提出耕地资源在农业和非农业部门之间最优配置的两个条件,即①只有当耕地非农化的边际收益等于边际成本①时,才能确定社会最优耕地非农化的量;②耕地资源保有量的边际福利等于边际成本时,才能确定

---

① 边际成本包括农业价值损失、环境价值损失、转为非农用地的开发成本和边际使用者成本。

相应的最优耕地资源保有量[13]。在实证研究方面,尚启军提出若以耕地面积减少迟于农业劳动力减少作为判断标准,那么我国耕地面积减少严重超前,土地非农化严重过度[14]。以城市用地增长弹性系数①为判断标准,既有的研究认为我国的城市用地扩张具有过速的倾向[15]。

第二节 土地非农化机制研究

学者们认为土地非农化的影响因素主要有收入增加、人口增长、农业比较利益、土地产权、政府管制、税收、距离城市的远近、自然条件等,但对于这些因素是如何通过相互作用影响土地非农化的、哪些因素是最重要的、如何模拟这种过程,学者们并没有取得一致的意见。

Muth 是最早提出农地流转模型的经济学家,他构建了一个理论模型来分析农地的城市流转,他的模型假设在一个类似屠能(von Thünen)区位论模型的平原中有两个产业(农业和住宅业)进行用地竞争,在这个平原中,城市围绕着一个同心圆扩张或缩小[16]。Muth 模型表明农产品需求的价格弹性对决定土地在农地和城市用地间的转移方向具有重要作用。Kuminoff 基于 Muth 的假设,构建了一个线性计量模型来研究土地非农化的影响因素。结果表明,城市的因素,如农地与城市边缘接壤长度的大小,城市人口的增长等是土地非农化的主要推动力,而农业收入低的原因

---

① 城市用地增长弹性系数=城市用地增长率/城市人口增长率。

并不是土地非农化的主要推动力量,政府的规划管制对于土地非农化的影响在统计上不显著[17]。Tweeten 使用 1949~1992 年的美国州级人口普查数据来模拟农地数量的变化,农地数量的变化是农户收入占总收入的比例、农业人口密度以及城市人口密度的函数。实证结果表明美国土地非农化 74% 的原因是农业因素导致的(农业人口和人均农户收入占总收入的比重),农业经济缺乏活力是农地流失的主要原因,而城市的扩张倒是其次。Tweeten 也注意到不同的地区,各种影响因素的重要性也不同。如在山区和西部沿海地区以及阿肯色州、新英格兰和佛罗里达州,城市因素的影响力更大[18]。Kline 和 Alig 构建了一个 probit 模型研究人口增长、收入水平变化、农用地价格、农用地所有权结构、土地利用法、农用地保护区、城市增长界限等因素对土地非农化的影响,研究发现设置城市增长界限对于土地非农化有明显的限制作用;建立农用地保护区可以在一定程度上阻止土地非农化;土地利用法和农用地保护区的交互效应对土地非农化有抑制作用,但统计上不显著;土地利用法和城市增长界限的交互效应对于土地非农化有显著的抑制作用;农用地的价格对土地非农化影响很小[19]。Sokolow 研究了美国加州首府萨克拉曼多地区城市化、农地流转以及农业发展的关系,研究认为土地非农化的数量与农地保护政策紧密相关,大城市的扩张更能集约地利用土地,而各个地方政府在财政政策、土地利用政策、税收政策等方面的竞争使得从全州的角度来合理调控土地非农化的措施复杂化[2]。由于市地和农地之间的价格差距极大,如在加州的城市化区域内,允许用地建设发展的生地价格是 $98 838.65/公顷,相比而言,加州平均的农地价格极低,牧场的价格是 $2 594.51/公顷,果园及蔬菜地的价格是

$13 590.31/公顷。因此,政府对农业的补贴对于提高农地的竞租能力从而减少土地非农化的努力几乎不起作用[17]。Diane Hite认为财产税的提高虽然减少了农地转用的总量,但却提高了高质量农地非农转用的概率[20]。经济转型中土地产权以及地方政府自治权利扩大对于土地非农化具有重要的影响。Wasilewski和Krukowski以波兰华沙和奥尔什丁周边地区土地转为住宅用地的情况为例研究了土地非农化的影响因素。作者认为农业生产利润空间的日益减少增加了农民出售土地用于非农用途的兴趣。同时,地方政府获得自治权后更关注于地区的经济发展,为了获得发展的要素,地方政府开始支持土地非农化过程。决策权力的地方化在土地非农化过程中具有重要的作用。大城市周边的县城往往将土地的非农转用作为区域经济发展的要素以及改善财政收入的途径。由于农民希望能从房地产开发以及新居民的流入中获得经济收益,因此他们会支持土地非农化的过程。但地方政府和农民都不会注意农村景观减少对环境的影响。这可能是农民目前的收入很低,任何有助于改善他们生活条件的途径他们都会接受[21]。

由于处于经济转型期,中国土地非农化的驱动因素显得更为复杂。学者们认为土地非农化的基本驱动因素是人口增加、城市化、经济发展、农业用地的比较利益低等,但政府行为对于土地非农化规模和速度也具有重要的作用。农业用地的比较利益低是土地非农化最根本的原因,农业利用的低经济效益和城市土地价格的高涨,产生了农业的"推力"和城市的"拉力"作用,在市场经济体制下,比较效益较低的耕地有向效益较高的其他用地转换的冲动,耕地将进一步丧失[22~25]。

杨国良认为,农业发展是土地非农化的前提,农业发展为非农产业提供了农业剩余。土地非农化实际上是农业实物剩余的一种转移,经济的增长速度决定了土地非农化的速度[24]。我国耕地非农化与经济发展和城市化高度相关,随着大量劳动力的非农化,对城市容量、交通运输及各种生产服务设施带来了巨大压力。鲁明中的计量研究表明每增加1亿元的国民生产总值,需占用耕地29.33公顷,每吸纳1万人的非农劳力需占用耕地74.27公顷[26]。黄宁生研究了广东省耕地面积与经济发展、人口增加的关系,认为广东耕地面积减少的主要宏观驱动因子是经济增长,而人口的变化对耕地减少的作用不明显[27]。而叶嘉安利用遥感数据对东莞市城镇用地的实证研究表明,城镇用地的扩张与人口及工业产值存在明显的相关关系,其中人口的因素对用地量需求所起的作用比工业产值的作用大[28]。龙花楼根据GTR模型研究了长江沿线样带的土地利用结构变化,研究认为该地区的耕地和建设用地都有增加的趋势,模型结果表明建设用地的扩张与最近的中心城市人口、当地的城市化水平、人均农业总产值呈正相关关系,与坡度和海拔呈负相关关系[29]。Ho和Lin认为土地非农化需求背后主要的驱动力是人口增加、城市化以及经济发展,特别是工业化。由于中国的城市化和乡村工业采取的是分散进行的方式,并没有严格地限定在大城市和工业中心,中国在经济发展过程中的土地非农化存在着浪费的现象。他们的研究表明,土地非农化与城市化、经济发展的关系并不是线性的,例如当一个地区的经济发展达到一定的水平,进一步发展对土地非农化的影响将会加大。除了人口增长和经济发展外,制度因素也会影响非农化的过程。中国的土地管理制度正在改变,这可能使将来的土地非农化难度加大。因此,尽管人口密度仍在增加,经济发展与城市化水平在提高,但土地非农化的速度将会下降[30]。谈明洪、李秀彬等对我国近15年城市用地扩张态势以及人口、经济增长和城市环境改善等驱动力进行分析,单因子回归分析表明城市用地扩张与城市人口和GDP皆呈高度正相关关系,而偏相关分析发现GDP增长更能解释城市用地扩张,经济增长是城市用地扩展最重要、最根本的驱动因素[31]。

相对经济发展的要素,制度上的因素是农地过度非农化的主要诱因。土地产权主体缺位、土地征用权滥用为特征的基本制度缺陷和以中央政府与地方政府在土地资源配置上的非合作博弈为特征的政府治理缺陷是土地资源配置效率低下的主要成因[32]。产权关系不清的集体土地在非农化过程中产生的大量增值收益成为地方政府进行资本原始积累最便捷的方式[33]。由于农地产权不明晰以及各利益主体的政治地位不同造成土地收益分配关系不尽合理(市、镇获得35%~45%的土地收益,农村集体获得20%~25%的土地收益),即市(镇)各级政府以及农村集体经济组织剥夺了农民的收益权利,总体的利益分配格局对于地方政府有利,使地方政府具有通过土地非农化的手段进行资本原始积累的激励,从而促进了农地的过度非农化。分权化改革后,地方政府具有追求本地工业化、城市化的强烈愿望。追求这个目标首先必须进行资本的原始积累。目前我国制度软约束条件下的行政控制,实际上不能有效抑制各级政府在财政严重亏损压力下对耕地"农转非"(从农业用地转为非农业)巨额增值收益的渴求[34]。贾生华、张宏斌的研究认为土地非农化过程中的利益分配主体主要有地方政府、村干部和农民。目前国家征用农用地价格过低,在同等区位情况下,农用地和建设用地的价格相差平均10倍以上,地方政府在

第二章 土地非农化研究动态综述

土地非农化过程中有比较可观的财政收入。农用地非农化过程中收入分配不透明,村干部在其中可能有灰色收入,成为推动土地征用、促进土地非农化的重要力量。农业比较利益低,在土地非农化过程中农民有一笔可观的收入。因此,地方政府、村干部和农民都有动力促进土地非农化进程[23]。曲福田等的研究认为,由于农地征用价格、出让价格以及市场价格之间存在显著的差异(1∶10∶50),各级政府可以通过低价征用、高价出让而获取巨额收益[35]。蔡运龙认为由于耕地非农化采用的是国家征用制度,耕地征用价格、出让价格之间的差异形成了耕地非农化中的巨大经济利益,政府凭借对土地市场的垄断获取了耕地非农化中耕地收益的大部分,是耕地非农化供给的经济驱动;在发展地方经济名义下,以耕地换项目,通过积累政绩,进而获得"行政升级",是耕地非农化供给的权力驱动。在此过程中,农地产权制度漠视农民权利,使政府行为失去约束,地方政府在耕地非农化的过程中过度供给,造成了耕地的过速非农化[22]。目前土地非农化过程中利益分配倾向于地方政府是土地非农化过速的主要原因。

Skinner 认为,中国乡镇企业的分散发展以及农民收入提高对住宅需求的增加是东部沿海农地快速流失的主要因素之一[36]。中国的分权化改革使得地方政府在经济的发展中具有主要的能动作用,而农地保护政策的解释和实施主要由基层的土地管理部门来实施。乡镇级土地管理部门却是隶属于同级政府,其工资、奖金以及升迁的机会取决于同级政府,因此在实施土地利用政策时会更偏向地方政府的需要。当地方政府在经济发展与农地保护之间作出权衡,往往更关注前者,因为农业在经济发展中的贡献份额越来越小使得农地保护的理由在地方政府看来显得苍白无力[37]。

因此要抑制农地的过量流向非农产业必须改革当前的政府管理体制,协调中央和地方的利益。

第三节 土地非农化影响评价研究

土地非农化一方面促进了经济的增长,但也导致了一系列的生态、社会问题。学者们在研究土地非农化问题时基于不同的国情对土地非农化过程中的关注点大不相同。以北美和欧洲为研究范围的学者关注土地非农化过程的环境影响,以亚洲为研究范围的学者则关注土地非农化对粮食供给影响以及政府的调控措施。

以北美和欧洲为研究范围的学者在研究土地非农化时有一个比较一致的研究结论——很少甚至没有证据表明土地非农化将会大大地减少食物安全或损害经济的发展。因此,大部分经济学家在研究土地非农化时主要关注农地损失的环境影响,研究主要集中在探索宏观经济政策与土地利用行为变化对农地资源质量与数量的影响以及对土地景观生态的保护[38,39]。在美国,由于人少地多,经济发展与土地资源保护之间没有太突出的矛盾。Harris(1956)认为在美国公共部门为了保证粮食的生产而去保护农地的努力根本没有必要,所应关注的是城市土地利用所产生的外部不经济,如风景的破坏、城市发展对城郊农业的影响等。他认为土地非农化过程中应注意土地利用规划问题。威尔科克斯认为土地目前不是美国农业生产的一个重要束缚因素,担心美国在20世纪内缺乏农业生产的土地是没有根据的。美国粮食和纤维委员会的一份研究非城市土地的报告指出,美国有2.58亿公顷土地适合于正规耕作,还有0.68亿公顷适合于间歇耕作,由于目前只有大约1.21亿公顷土地在耕种,所以在最近的将来显然绝对不会缺少可供耕作的良田[40]。1950~1980年,美国的农业产出指数从73增加到122。这种增长并不是靠收获面积的增加,相反的作物收获面积从1950年的1.53亿公顷减少到1978年的1.49亿公顷[41]。尽管如此,美国人对于农地向城市流转的影响存在着两种截然不同的看法:迈可尔·T.查夫曼等学者认为,农地城市流转是一种社会进步的表现,城市扩张并不代表对全国农地供给产生严重威胁。而另一部分学者对城市侵占大量农地的后果进行调查研究,得出三个方面的结论:①未受控制的城市发展是一种经济上的浪费;②城市扩张剥夺了国家的优质农地,迫使开发质量等级偏低的后备农地(边际土地);③城市蔓延、农地流转是一种明显的美学损坏,对环境或生态系统冲击较大。因而建议美国加强对农地城市流转的控制和对农地实施保护政策,并重点保护全国优质农地,并将农地保护计划适应市场要求[42]。人们保护农地的最大理由是出于美学价值[17,43],农地的美学价值是一种奢侈品,随着社会财富的增加,用于防止土地非农化的资源也会增加[44]。在西欧国家,城市化、工业化已进入成熟期,土地利用结构急剧变动已经过去,处于相对稳定结构,加上有关农地保护的法律法规比较完善,很少对土地资源数量保护特别是农地资源在不同部门之间的配置进行研究,更多的是侧重研究土地质量的改善和土地景观生态的维护[45]。尽管如此,城市化的过程仍然存在,土地城乡转移导致了主要农地的损失,农业就业机会的减少,灌溉基础设施投资的损失,自然景观生态的退化以及地下水过量的开采[46,47]。

而在人多地少的亚洲,尤其是经济发展较快的国家,如日本、韩国、印度尼西亚、以色列,一方面人地关系本已紧张;另一方面,伴随着经济腾飞,农地资源大量的非农利用,农业生产下降,粮食进口增加,生态环境退化。Tommy Firman 对印度尼西亚经济繁荣与经济危机两个时期的城乡土地转移问题进行对比分析,认为20 世纪 90 年代印度尼西亚经济快速增长,带动了越来越多的土地转为城市用地,同时由于国家发放了过多的土地开发许可证,造成了大量的土地投机行为;而经济危机的袭击,大量已开发的市地闲置,占用了大量的投资,加剧了经济危机[48]。Maxim Shoshany 研究了以色列 1950~1990 年人口密度变化与建设用地扩展的关系,研究表明相对于人口密度增加的需要,建设用地的扩展超过了所需面积的 50%以上;由于最大化国有土地的现实收益与保护国有土地现在与未来公共利益目标的矛盾,以及土地利用的规划限制对私有土地严于国有土地,国有建设用地上人口密度明显低于私有土地;由于没有把握建设用地扩张的规律,现有的土地利用政策并不能达到保护土地的目的[49]。

中国的农地过速非农化导致了一系列的经济、社会和生态影响:①巨额土地资源开发成本在经济决策中被低估,不仅导致产业进入门槛过低,出现过度重复建设,产业结构低水平雷同,而且低地价或无地价形成了低质量的经济增长,即经济增长没能扣除应有的土地资源成本而呈现虚假繁荣。有关研究表明,我国钢、煤和淡水的利用量占世界总利用量的比例分别是 1/4、1/3 和 1/2,而我国的 GDP 只占世界 GDP 总量的 3.3%[32]。②农地大量损失导致边际土地大量开发,尤其是"占一补一"和"耕地总量动态平衡"政策鼓励更多的后备土地资源开发和土地复垦,土地生态质量有下降趋势[50]。③农地资源大量损失,尤其是经济发达地区大中城市周边高质量农田的快速消失,加上农业比较利益低下,粮食生产受到影响,食物安全受损。布朗根据1990～1994年中国耕地平均每年减少100万公顷的数据,并以日本、韩国和中国台湾耕地的减少高达52%～35%不等为依据,推测中国大陆的工业化、城市化过程将会消耗大量的耕地,加上环境破坏、用水的竞争、生产率的下降等原因,中国的粮食生产将难以满足人口增加、膳食改善等造成的粮食需求,中国的粮食缺口将达到3.05～3.78亿吨[51]。④快速的土地非农化过程,实质上是大量农民失去土地的过程。由于土地产权不清、土地征用城市利益导向严重,农民权益受到大规模、深程度的侵害,导致失地农民生计问题。过去10年,就有约2 000多万农民失去他们赖以生存的土地[52]。而失地农民越来越成为一个影响越来越大的社会阶层(或利益集团);土地权益之争和大量"流民"的不断涌现,社会安全的不确定性将大大增强。

第四节 土地非农化调控政策研究

由于耕地数量锐减的严峻态势,一些国家和地方政府为延缓土地非农化的趋势,采取了包括农地保护立法以及专门的农业和低密度区域规划、减少财产税率等一系列制度和政策调控机制,以响应耕地数量变化的态势[53],土地用途管制和耕地保护成为近现代各国土地使用管制的主要目标和重要内容[54]。鉴于土地问题的相当部分是由于错误的土地政策而造成的[55],有许多学者对土地非农化调控的政策绩效进行了评价研究。

韩国的朱奉奎对韩国工业、农业用地的消长进行比较分析后认为,农地利用的个人利益及社会利益的背离,成为政府干预农地保护或对农地进行分配的直接原因,而土地的用途管制是制止农地过度非农化的重要手段。现实中,韩国就把农地划分为绝对农地及相对农地,较为成功地协调了农地保护与经济快速发展的矛盾[56]。Sokolow研究了美国加州首府萨克拉曼多地区城市化、农地流转以及农业发展的关系,研究认为土地非农化的数量与农地保护政策紧密相关,大城市的扩张更能集约地利用土地,而各个地方政府在财政政策、土地利用政策、税收政策等方面的竞争使得从全州的角度来合理调控土地非农化的措施复杂化。由于市地和农地之间的价格差距极大,如在加州的城市化区域内,允许用地建设发展的生地价格是 \$98 838.65/公顷,相比而言,加州平均的农地价格极低,牧场的价格是 \$2 594.51/公顷,果园及蔬菜地的价格是 \$13 590.31/公顷[2]。因此,政府对农业的补贴对于提高农地的竞租能力从而减少土地非农化的努力几乎不起作用。R. M. Ward对美国密歇根州《农地和开放空间保护法》(又称PA-116)的实施效果进行了评价,研究表明该法对保护农地免于非农开发起到了一定作用,不过它还不是影响农场决策的最重要因素,但它对农户提供的财政援助无疑是政府聪明的投资,这使农户在没有税收压力,而且也没有其他足以让他们出卖土地给城市开发商的动机情况下,大多数农户还是愿意保持农地农用的[57]。但是,美国的强制性政策,如区划、税收偏好政策和其他规划工具对保护农地以免转为其他用途的控制并不十分有效。因为区划政策对土地所有者是不付任何补偿,而不付任何补偿的区划政策并不鼓励农民投资以提高农场收入,它也有可能失败;税收偏好政策目的是更有效、低成本地利用农业用地,但在实际操作过程中往往事与愿违,由于税收政策抬高了房价，能够弥补税收偏好政策产生的生产成本优势时，可以刺激城市的扩张，从而加速农地城市流转。来自其他国家的证据也证实了这一点，1950～1990年奥地利的证据表明，农地面积仍在不断减少，虽然有相当多的政治措施来抑制这种趋势[58]。

农户保护农地也有机会成本，农地的非农化开发可以给他们带来丰厚的利益，也就是说，农户的土地发展权在保护农地的情况下如何得到补偿的问题，已经引起了人们的重视。为此，政府采取了土地发展权交易或农地保存价值交易以及发展权转移计划等政策措施，对这些政策效率的研究成果也比较多。例如，Lori Lynch et al. 对这些耕地保护计划的效率作过专门研究，应用Farrel非参数效率分析方法测算了马里兰州农地发展权转移、发展权交易以及该州农地保护基金的技术效率和成本效率，这两种效率水平越高意味着在不同特性的地块之间越能够实现交易平衡，结果是：有较高比例农地的地块离市中心越远，而具有较低比例农地的地块则相反[53]；David L. Tulloch等对耕地保护政策及制定中如何结合GIS技术进行了探讨，该研究以Hunterdon县为案例，通过GIS的动态模拟过程并综合多种因素综合评价发展权交易的价值[59]。由于发展权转移不像土地征用权政策那样需要给土地保护区土地所有者以补偿，而且实际操作起来简单，成本低，因此在美国推广较快，到了1990年代，这一政策不仅应用到城市土地扩张控制、农地保护当中，而且还推广到环境保护、生物多样性的维护之中。

目前中国政府调控土地非农化的直接手段主要是采取了土地用途管制和耕地总量动态平衡政策。但中国区域经济发展差异性较大,资源禀赋也不一样。经济发达地区往往是后备资源极其贫乏的地区,若一定要实现耕地总量平衡,则势必影响城市化、工业化和经济发展。而如果要保证城市化、工业化乃至改善生态环境的用地需求,总量动态平衡的政策就无异于一纸空文。为了协调"一要吃饭,二要建设"的矛盾,蔡运龙提出了基于最小人均耕地面积和耕地压力指数来建立耕地利用与保护的调控标准[60]。由于农用地存在外部性①,单纯市场调节失效,政府调控成为必然,但必须充分发挥市场的作用,同时收取地方政府在土地非农化过程中的收益,将其用于对农民农地经营的补贴,以抑制地方政府推动土地非农化的积极性[61,62]。殷章甫认为由于受自然条件的制约,农业的生产效率远不如工商业,农业的竞租能力较差,但农业的生产是国民经济的基础,因此农业必须得到更多的政府引导和保护。政府在制定农地利用计划时必须注重维护地力,加强农民之间农地利用的合作,达到外部规模经济,从而提高农地的竞租能力,减少农地的非农化。黄广宇、蔡运龙提出建立"基本农田保护补偿基金",让基本农田保护的"非市场"生态服务功能和社会保障功能在经济上补偿,从而有效地控制城市边缘带农地非农流转[63]。Yang研究了1978~1996年中国大陆及各省区耕地变化的情况,认为农业产业结构调整和建设占用是中国耕地减少的主要原因。中国大陆耕地减少主要发生在东中部经济发达的省区,耕地增加主要发生在西部生态比较脆弱的省份。由于东中部地区后备资源有限,中国大陆为保证粮食安全,实施耕地总量动态平衡政策,这

---

① 农地的外部性是指不能用价格来反映农用地的效用,例如提供旅游休闲场所、维持生态平衡等,这种利他的经济行为却是以农业土地的低报酬和高机会成本为代价的,在经济上得不到补偿。

必将增加西部生态脆弱带耕地的开发总量。考虑到生态环境以及耕地生产力问题,单纯数量平衡对于中国大陆的粮食安全从远期来看是有害的[64]。丁成日对包括耕地保护等中国土地政策改革效果作了评价,他认为,如何在快速城市化的用地需求和压力与日俱增的耕地保护之间求得平衡,是中国土地政策改革面临的首要挑战[65]。Mark W. Skinner 从地方政府管制角度研究了经济快速发展对中国农地保护的影响,并初步构建了一个有关耕地保护对农村工业化、环境与社会影响的区域响应的分析框架,以浙江省湖州市为案例的研究发现,在耕地保护的区域响应中地方政府的优先开发权与中央政府下达的耕地保有指标具有同等程度的影响,而且在经济转型中由于地方行政分权和地方经济利益的影响,地方政府继续致力于通过耕地损失和退化来取得经济快速增长所需的土地[66]。在保护政策实施过程中,由于基本农田的界定标准模糊以及农地保护缺乏经济诱因,普遍存在"划劣不划优","划远不划近"的现象,在某种意义上,目前的农地保护政策在城乡交错区是失效的[67]。

第五节 研究评述

从以上国内外有关研究的回顾我们可以发现,土地非农化是一个长期的现象,是经济发展过程中一种重要的要素投入,即土地非农化是经济发展的一种代价性损失。发达国家的学者更多关注土地非农化所造成的环境影响,所提出的政策措施也主要从减少土地非农化的环境损害出发。而国外学者对土地非农化影响因素的理论和实证分析模型比较成熟,这对于研究我国土地非农化影响因素在方法论上具有重要的借鉴意义。东欧国家在经济转型中产权改革和地方政府的分权化改革对土地非农化的影响对于我国具有重要的参考价值,也是研究我国土地非农化问题所应考虑到的因素。亚洲国家,如日本、韩国、以色列等国家的人地关系与我国相似,以这些国家为背景的研究对于我国经济快速发展过程中土地非农化的过程、趋势以及可能产生的问题具有重要的参考价值。

国内学者对土地非农化的研究刚刚起步,目前的研究成果主要有:一是分析了中国土地非农化的变化过程和发展趋势,并初步探讨了不同经济发展阶段土地非农化的部门间配置规律;二是提出了从指标控制、宏观调控以及利益诱导等方面控制农地过速非农化的机制和措施;三是结合案例分析和经济计量模型研究了人口、经济、制度等因素,以及政府间的利益博弈对土地非农化的驱动作用。但目前对不同经济发展阶段土地非农化的规律总体把握的研究几乎空白;对于我国土地非农化的规模和速度是否合适的判断基本还处于定性研究或者说假说阶段,缺乏翔实的实证计量研究来支撑判断;现有的研究对于土地非农化效应的研究主要集中在对生态、社会的负面影响,缺乏全面客观的评价;国内学者对于政府行为在土地非农化过程中影响的研究以案例分析为主,缺乏大样本的计量研究;对于土地非农化影响因素或驱动力的研究,国内学者往往只关注其中的一部分,目前这方面的研究工作大多是孤立、分散的,缺乏可比性和系统性,没有建立完整的分析框架将经济发展、资源禀赋、制度变迁等因素进行综合研究;而且现有的研究对于不同经济发展阶段驱动力因素的动态变化规律的理论和实证研究几乎没有;我国幅员辽阔,不同尺度土地非农化驱动因素具有较大的差异,但目前的研究缺乏一系列不同尺度的综合研究,不能为不同层次的土地非农化调控提供合理的科学依据。由于上述原因,我国土地非农化研究的许多政策建议的科学合理性与可行性不强,不能为现在和将来的政府调控提供科学依据。因此,本书将在既有研究的基础上构建基于经济学的研究框架,对转型期经济快速发展背景下的土地非农化问题从制度分析和经济发展的关系诸方面展开讨论,期望有所发现。

参 考 文 献

[1] Meyer, W. B., Turner II, B. L. (Eds.). 1994. *Changes in Land Use and Land Cover: A Global Perspective*. Cambridge University Press, New York and London.

[2] Alvin D. Sokolow., Nicolai V. Kuminoff. 2000. *Farmland, Urbanization, and Agriculture in the Sacramento Region*. Paper Prepared for the Capital Region Institution, Regional Futures Compendium, June, 2000.

[3] 鲁明中、尹昌斌、孙岚:"我国经济发展与耕地占用",《管理世界》,1996年第5期。

[4] 鲁明中、尹昌斌、韩威:"我国耕地非农占用及其发展趋势分析",《经济理论与经济管理》,1998年第1期。

[5] Konagaya, K., H. Morita and K. Otsubo. 1999. Chinese Land Use Predicted by the GTR-model, Discussion Paper in the 1999 Open Meeting of the Human Dimensions of Global Environmental Change Research Community, IGES, Shonan Village Center.

[6] 曲福田、陈江龙:"两岸经济成长阶段土地非农化比较研究",《中国土地科学》,2001年第6期。

[7] 李平、李秀彬等:"我国现阶段土地利用变化驱动力的宏观分析",《地理研究》,2001年第2期。

[8] Zhou, Y. and D. L. Skole. 2001. *Cultivated Land Use Change Analysis*

and Modeling: *A Case Study in the East Region of China*. CGCEO/RA02-01/w. Michigan State University, East Lansing, Michigan.

[9] Karen C. Seto and Robert K. Kaufmann. 2003. Modeling the Drivers of Urban Land Use Change in the Pearl River Delta, China: Integrating Remote Sensing with Socioeconomic Data. *Land Economics*, Vol. 79, No. 1, pp. 106-121.

[10] 陈江龙、曲福田、王启仿:"经济发达地区土地利用结构变化预测——以江苏省江阴市为例",《长江流域资源与环境》,2003年第4期。

[11] 王万茂:"市场经济条件下土地资源配置的目标、原则和评价标准",《资源科学》,1996年第1期。

[12] 陈奉瑶:"台湾地区实施农地变更管制之研究",载中国土地学会办公室编:"城市土地利用和农地保护——'96 海峡两岸土地学术研究会",第248~262页。

[13] 诸培新、曲福田:"耕地资源非农化配置的经济学分析",《中国土地科学》,2002年第5期。

[14] 尚启君:"农业土地过度非农化与控制途径",《江西农业经济》,1998年第3期。

[15] 邓世文、阎小培:"珠江三角洲城镇建设用地增长分析",《经济地理》,1999年第4期。

[16] Muth. Richard F. 1961. Economic Change and Rural-Urban Land Conversion, *Econometrica*, Vol. 29, No. 1, pp. 1-22.

[17] Kuminoff, Nicolai V., Alvin D. Sokolow, and Daniel A. Sumner. 2001. *Farmland Conversion: Perceptions and Realities*. University of California Agricultural Issues Center. Issues Brief No. 16.

[18] Tweeten, Luther. 1998. *Competing for Scarce Land: Food Security and Farmland Preservation*. Ohio State University Department of Agricultural, Environmental, and Development Economics, Occasional Paper ESO #2385. August.

[19] Kline, J. and R. Alig. 2001. *A Spatial Model of Land Use Change in Western Oregon and Western Washington*. Research Paper PNW-RP-528. USDA Forest Service, Pacific Northwest Research Station, Portland, OR. p. 24.

[20] Hite, Diane, Brent Sohngen and Josh Templeton. 2002. "*Property Tax Impacts on the Timing of Land Use Conversion.*" Department of Agricultural Economics, Mississippi State University, and AED Economics, Ohio State University.

[21] Adam Wasilewski, Krzysztof Krukowski. Land Conversion for Suburban Housing: A Study of Urbanization Around Warsaw and Olszyn, Poland. http://www.ceesa.de/DiscussionPapers/DP8_Wasilewski.pdf, 2002-12-09.

[22] 蔡运龙、霍雅勤："耕地非农化的供给驱动"，《中国土地》，2002年第7期。

[23] 贾生华、张宏斌：《中国土地非农化过程与机制实证研究》，上海交通大学出版社，2002年，第14页。

[24] 杨国良、彭鹏："农业发展与土地非农化"，《资源科学》，1996年第1期。

[25] 张安录、杨刚桥等："论农地城市流转对农业可持续发展的影响"，《理论月刊》，1999年第12期。

[26] 鲁明中、尹昌斌、韩威："我国耕地非农占用及其发展趋势分析"，《经济理论与经济管理》，1998年第1期。

[27] 黄宁生："广东耕地面积变化的空间分布特征及其与经济、人口增长的关系"，《热带地理》，1999年第1期。

[28] 叶嘉安等："珠江三角洲经济发展、城市扩张与农田流失研究——以东莞市为例"，《经济地理》，1999年第1期。

[29] 龙花楼、李秀彬："长江沿线样带土地利用变化时空模拟及其对策"，《地理研究》，2001年第6期。

[30] Ho, Samuel P. S. and George C. S. Lin. 2003. Population Density, Urbanization, Development and Non-Agricultural Land Use in Post Mao China, http://www.iar.ubc.ca/centres, 2002-08-09

[31] 谈明洪、李秀彬等："我国城市用地扩张的驱动力分析"，《经济地理》，2003年第5期。

[32] 曲福田、高艳梅、姜海："我国土地管理政策：理论命题与机制转变"，《管理世界》，2005年第4期。

[33] 温铁军、朱守银："政府资本原始积累与土地'农转非'"，《管理世界》，1996年第5期。

[34] 温铁军、朱守银:"土地资本的增殖收益及其分配——县以下地方政府资本原始积累与农村小城镇建设中的土地问题",《中国土地》,1996年第4期。

[35] 曲福田、冯淑怡、俞红:"土地价格及分配关系与土地非农化经济机制研究",《中国农村经济》,2001年第12期。

[36] Skinner, M. W., Kuhn, R. G., Joseph, A. E. 2001. Agricultural Land Protection in China: A Case Study of Local Governance in Zhejiang Province. *Land Use Policy*, Vol. 18, No. 2, pp. 329-340.

[37] George P. Brown. 1995. Arable Land Loss in Rural China: Policy and Implementation in Jiangsu Province, *Asian Survey*, Vol. xxxv, No. 10, pp. 922-940.

[38] Van Kooten. 1993. *Land Resources Economics and Sustainable Development*, UBC Press.

[39] Graff, J. 1994. *Soil Conservation and Sustainable Land Use: An Economic Approach*, Amsterdam.

[40] 沃尔特·W. 威尔科克斯:《美国农业经济学》,商务印书馆,1987年,第400页。

[41] Rutherford H. Platt. 1985. The Farmland Conversion Debate: Nals and Beyond, *Professional Geographer*, 37(4), pp. 433-442.

[42] 张安录等:"美国城市化过程中农地城市流转与农地保护",《中国农村经济》,1998年第11期。

[43] Beattie, Bruce R. *"The Disappearance of Agricultural Land: Fact or Fiction?" Forthcoming in Freeing up Agricultural Land*, Terry L. Anderson and Bruce Yandle, eds., Hoover Press.

[44] Nicolai V. Kuminoff et al. 2001. Modeling Farmland Conversion with New GIS Data. Paper Prepared for the Annual Meeting of the American Agricultural Economics Association, Chicago, August 5-8.

[45] Bromley, D. W. 1995. Handbook of Environmental Economics, Blackwell.

[46] Bryant, C. R. et al. 1982. *The City's Countryside: Land and Its Management in the Rural-Urban Fringe*. Longman, London.

[47] Lockeretz, W. 1989. Secondary Effects on Midwestern Agriculture of

Metropolitan Development and Decrease of Farmland. *Land Economics*, Vol. 65, No. 3, pp. 205-216.

[48] Tommy Firman. 2000. Rural to Urban Land Conversion in Indonesia during Boom and Bust Periods, *Land Use Policy*, Vol. 17, No. 1, pp. 13-20.

[49] Maxim Shoshany, Naftaly Goldshleger. 2002. Land Use and Population Density Changes in Israel——1950 to 1990: Analysis of Regional and Local Trends. *Land Use policy*, Vol. 19, pp. 123-133.

[50] 陈江龙、曲福田、陈雯:"农地非农化效率的空间差异及其对土地利用政策调整的启示",《管理世界》,2004年第8期。

[51] 莱斯特·布朗:"谁来养活中国人",《中国农村经济》,1995年第4期。

[52] 牛若峰:"农村集体所有土地非农转移中的产权利益问题",《现代经济探讨》,2003年第12期。

[53] Lori Lynch et al. 2001. A Relative Efficiency Analysis of Farmland Preservation Programs. *Land Economics*, Vol. 77, No. 4, pp. 577-594.

[54] 刘书楷:"国外和台湾地区土地使用管制和农地保护的经验",国家土地管理局科技宣教司等编:《土地用途管制与耕地保护》,北京大学出版社,1997年,第93-97页。

[55] 野口悠纪雄著,汪斌译:《土地经济学》,商务印书馆,1997年,第31页。

[56] 朱奉奎、权光男译:《土地经济学》,法律出版社,1991年。

[57] R. M. Ward. 1987. A Farmland Preservation Policy in the United States. *International Jouranl Environmental Studies*, Vol. 30, pp. 125-135.

[58] Krausmann, F. 2001. Land Use and Industrial Modernization: An Empirical Analysis of Human Influence an the Functioning of Ecosustems in Austria 1830-1995. *Land Use Policy*, vol. 18, pp. 17-26.

[59] David L. Tulloch et al. 2003. Integrating GIS into Farmland Preservation Policy and Decision Making. *Landscape and Urban Planning*, Vol. 63, pp. 33-48.

[60] 蔡运龙、傅泽强、戴尔阜:"区域最小人均耕地面积与耕地资源调控",《地理学报》,2002年第2期。

[61] 张宏斌、贾生华:"土地非农化调控机制分析",《经济研究》,2001年第

12期。

[62] 曲福田、陈江龙、冯淑怡等:《经济发展与土地可持续利用》,人民出版社,2001年,第145-149页。

[63] 黄广宇等:"城市边缘带农地流转驱动因素及耕地保护对策",《福建地理》,2002年第1期。

[64] Yang Hong, Li Xiubin. 2000. Cultivated Land and Food Supply in China. *Land Use Policy*, Vol. 17(2): pp. 73-88.

[65] Chengri Ding. 2003. Land Policy Reform in China: Assessment and Prospects. *Land Use Policy*, Vol. 20, No. 2, pp. 109-120.

[66] Mark W. Skinner et al. 2001. Agricultural Land Protection in China: A Case of Local Governance in Zhejiang Province. *Land Use Policy*, Vol. 18, pp. 329-340.

[67] 张安录:"可转移发展权与农地城市流转控制",《中国农村观察》,2000年第2期。

第三章 日本和中国台湾地区经济快速增长阶段土地非农化

日本和我国台湾地区的人地关系与我国的大陆地区相似,总结这两个典型区域在经济快速增长过程中土地非农化过程、特征以及相应的农地保护调控措施等经验教训,对处于经济快速增长阶段的我国大陆地区具有重要的借鉴意义。

第一节 日本经济快速增长阶段的土地非农化

日本曾经在20世纪50~80年代保持了较高的经济增长速度,林毅夫教授认为我国目前的发展阶段与日本20世纪60年代早期的发展阶段相似,而且中国同样也具有保持较高发展速度的潜力[1]。因此,研究这一阶段日本的土地非农化的问题,对于正处于相似发展阶段的我国来说,具有重要的借鉴意义。

一、日本经济快速增长过程

日本是主要发达资本主义国家中人口密度最高的国家之一,而且人口分布很不均衡。在日本的国土总面积中,除去森林、原野、水面、河川、水渠等外,可居住的土地面积很少,因而按国土面积计算的人口密度和按居住土地面积计算的人口密度之间的差距很大。日本的森林面积占国土总面积的67%(1990),而日本农地(耕地、园地、牧草地)面积只占国土面积的13%,这个比重比其他发达国家要小得多。第二次世界大战后,日本的经济经历了1945~1954年的经济恢复时期,1955~1973年的经济高速增长时期,1974年以后的经济稳定增长时期。高速增长时期又明显分为三个阶段,第一阶段是1955~1964年的以民间设备投资推动的高速增长,第二阶段是1965~1970年的政府投资推动的高速增长,第三阶段是1971~1973年的高速增长的结束期。

在高速增长的第一阶段,以旺盛的民间设备投资为主导,促进了固定资本的大规模更新和新技术的大量采用。1956年,日本私人企业设备投资从1955年的9 601亿日元增加到15 123.6亿日元,增加了57.5%。1959年私人企业设备投资超过22 000亿日元,1963年突破了46 702亿日元。通过设备的投资,日本的钢铁、电力、造船等产业迅速扩大,石油、石化、家电、汽车等新兴产业相继诞生和发展。出现了"投资唤起投资"的热潮,有力地促进了经济的高速增长。

1965~1970年日本的实际GNP年均增长率为10.5%,工矿业生产增长率为13.6%,成为仅次于美国的世界第二大经济大国。其中,1964年末开始到1965年,日本经济出现了被称为"昭和40年不景气"的经济危机,企业强烈要求政府采取措施促进经济的发展。顺应财经界的要求,日本政府制订了增加大众负担和服务于大企业的政策体系。如降低法人税税率;以旨在振兴景气而进行道路建设为基轴,大规模增加公共事业费支出;提前实施第三次防卫整备计划等。这一阶段一个主要的政府行为是大规模基础建设的开展,通过铺设公路,整顿、完善港湾设施,建造水库,地域开发等活动,试图把整个日本改造成为有利于大企业生产活动的场所。通过这些措施,日本经济的发展出现了空前繁荣的局面,出现了连续57个月的经济景气。

在经历了长时间的经济景气后,日本经济的增长率明显下降,1971年由于日元升值出现了所谓的"日元危机",许多中小企业破产,1972～1973年的世界性通货膨胀,以及1973年的中东石油危机等都对日本经济产生了不利影响。正是1973年,成为日本经济由高速增长向稳定增长的转折点,经济发展的主导产业转向技术密集型的产业。

从日本1955～1973年的经济高速增长过程来看,经济的发展高速增长是由高积累率[①]来支撑的。日本的积累率从1955年的25.1%增加到1971年的39.1%,整个积累率一直保持在35%以上。在积累中,固定资产投资的增长更为突出。通过大规模的固定资产投资,建立了一系列的重化工业,成为发展日本战后工业的强有力的物质基础,对日本的经济起飞和往后的稳定增长起了重大作用。1952～1960年,日本的国内生产总值的年均增长率为8.31%,同期年均积累率为25.23%;1961～1970年国内生产总值的年均增长率上升到10.76%,同期的年均积累率也提高到34.52%[2]。

二、日本经济快速增长中的土地非农化

由于占国土面积很大比重的林地很少转为城市用地和农业用地,因此在经济的快速发展时期,日本土地非农化的压力特别大。

---

① 积累率指的是投资额在国民生产总值中所占的比例。

1955~1973年的日本高速经济增长时期,日本的投资需求特别旺盛,因而需要大量的工业用地。同时,随着工业化和城市化,又需要大量的住宅用地、商业用地。此外,日本政府大力兴办公用事业、基础设施,也需要大量公共用地。所有这一切,都需要在短时期内迅速增加工业和城市用地,因此土地非农化的速度加快[3]。

从图3-1可以看出,日本的农地在20世纪50年代后期到70年代初处于快速非农化的阶段。土地非农化的面积从1956年的5.58万公顷增加到1973年的67.72万公顷,年均增加16.88%。1956~1964年,日本农地转用的面积为14.88万公顷,年均1.49万公顷。这段时间土地非农化的主要特征是农地非农转用受到严格的管制,需求主体主要是工业部门,新增加的住宅用地供给量并没有增加多少。1956~1964年全国新建住宅户数平均每年为49.2万户,这段时间虽然人口大规模地向城市集中,但由于流入人口大部分被既存的出租房屋等所吸收,因此暂时对住

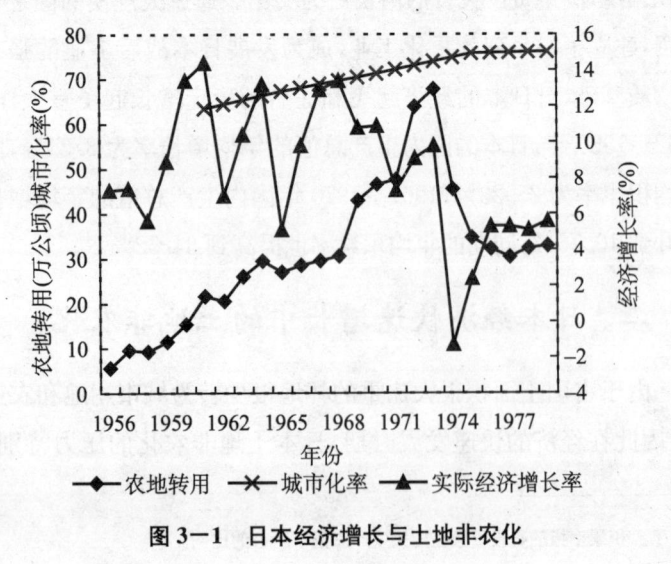

图3-1 日本经济增长与土地非农化

宅的需求没有扩大[3]。由于需求的扩大,从20世纪50年代后半期到60年代前半期,工业用地的地价上升率总体上超过了住宅用地的地价上升率。

1965～1973年,农地转用的面积为38.41万公顷,年均4.27万公顷。这一时期土地非农化的主要特征是农地转用管制放松,住宅用地和公共设施用地量迅速增加。随着人口城市化水平的提高,以及居民收入的增加,居民的住房需求量开始大规模增加。1965～1973年年均新建住宅户数为133.6万户,是前期的2.8倍。而由于需求的扩大,这一阶段住宅用地的价格指数的上升率明显大于工业用地。同时农地价格的增长率也开始提高,1965年与市区土地价格指数增长率相等,1966年、1967年超过了市区土地价格指数的增长。野口悠纪雄认为这种情况意味着农地作为"住宅用地后备军"的性质有所增强[3]。这一期间农地非农转用的另一需求主体是公共设施项目,由于政府试图把整个日本改造成为有利于大企业生产活动的场所,因此公路、港湾设施、机场、水库等公共设施开发等活动较多,土地的需求量较大。

1973年的中东石油危机,成为日本经济由高速增长向稳定增长的转折点,成为日本的经济发展与国土资源保护由互相冲突到互相促进的转折点。从1973年以后,日本土地非农化的速度逐步减慢,从1973年高峰期的6.77万公顷减少到1979年的3.29万公顷,1974～1979年年均减少2.71万公顷。

三、日本经济快速增长中土地非农化的主要特征

从以上的分析可以看出日本经济发展过程中土地非农化具有

以下几个特征。

1. 土地非农化呈现倒"U"型曲线特征

从图中我们可以看出,随着经济的发展,日本的土地非农化存在着典型的倒"U"型发展趋势。1955～1973年的经济高速发展时期,日本的经济发展主要靠大量的投入来推动,大量兴建新兴工业的工厂,实现重工业化,从外延上迅速扩大再生产,这就需要大量工业用地。同时,随着工业化水平的提高,城市化进程加快,日本的城市化水平从1961年的63.43%提高到1973年的73.86%,城市人口的增加需要大量住宅用地、商业用地。随着经济实力的增强,日本政府大事兴办公用事业、基础设施,也需要大量公共用地。1973年以后经济进入稳步增长状态,经济的增长主要靠内涵型的发展来推动,引起对土地等生产要素的需求量相对较少,而且城市化也进入较高的阶段,1974～1979年,日本的城市化水平仅提高了1.32%,城市人口没有大规模的增加,因此土地非农化进入逐步减少趋向稳定的阶段。

2. 经济增长波动对土地非农化的影响减弱

从图3-1我们可以看出,在经济高速增长阶段(1955～1973年),日本的土地非农化的波动与经济增长的波动高度一致。1957年、1961年、1964年、1969年、1973年分别是日本经济增长波动的高峰点,相应年份的土地非农化面积都有明显的增加。以1973年为分界线,日本的经济进入了低速稳定增长阶段,而土地非农化的面积也呈逐渐减少而后保持稳定的趋势。从趋势上看,在高速发展阶段,土地非农化的波动与经济增长的波动更为一致,在进入低速稳定增长以后,经济增长的波动对土地非农化的影响似乎有所减弱。这种变化的一个可能的解释是在高速发展阶段,经济的发展主要是靠各种物质生产要素的投入来推动,而在经济发展的后期,推动产量增加的主要力量变成了技术、管理水平等无形资本,因而对土地的依赖降低。

3. 农地非农转用的管制适当放松

在战后的初期,日本政府十分强调粮食的自给自足,因此在经济高速发展的初期,农地的非农转用受到法律的严格限制。20世纪60年代,伴随着产业结构的变化,农业就业人口明显减少。在经济发展产生的巨大需求的推动下,为了满足经济发展的要求,日本的农地政策向"不得不作转用"的方向转换。1959年,农林省次长颁布了"允许农地转用基准"。而在此之前,农地法对土地非农化抑制严格控制。这个准则实际上承认农地的非农利用从国民经济上看是不得已的事[3]。这说明农地的保护要与经济发展阶段特征相联系。

四、日本的农地保护政策

日本对土地非农化的调控主要依靠土地用途管制来实现。日本曾先后制定了《农用土地法》、《农地调整法》、《国土利用规划法》和《城市规划法》等法律,以规范土地使用与管理。其农地法明确规定农地转为非农地要取得各级政府主管领导的许可,否则视为违法,要处以罚款等。农地转用许可制度建立的背景是战前和战后的粮食危机。1969年修订的《城市土地规划法》将城市区域划分为促进城市化发展的"市街化区域"和抑制城市化发展的"市街化调整区域"两种情况,来处理农地是否许可转变问题。

在经济高速发展的20世纪60年代,由于日本农政当局认为农地转用"在某种程度上也是无可奈何",农地保护政策从确保农地的总量转变为确保优良农地[4]。日本1964年制定《农业发展地域整备法》,确定"农业发展区域",保护农田。在农业发展区域内的优良农地不得任意非农化,并避免对农业生产环境造成污染和破坏,同时促使农业发展区域内各种提高农业生产力、改善农业生产环境的公共投资不断增加,以确保优良农地的"量"和"质"[5]。1976年制定《全国土地利用规划法》,重申对优质农田保护。

日本现行的土地税体制中,亦有能调节土地非农化的税种,如土地转让所得税。土地转让所得税对土地权利出让者课征,课税基础为土地转让所得金额,税率根据土地保有的期限长短而不同。通过这种方式将农用地转化为非农用地中自然增值部分收归国有。

此外,日本只在发展公益事业才征用土地,而且征地赔偿款项包含内容广而全,包括征用损失赔偿、通损赔偿、少数残存者补偿、离职者赔偿及事业损失赔偿。征用损失赔偿按被征用财产的经济价值即正常的市场价格计算。

第二节 中国台湾地区经济快速增长阶段的土地非农化

我国台湾地区的人地关系与大陆相似,但发展阶段先于大陆。研究台湾地区在经济发展过程中土地非农化的趋势、特征及其农地保护政策,将会为大陆地区处理经济发展与农地保护的关系提供有益的借鉴。

一、台湾经济快速增长过程

1962~1990年是台湾经济的高速发展时期,这一时期台湾成功地完成了初步工业化的任务,进入了全面工业化阶段,该阶段的平均经济增长率是 8.86%。20 世纪 90 年代,台湾基本进入了后工业化时代。

20 世纪 60 年代,台湾工业开始实施"出口替代"战略。这一阶段主要发展具有比较优势的劳动密集型轻工业产品。经过 10 年的发展,台湾完成了工业化初期阶段,重工业占工业的比重逐步上升(接近一半)。城市化水平与工业化同步发展,从 1961 年的 47.60% 提高到 1972 年的 61.1%。有学者把这一阶段称为台湾经济的起飞阶段[6]。

1973~1990 年是台湾经济繁荣阶段,经济增长率约为年均 8.74%。这个阶段发展经济的基本方针是"调整经济结构,促进经济升级,大力发展重化工业"。20 世纪 80 年代,台湾地区进入了经济转型和升级阶段,大力发展产品技术密集度高和附加值高,国际市场潜力大和关联效果大,低消耗和低污染的产业。这一阶段的城市化水平由 1972 年的 61.1% 提高到 1990 年的 78.93%。经济繁荣阶段的主要特征是主导部门由资本密集型到技术密集型,层次不断提高,20 世纪 70 年代的主导部门是资金密集型的石化重工业,80 年代主导产业是技术密集型的产业。

二、台湾经济快速增长中的土地非农化

经济的发展带来了产业结构的变化,带动了土地利用结构的相应变化,在台湾经济快速增长阶段,台湾的农地面临着巨大转用的压力,每年约有 5 000 公顷的水田被转用[7]。尽管台湾当局对农地的变更使用严格限制,并鼓励开垦荒地,但农地数量也出现了减少的趋势。

由于缺乏全面的土地非农化的数据,我们以 1969~1992 年的水田非农转用的数据来研究台湾土地非农化的趋势及其原因。图 3-2 显示了 20 世纪 70 年代和 80 年代台湾土地非农化、经济增长率及城市化水平的变化趋势。从图中可以看出,台湾的土地非农化在 20 世纪 70 年代保持着较高的水平,而在 20 世纪 80 年代有所趋缓,到了 90 年代又有加速的趋势。

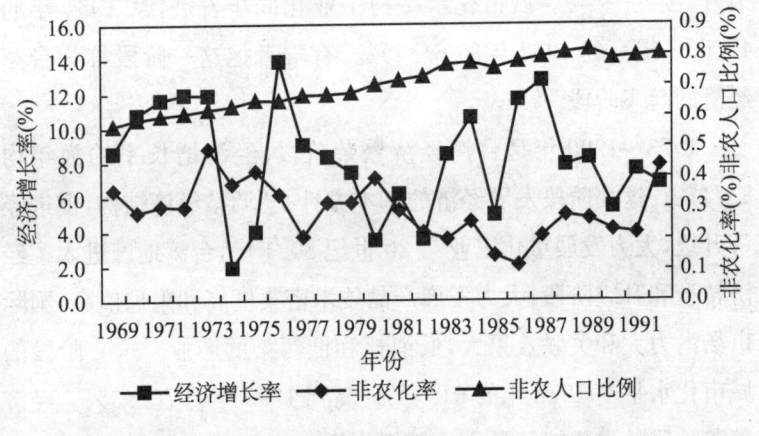

图 3-2 台湾 1969~1992 年经济增长与土地非农化

表 3-1 台湾地区土地非农化与 GNP 增长

年代	总量(公顷)	年均非农化率 A	年均 GNP 增长率 B	相对弹性 A/B
1970's	30 805.54	0.34%	10.2%	0.033
1980's	21 369.61	0.24%	8.2%	0.029

资料来源:水田非农化的数据根据林英彦[7]和杨松龄[8]的数据整理,GNP 数据来自魏萼[6]的数据。

20 世纪 70 年代台湾经济发展进入了重工化阶段,台湾的基础设施出现了严重的瓶颈现象,为促进经济发展,台湾当局大力发展基础设施,1973年起先后实施10项建设和12项建设,大力发展交通建设、能源供应建设和重化工业建设。基础设施的建设大大地刺激了民间投资意愿,投资积极性高涨。由于基础设施的建设和工业的发展,城市化水平大大提高,农地非农转用大大增加。从表3—1可以看出20世纪70年代,台湾地区水田的非农化率大多在0.3%以上。十大项目促进了台湾70年代经济的发展,国民生产总值的年均增长率达到了10.2%,水田非农化率与GNP的相对弹性为0.033,即1%的GNP增长率需要0.033%的水田转化为非农地。

20世纪80年代土地非农化水平相对较低的原因在于台湾经济进入了转型期,大力发展技术密集型产业,而政府继续实施严格的农地保护政策,因此非农产业土地的使用相对集约。这一时期的年均水田非农化率为0.24%,相对弹性为0.029%,均低于70年代的水平。相对弹性表明在既定的经济政策之下,经济发展的相对集约性。80年代的相对弹性较低,说明台湾经济发展对土地资源的需求相对减少,土地利用的集约度提高,这符合一般经济发展的规律。

由于建设用地不易解决,使工商业者不愿在岛内投资。资金外流,厂商投资所得也滞留岛外,影响了台湾的经济增长速度。岛内投资减少,失业率上升,1996年达10多年来的最高点。为此,台湾当局决定将部分农地转变为工商业及公共设施用地,缓解城市用地的压力。台湾地区1995年的《农业政策白皮书》扩大农地变更管道,放宽农地农有限制,规定了有关农地释出的方案,并从1996年开始实施,第一阶段的释出总量约为4.8万公顷,第二阶段的释出总量为16万公顷。从图3—2我们可以看出20世纪90

年代台湾土地非农化有加快的趋势,这主要是因为随着经济全球化的加快,台湾地区的土地利用政策发生了改变,强调地尽其利,地利共享,农地的管制有所放松,土地非农化趋势加剧。

三、台湾经济快速增长中土地非农化的主要特征

通过以上的分析可以看出台湾地区经济快速增长过程中土地非农化的几点主要特征。

(1) 在经济的快速增长阶段,土地非农化呈现一定的波动性,主要是与经济活动周期相伴。这说明土地作为生产要素在经济发展中还起着重要的作用,即农地数量的减少是一种代价性损失。20世纪70年代较高经济增长率伴随着较高的土地非农化率,80年代经济增长率相对减缓时土地非农化率速度趋慢。

(2) 台湾20世纪70年代较高的土地非农化率与同时期经济处于重工化阶段相关。这一阶段一方面民间投资旺盛,工业用地需求量较大,另一方面台湾当局为解除经济发展的基础设施瓶颈,投入了大量的基金进行基础设施的建设,极大地促进了土地非农化。

(3) 台湾在未来的发展中土地非农化有加速趋势。主要是因为台湾土地利用政策的改变,强调地尽其利,地利共享,放松了对农地的管制,释放一定的农地满足工商业发展的要求,以降低用地成本,同时提升城市生活的品质。台湾现有的85万公顷农地中,到加入WTO之后,将保留30至35万公顷作为耕地,以保障粮食安全,其余则有秩序地释放给工商界使用[9]。

四、台湾的农地保护政策

台湾管制农地的主要原则是农地农有和农地农用。农地农有的政策是从土地改革时期开始实施的,即规定非农民不得购买农地的政策,这一政策对于平抑耕地价格,提高农业的比较利益收到显著的成效。在农地农用原则下,农地非经许可不得变更作为非农业使用。台湾土地资源稀缺,而且随着经济发展,各方面对土地的要求日趋增加,农业土地变更用途也在所难免。由于农地价格大大高于农地收益价格,土地非农化的拉力巨大。因此农地农用的管制主旨在于避免农地落入非农民手中,并防止农地成为土地投机的对象。限制农地转移的主要法规有《土地法》及《有关农地随承受人自耕能力的认定标准及自耕能力证明书核发程序》;限制农地变更使用以控制良田变更使用的主要法规有《限制建地扩展执行办法》及《非都市土地使用管制规则》。

台湾农地保护除有赖于直接限制农地变更使用与限制农地转移外,主要是实行农业计划与规划,划定农业区,按区域规划实施农地重划,对土地使用分区管制的方式加以规范,以提高农地的质量和价值,缩小农地与变更农地之间的收益差距,减少农地变更使用的压力。

20 世纪 90 年代以后,面对世界经济一体化的趋势,一方面低价农产品进口可能缓解对农地需求的压力,另一方面经济发展要求释放出更多的农地用于非农产业。台湾的农地保护政策出现了配合经济整体建设需要,依法转出部分农地的趋向,出台了一些有关农地变更的新政策。如 1995 年台湾农委会拟出《农地释出方案》,对农地变更使用规则作出详细规定。这表明农业主管机关已放弃全面保护农地的立场,同意农地变更使用由需求面来主导,更多发挥市场调节作用。1998年的《农业发展修正草案》对不同农地采取宽严不同的管理方法,对于重要农业生产用地及保育用地在政策上采取保护措施,以确保基本粮食供应、维护生态环境。放宽对次要农业生产用地的保护,适时有计划的释出部分农地。

台湾土地税制中能起调节农地转化为非农用地、保护农地资源作用的税种有土地增值税、空地税、荒地税及不在地主税。土地增值税是在土地所有权转移或设定典权时,或无转移而届满10年时,就其自然涨价增值额,向土地原所有权人或取得所有权人或出典人征收的一种土地税。空地税是针对可利用而逾期尚未利用或作低度利用的私有建筑基地所课征的赋税。荒地税是对于可利用而逾期仍未利用,或作低度利用或违法利用的私有农地所加征的赋税。不在地主税则是为了防止土地投机垄断,迫使不在地主因过多的税赋而将土地出卖给真正需要土地的人。

第三节 小 结

日本和中国台湾的实践说明,在经济发展的快速工业化阶段,农地非农利用需求处于急速扩张时期。日本的经验表明,土地非农化的部门间配置开始以工业部门和基础设施用地为主导,尔后以住宅用地的扩张为主导。在工业化的初期和中期阶段,经济增长的波动对土地非农化需求的波动影响较大,当经济处于重化工业阶段时,土地非农化的速度最快。当经济进入工业化后期阶段后,经济增长波动对土地非农化的影响减弱。日本与中国台湾为了保护农地而采取的一系列限制措施的后果是地价狂飙,严重地影响公共设施、国民住宅和工厂用地的取得。台湾1990年以来产业持续外移的原因之一是地价抬高,甚而有报道说明估计约80%的厂商因土地问题而考虑外移[10]。因此,日本和中国台湾地区在20世纪90年代都放松了农地转用的管制,在粮食安全问题上基本只保证口粮的安全,其余的通过国际贸易获取。日本和中国台湾的经验还表明,保护农地应该有一个合理的界限,不能以牺牲经济发展为代价来保护农用地。经济发展、土地非农化是一个不可避免的现象,农地保护的策略应该从数量的保护转向质量的保持与提高。

参 考 文 献

[1] 林毅夫:"中国的发展和亚洲的未来",北京大学中国经济研究中心研究稿系列,No. C2002011,2002年。
[2] 郭炤烈:《日本的起飞与选择》,上海人民出版社,1993年。
[3] 野口悠纪雄著,汪斌译:《土地经济学》,商务印书馆,1997年,第31页。
[4] 田代洋一:"日本的农村和城市的关系",转引自焦必方:《日本的农业、农民和农村——战后日本农业的发展与问题》,上海财经大学出版社,1997年。
[5] 贾生华、张宏斌:《中国土地非农化过程与机制实证研究》,上海交通大学出版社,2002年。
[6] 魏萼:《台湾迈向市场经济之路》,上海三联出版社,1993年。
[7] 林英彦:"农业发展与农地利用之管制",见中国土地改革协会编:《蒋公与土地改革研讨会论文集》,中华民国七十六年六月。
[8] 杨松龄:"台湾地区土地竞用课题之探讨",见中国土地学会办公室编:《'94年海峡两岸土地学术研讨会论文集》,1994年。
[9] 马凯:"农地如何地尽其力",HTTP//news. dreamer. com. tw/folder/,2001-03-30。
[10] 金家禾:《台北都会区产业结构变迁与产业用地政策之检讨》,玉树图书印刷有限公司,1999年。

第四章 我国经济快速增长过程中的土地非农化

土地非农化的过程与经济发展进程紧密相关,特别是在经济增长还主要靠要素的投入来推动的时候,两者的发展趋势几乎同步变动。回顾我国1978年以来的土地非农化过程,比较不同区域土地非农化的差异,有助于我们把握土地非农化的阶段特征及其影响因素,为我国的农地保护政策提供现实的实证基础。

第一节 1978~2004年我国土地非农化过程分析

1978年我国的改革逐步引进了资源配置的市场机制,成为世界上发展最快、增长最有活力的国家之一。1978~2004年的GDP年均增长率达到9.4%。快速的经济增长引致了对农地非农使用的巨大需求。以1986年原国家土地管理局成立为标志,对土地非农化开始实施相对严格的政府管制。因此,我们以1986年为界分析1978年以来的土地非农化过程。

一、1978～1985年的土地非农化

改革开放以来,我国进入了以经济建设为中心的新时期,国家基本建设项目增加,城市范围日益扩展,乡镇企业的发展加快了农村城镇的建设,农民因为收入的增加而大量建造新房等,导致了大量农地的非农化,1978～1985年土地非农化转用共计161.17公顷,年均20.15万公顷。

在农村实施联产承包责任制以后,农民的劳动生产率得到极大的提高,农业的增产和农产品的提价增加了农民的收入,同时也激发了乡镇企业的发展。因此这一阶段的土地非农化有一个典型的特征就是乡镇企业和农民建房占用耕地的数量猛增,共达70.7万公顷。农民收入增加,改善居住条件的欲望十分迫切,兴起了"建房热"。1978年农民的建房投资只有30.8亿元,1985年高达313.2亿元,住房使用面积从1978年人均的11.03平方米增至1985年的15平方米。农民的建房占用了大量的耕地,1985年高达6.03万公顷[1]。与此同时,乡镇企业也有较大的发展,到1985年乡村工业用地估计有56.3万公顷,比1978年扩大了2.6倍。

在农村蓬勃发展的过程中,国家的基本建设规模除在20世纪80年代初期有短暂压缩外,其规模迅速扩大。1979年国家(包括地方)建设占用耕地为13.2万公顷,1980年为9.8万公顷,1981年降到5万公顷。1982年在中央提出工农业总产值二十年翻两番的目标后,各地的基建投资迅速增加,1982年国家建设占用耕地6.1万公顷,1983年增为7.1万公顷,1984年10万公顷,到了1985年更是高达13.4万公顷。国家建设投资增多的一个直接表现是城市的数量和面积大幅度扩大。1978～1985年城市由193

个增加到317个,建制镇由2 831个增至8 040个,城市建成区面积由14 164平方公里增至17 324.4平方公里,七年内增加22.3%。

由于这段时期土地供给还是采取无偿划拨的方式,在没有价格机制的约束下,土地的需求量一定程度上被放大了。在同期,由于农业内部结构的调整,大量耕地被转为果园和林牧用地,导致耕地的大量减少,1985年耕地的净减少量达到了110.7万公顷,成为建国以来第二个耕地减少的高峰。由于意识到农地的无序非农化将会影响经济的可持续发展,我国于1986年成立土地管理局统一管理城乡地政,耕地开始得到了有效的保护。

二、1986～2004年的土地非农化

1986年国家成立了土地管理局统一管理城乡地政,同时推进了土地资源配置的市场化进程,新增非农用地逐步通过有偿使用的方式获得。这一时期经济的发展在经历了20世纪80年代后期和90年代初期的大幅涨落后,进入了稳步发展的阶段。从总体上看,这一时期土地非农化的速度相对于之前阶段要慢。1986～2004年共占用耕地336.61万公顷,年均17.72万公顷。

1986年到1990年国家固定资产投资规模总体上呈递增的趋势,但由于主要的投资去向是轻纺加工工业和原有设备的更新,加上土地管理工作的加强,耕地的占用逐年减少,1986～1990年年均耕地非农化量为12.2万公顷。1991年以后,我国的产业结构在以轻纺食品工业为主导产业的补课式发展结束后,进入了以重化工业为主导的高速增长阶段,国家的固定资产投资呈加速发展的趋势,而且土地价值的显化使地方政府开始将土地出让作为地

方资本原始积累的途径。据国土资源部统计,到2002年年底,全国累计收取土地出让金达到7300多亿元,大部分作为地方预算外资金,一些地方政府出让土地收益相当于地方财政收入的30%[2],少数地方在某一时期达到80%以上[3]。20世纪90年代各地兴起的开发区热就是在地方政府的积极推动下形成的,1993年开发区热达到了最高点,当年建设占用耕地达24.7万公顷,成为新中国建立以来第三个占地高潮。除了开发区建设占地外,大规模的基础设施建设也占用了大量的耕地,"八五"期间,基础设施和重点建设项目平均每年实际占用耕地13.33~16.67万公顷左右。随着经济的高速发展,城市化面积也迅速地扩展,根据原国家土地管理局利用卫星资料对31个特大城市占地规模的分析,1996年31个特大城市的用地规模比1991年增加了21.39%,城市主城区的面积增加了864.45万平方公里。"八五"期间,农村居民点建设平均每年占用耕地20万公顷左右[4]。

1997年中共中央、国务院联合发布了11号文件,提出冻结耕地非农转用一年,同时修改土地管理法,将耕地总量动态平衡的政策以法律的形式确认下来,并建立了土地用途管制制度,试图建立世界上最严格的耕地保护制度。然而由于经济发展内在需求的推动,在如此严格的耕地保护制度下,我国的土地非农化仍呈稳步增长的趋势。1997~2004年耕地非农转用量达160.06万公顷,年均20.01万公顷。

根据以上的分析,可以看出1978~2004年我国的土地非农化过程具有以下几个特点。

(1) 我国的土地非农化具有周期波动的特征,与经济增长的周期基本一致。这说明在经济的发展还靠要素投入增加来推动的情况下,土地非农化是经济发展的必然结果。我国经济继续保持快速增长的势头,按目前的趋势判断,我国的土地非农化仍会维持在一个较高的水平上。

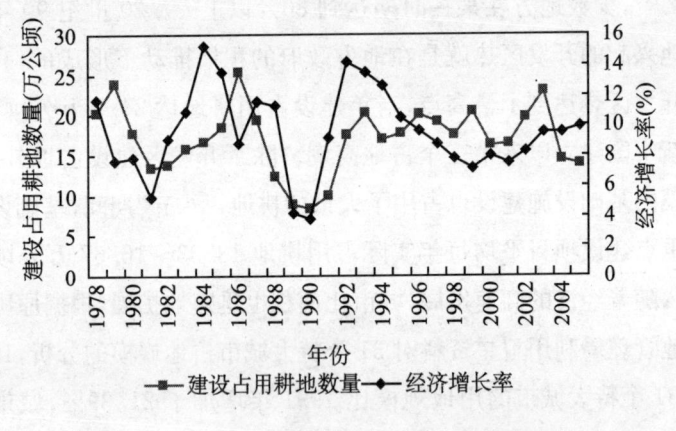

图 4—1 1978～2004 年经济增长与土地非农化

(2) 比较 1986 年前后土地非农化的数量,可以发现我国土地资源管理措施对于控制土地非农化的作用十分明显(图 4—1)。1978～1985 年建设占用耕地量为 161.17 万公顷,年均 20.15 万公顷;1986～2004 年建设占用耕地量为 336.61 万公顷,年均 17.72 万公顷。20 世纪 80 年代中期以后,我国的经济总量增长迅速,理论上应该比前一阶段耗用更多的耕地,但实际的用地量却在减少,这与我国的土地资源管理制度日趋完善有密切的关系。

(3) 随着土地价值的日益显现,地方政府逐步成为了土地非农化的主动供给方,1992 年的开发区热充分地说明了这一点。地方政府通过土地非农化获得大量的预算外收益成了我国土地过度非农化的主要根源。

第二节 土地非农化对经济增长的贡献

土地非农化是经济发展过程中的一个必然现象,这种现象说明土地非农化对于经济发展具有重要的意义,本节我们将初步地测算土地非农化对经济增长的贡献率,并研究不同经济发展水平下贡献弹性的变化。

一、土地与经济增长

土地对经济增长的作用是通过土地所具有的特定功能所决定的,不同的经济增长阶段,不同的土地功能起主导作用。

(一) 土地的基本功能

土地、劳动和资本是传统的生产三要素。在重农学派经济学家的眼中,土地是产生经济剩余的唯一源泉。在古典经济学中,劳动和资本与土地并称为经济增长的要素源泉。威廉·配第认为"劳动是财富之父,土地是财富之母"。土地对经济发展的作用来源于土地特有的功能。刘书楷认为土地的功能,是指土地资源资产综合内涵及其特性对人类社会所具有的不同于其他生产要素的特定的潜在作用。主要可概括为生产功能、承载功能、景观功能、增值功能。

1. 生产功能

土地的生产功能是指其内部和上层附着着各种有用矿物和营养成分,是一切生物成长、繁殖的基本条件,在一定条件下能持续生产出人类所需要的各种生物产品。土地的生产功能在农业社会极为重要,这也是为什么在重农学派和古典经济学派中土地是经济增长主要源泉的原因。随着工业化和城市化水平的提高,技术的进步使土地的生产功能一直处于一种被弱化的境地,因为人们开发出了对农用地的有效替代物。从1950年到1980年,美国的农业产出指数从73增加到122。这种增长并不是靠收获面积的增加,相反作物收获面积从1950年的1.53亿公顷减少到1978年的1.49亿公顷[5]。

2. 承载功能

土地的承载功能是指土地在非农业部门如建筑业、交通运输业、工业等作为地基、场地和操作基础发生作用,是人类修建的一切建筑物(住宅、厂房等)和构筑物(交通设施、工程管道等)的载体,为人类提供居住、休息、娱乐、工业生产的场所[6]。居民点用地、工矿用地和交通用地是土地承载功能的具体表现。在城市化过程中,土地的承载功能一直处于不断加强的趋势中。由于城市的兴起,人类的生产和生活越来越具有空间集中化的趋势,因此对土地提供的承载功能服务的需求增加,这直接导致了城市数目的增多和城市用地范围的扩大[7]。

3. 景观生态功能

景观生态意义上的土地是一种环境资源,自然风景旅游地就是景观生态功能得以发挥的土地利用方式。具有景观生态功能的土地价值在于舒适性和美学价值。土地利用的美学价值是一种具有较高收入弹性的产品,随着经济的发展,土地的景观生态功能效用越来越高。西方发达国家对于土地非农化的限制在一定程度上是从保护土地景观生态功能的角度出发的。从土地的景观生态功能的角度出发,舒尔茨教授关于"农业土地的经济重要性在下降"的判断可能需要重新考虑[8]。在经济的发展过程中,旅游业在国民经济中的重要性日益提高。旅游业是依赖资源、产品和服务三个基本要素构成的具有高度综合性的文化经济产业。它本质上是以优美景观和生态环境为物质基础的、比较特殊的资源产业。构成旅游业的三大要素中,起先决性和基础性作用的是旅游资源[9],而很多自然旅游资源实际上依赖于土地的景观生态功能。

4. 增值功能

土地不仅是一种重要的自然资源,也是一种重要的资产,而且是具有不断增值性的资产。一项物品要成为增值性的资产,要具备两个条件:一是供求关系不断紧张;二是其自身折旧性较小。由于土地自然供给的弹性较小,而随着人口的增加和经济的发展,土地需求量却又是不断增加的,因此土地的供需矛盾从长远来看是日趋紧张的。土地资产与一般性的人工资产所不同的是土地只要利用得当,就可以永续利用,而一般性的人工资产则由于其使用过程中的价值转移而不断折旧。在经济的发展过程中,土地资产的稀缺性不断增加,土地增值功能不断增强。据日本不动产研究所的调查资料,日本城市街区土地平均地价,在1980年3月至1988年9月期间,上涨了59.2%,东京等六大都市上涨了179.9%,而同期土地结构建筑物造价全国平均上涨幅度仅15.9%,其他结构建筑物造价上涨幅度更小。

从总体上看,随着经济的发展,土地不同功能的重要性在不断地发生变化。在经济发展的初期,土地的养育功能非常重要,但随着经济的发展,技术进步,土地养育功能的相对重要性正在逐步下降。而随着工业化和城市化,土地承载功能越来越体现出其重要性。在用途的转换过程中,土地的资本增值功能也逐步显现。随着人均收入的增加,人们对自然环境的要求也越来越高。因此,土地景观生态功能的重要性也越来越大。具体的变化情况如表4—1所示。

表4—1 经济发展过程中土地功能相对重要性比较

	生产功能	承载功能	景观生态功能	增值功能
上升		+	+	+
下降	—			

资料来源:厉伟[7],第54页。

(二) 土地与经济增长

不同的经济发展阶段,土地的不同功能特性在经济增长中发挥作用。在农业经济占主导地位的发展阶段,土地在生产中的作用主要是生产功能,即土地是农作物正常发展不可缺少的水分、养分、空气和热量的供应者与调节者,是农业生产中不可缺少且无法代替的主要生产资料。农业在经济发展中的贡献主要包括产品贡献、市场贡献、要素贡献和外汇贡献。农业的发展为工业化提供了资金积累的条件。土地肥沃程度的高低决定了一个地区的农业生产水平,从而决定了一个地区的经济增长速度。

当经济发展的主导力量由农业转为工业时,土地在生产中的作用逐渐转化为承载功能。此时,由于技术进步,土地与资本之间的替代性逐渐加强,土地在经济发展中的重要性逐渐减弱。西奥多·W.舒尔茨对美国农业土地利用的研究表明,随着经济的发展,美国经济更少地依赖于土地的"初始和自然的属性"[8]。在哈罗德的增长模型中,土地在经济增长中的作用被认为是无足轻重的,因此土地并不作为一个单独的生产要素出现在模型中。这说明随着经济的发展,土地承载功能的作用也会不断减弱,但这时土地的另一项功能——资产增值功能开始凸显。当土地由农用地转为非农用建设用地后,其资本的功能开始显现。土地由农用地转为工业或商业用地后,其价值往往攀升若干倍,而且由于土地供求关系的日趋紧张,土地的价格不断上涨,土地的资本功能作用不断加强,土地产权人可以通过土地的抵押贷款获得企业发展的资金,这时候土地开始有了资本的属性,土地对于经济增长的贡献主要体现为资产增值功能。

二、土地非农化对经济增长贡献的度量

根据上面的分析我们知道,土地非农化对于经济增长的贡献主要体现在其承载功能和资产增值功能。由于资产的增值功能在不同的区域大小不一,从全国范围内很难算出一个汇总的数据,因此我们主要通过测算非农建设用地的承载功能对于经济增长的贡献来初步地观察土地非农化对经济增长的贡献。

目前测算要素投入对经济增长贡献率最成熟的方法是柯布-道格拉斯(Cobb-Douglas)生产函数,它在20世纪20年代末由美国数学家C. W. Cobb和经济学家P. H. Dauglas提出。他们利用1899~1922年的生产数据资料,导出著名的Cobb-Douglas生产函数(简称C-D生产函数),基本的函数形式如下:

$$Y = AK^{\alpha}L^{\beta}$$

式中,A是常数项,α、β分别是资本投入K和劳动投入L的生产弹性。由于技术水平的提高,A值在不断变化。

根据上面的基本公式,我们选用如下的柯布-道格拉斯生产函数式来测算非农建设用地对经济增长的贡献率:

$$Y = a_0 X_1^{a_1} X_2^{a_2} X_3^{a_3} X_4^{a_4}$$

式中,Y 为 GDP,X_1 表示资本投入额,X_2 为劳动力投入量,X_3 为技术进步贡献,X_4 非农建设用地投入量,a_1、a_2、a_3、a_4 为生产弹性。

利用柯布-道格拉斯(Cobb-Douglas)生产函数分别计算 1989~2001 年资本、劳动力、技术进步和非农建设用地对全国 GDP 增长的贡献,其中资本用资本存量[10~12]表示①,劳动力用当年绝对量来表示,不考虑人力资本的因素,技术进步用时间代替。我们测算了全国水平的各个要素的贡献率,其中非农建设用地的贡献率见表 4—2。

表 4—2　全国建设用地对 GDP 的贡献率(1989~2001 年)

投入	估计系数[a] (1)	解释变量变化[b] (2)	对增长的贡献(%) (3)=(1)×(2)	贡献率 (%)
建设用地	1.91 (2.73)	6.69	12.80	6.66
Adj. R^2 F	0.98 98.89	总增长	192.08	100.00

---

① 资本存量数据的估计根据贺菊煌[10]的方法,全国资本存量 1989~1998 年的数据引自张军[11]根据同样方法的估算数据,1999~2001 年的数据根据同样的方法估算。典型省份的数据引自叶裕民[12]。

第三节 土地非农化对经济增长贡献的地区差异分析

我国幅员辽阔,各个省区经济发展水平差异较大,在技术水平、产业结构、投入能力、劳动者素质、管理水平等方面有很大的差别,从而导致了各种要素投入在区域经济增长中贡献率的差异。要素投入产出的差异体现出各个区域的比较优势,遵循比较优势配置在区域间配置土地资源成了我国土地资源集约高效利用的关键。

一、耕地非农化对区域经济增长贡献差异的分解方法

近一二十年来在地区差异的经验分析中,学术界开始运用一些新的研究方法,这些方法有助于揭示引起地区差异变动的一些主要因素,其中主要有基尼系数、加权变异系数、泰尔指数等。

从上述对地区差异的研究中可以得到启发:用年GDP增量除以该年耕地非农化数量得到的指标,一方面可以反应不同地区单位面积耕地非农化对经济增长的贡献差异,另一方面也可以简化衡量耕地非农化对经济增长贡献的大小,进一步还可以根据已有的研究地区差异的方法来研究耕地非农化对经济增长贡献的地区差异。

基尼系数、加权变异系数和泰尔指数是测算地区之间经济发展相对差异常用的一些指标。其中的泰尔指数可以对加法进行因素分解,即可以利用省级数据把全国总体差异具体分解为区域之间的差异和区域内部差异的加权平均两部分。根据泰尔指数的计

算公式和分解公式,把其中的人口数量换成建设用地占用耕地数量,收入换成 GDP 增量,则得到耕地非农化对经济贡献差异的"泰尔指数"计算公式:

$$T = \sum_a G_a \cdot \log\left(\frac{G_a}{N_a}\right) + \sum_a G_a \cdot \sum_i G_i \cdot \log\left(\frac{G_i}{N_i}\right)$$

其中,T 表示"泰尔指数",G_a 表示某地区 GDP 增量占全国 GDP 总增量的比重(a=东、中、西部),N_a 表示某地区建设用地占用耕地量分别占全国建设用地占用耕地总量的比重,G_i 表示某省 GDP 增量占该省所在地区的 GDP 总增量的比重(i 为大陆 31 个省、自治区、直辖市),N_i 表示某省耕地被占用量占该省所在地区的耕地被占用总量的比重。右边的第一项表示三类地区间差异(即各地区间差异加权平均),第二项表示三类地区内部差异(即各地区内部省份间差异加权平均后的各地区差异加权和),东、中、西部内部差异可以从中进行提取。

二、中国三类地区耕地非农化经济增长贡献差异分析

中国大陆目前有 31 个省一级单位(不包括台湾省、香港和澳门特别行政区),习惯上把它们分成三类,即东部地区、中部地区和西部地区。具体分区如下:东部地区包括北京、天津、河北、辽宁、上海、江苏、浙江、福建、山东、广东、海南和广西;西部地区包括四川、重庆、贵州、云南、西藏、陕西、甘肃、青海、宁夏、新疆;中部地区包括山西、内蒙古、吉林、黑龙江、安徽、河南、江西、湖北和湖南。

从图 4-2 可以看出,我国的耕地非农化具有明显的地域差

异,存在着从西部向东部递增的趋势。1989年到2001年期间耕地转化为建设用地,东部地区总量是中部地区的1.82倍,是西部地区的3.01倍。随着经济发展水平差异的扩大,地区间耕地非农化数量的差异也在扩大。1989~1991年东部不变价的GDP总量是中部的1.88倍,是西部的3.83倍,而建设占用耕地量东部是中部的0.95倍,是西部的2.18倍。1992~1996年东部的GDP总量是中部的2.11倍,是西部的4.59倍,而建设占用耕地量东部是中部的1.96倍,是西部的3.33倍。1998~2001年东部的GDP总量是中部的2.15倍,是西部的4.87倍,而建设占用耕地量东部是中部的2.20倍,是西部的3.06倍。

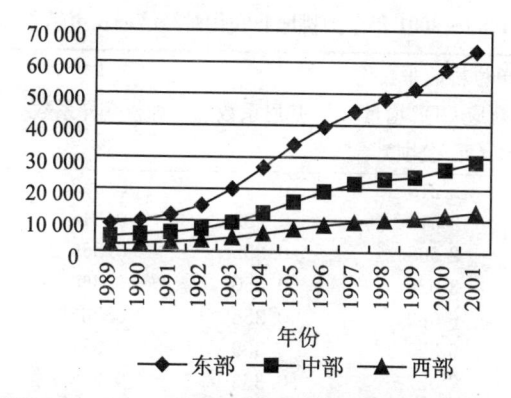

图4-2 1989~2001年东、中、西部耕地非农化与 GDP变化趋势比较

资料来源:耕地非农化数据来源于原国家土地管理局编的《全国土地管理统计资料》(1989~1995),国土资源部编的《国土资源统计年鉴》(1999~2001);GDP数据来源于相应年份的《中国统计年鉴》。

由此可见,东部耕地非农化对经济增长的贡献率明显高于中、西部,但为了掌握贡献率差异的来源和变化趋势还需要通过分解这种差异来进行分析。

三、三类地区耕地非农化对经济增长贡献差异分解

如表4-3所示,由1989~2001年三类地区分省资料的计算得出单位面积耕地非农化所对应GDP增量的基尼系数、加权变异系数和泰尔指数,从数据上可以看出,1989年以来全国单位耕地非农化对应GDP增量以很快速度提升的同时,地区总体的差异逐渐扩大。

表4-3 1989~2001年全国耕地非农化对经济增长贡献差异变化情况

年份	单位耕地非农化对应GDP增量(元/公顷)	基尼系数	加权变异系数	泰尔指数
1989	2 215	0.291	0.352	0.093
1990	2 316	0.289	0.346	0.122
1991	2 668	0.335	0.359	0.168
1992	3 026	0.350	0.360	0.164
1993	6 082	0.356	0.366	0.169
1994	6 325	0.359	0.372	0.188
1995	7 027	0.363	0.375	0.193
1996	8 585	0.358	0.373	0.201
1997	8 710	0.366	0.380	0.206
1998	6 575	0.369	0.382	0.228
1999	8 386	0.412	0.433	0.236
2000	9 009	0.415	0.485	0.244
2001	9 824	0.423	0.501	0.283

资料来源:根据原国家土地管理局编的《全国土地管理统计资料》(1989~1995),国土资源部编的《国土资源统计年鉴》(1999~2001)和相应年份的《中国统计年鉴》计算整理。

从东部、中部和西部三类地区内部差异对总体差异贡献变化可以得到总体差异的主要来源和详细的变化趋势。根据上述"泰尔指数"分解的方法,对1989~2001年全国分省的建设用地占用耕地和GDP增量数据进行计算得出表4-3。

表4-4 三类地区内部及其之间耕地非农化经济增长贡献差异对总体差异贡献份额(%)

年份	东部贡献	中部贡献	西部贡献	地区内贡献	地区间贡献	泰尔指数
1989	15.04	38.04	17.90	70.99	29.01	0.093
1990	28.10	48.07	12.37	88.54	11.46	0.122
1991	22.27	32.77	9.69	64.72	35.28	0.168
1992	52.18①	16.32	17.20	85.70	14.30	0.164
1993	44.48	14.23	18.76	77.47	22.53	0.169
1994	47.33	19.37	17.91	84.61	15.39	0.188
1995	47.59	19.17	23.49	90.25	9.75	0.193
1996	43.34	15.85	27.05	86.24	13.76	0.201
1997	49.42	12.48	28.23	90.12	9.88	0.206
1998	48.43	13.12	34.88	96.42	3.58	0.228
1999	51.29	10.06	10.87	72.22	27.78	0.236
2000	58.61	16.82	11.37	86.80	13.20	0.244
2001	83.83	9.85	3.28	96.96	3.04	0.283

资料来源:根据原国家土地管理局编的《全国土地管理统计资料》(1989~1995),国土资源部编的《国土资源统计年鉴》(1999~2001)和相应年份的《中国统计年鉴》计算整理。

---

① 1992年数据突然增加如此迅速,与当时国家推动东部沿海省份开发的政策有很大关系,东部各省耕地非农化的数量占全国比重上升很快。

从表4-4中可以看出:地区间的差异对总体地区差异的贡献始终小于地区内部差异的贡献,对总体差异起决定性影响作用的是三类地区内部的差异。其中,东部地区内部差异贡献呈逐渐增大趋势,中部地区内部差异贡献呈逐渐减小趋势,西部地区内部差异贡献呈现先增大后减小的趋势。

四、地区差异的主要来源、变化趋势及其解释

(一) 地区差异的主要来源及其解释

20世纪90年代以来,地区内部的差异对总体差异的贡献一直保持着很大的比例,而地区间的差异对总体差异的贡献份额一直相对很小。这说明耕地非农化对经济增长贡献的差异不是由东部、中部和西部地区间的差异引起的,三类地区内部的省际差异是这种总体差异的主要来源。

结合地区经济发展进行解释:从20世纪90年代初期开始,我国三大地区间经济发展差异已经开始成为总体差异的主要来源,东部地区与中、西部地区的经济发展差异在扩大,如果耕地非农化数量在各地区比较平均,那么耕地非农化对经济增长贡献地区间的差异也应该与地区间经济发展差异的趋势相同。然而从图4—2我们可以看出,90年代以来耕地非农化的数量在东、中和西部并不是平均的,呈现从东部向西部递减的趋势。这说明国家已经根据耕地非农化的边际收益的不同在东中西部调整建设用地占用耕地指标的分配,这种指标分配的不平均抵消了经济发展的不平衡所引起的贡献率差异,所以三类地区间的耕地非农化对经济增长贡献的差异对总体差异的贡献份额一直相对很小。而这段时间三类

地区内部经济发展格局发生了很大的变化,比如东部地区长三角、珠三角经济带的迅速崛起等,三类地区内部经济发展省际差异不断扩大,正是这种地区内部经济发展的差异导致了耕地非农化对经济增长贡献的全国水平上的差异。

根据以上分析,我们认为把指标赋予经济相对发达的省份不仅可以使耕地非农化边际效益增加,同时还有利于缩小中、西部与东部地区存在的差异,达到资源利用效益的最大化和国家总体福利的最大化。

(二) 地区差异变化趋势及其解释

东部地区内部的差异对总体差异贡献逐渐增大,中部地区的内部差异对总体差异贡献逐渐减小,西部地区的内部差异对总体差异贡献先逐渐增大,在1999年以后又逐渐减小。我们可以结合经济增长过程来分析这种趋势变化的原因。

进入20世纪90年代,东部经济发展格局产生了一些变化:随着经济体制向市场经济转变,京津唐经济带的角色和地位也发生了改变,同时珠三角、长三角等经济带的迅速崛起,在整个东部地区内部形成了新的经济格局,东部地区省际间经济发展差异逐渐扩大。在东部地区各省份农地非农化的速度基本一致的情况下[13],这种经济上发展的差异扩大导致了耕地非农化对经济增长贡献东部省际差异的逐渐扩大。同样,中部地区的差异总体上呈逐渐缩小的趋势是由中部地区内部省份之间经济发展差异逐渐缩小,同时耕地非农化速度基本稳定①造成的。西部地区以1999年为转折点呈现先增后减的趋势是因为1999年以前经济发展地区间差异比较明显,在国家实施西部大开发战略以后,初期由于国家和民间投资的先后顺序导致西部地区不同省份的差异有加大的趋势,随着开发投资的逐渐平衡,以及地区内部经济发展的趋同性,西部的经济发展省际间差异逐渐缩小,耕地非农化速度相对稳定,从而导致耕地非农化对经济增长的贡献出现了与经济增长变化相似的趋势。

第四节 小　　结

我国的土地非农化具有周期波动的特征,与经济增长的周期基本一致。这说明在目前的经济发展还主要靠要素投入增加来推动的情况下,土地非农化是经济发展的必然结果。从数量上看,我国土地非农化的区域差异明显,存在着从西部向东部递增的趋势,而且区域间的差距正在扩大。从时间趋势上看,随着经济的发展,我国的土地非农化速度具有加快的趋势。随着经济发展水平的提高,城镇用地和工矿用地将成为耕地非农转用的主要占地对象,也就是说城市化和工业化将成为土地非农化的主要推动力量。随着世界制造业生产中心向我国东南沿海的转移、乡镇工业发展的区域间梯度转移以及城市化水平的提高,我国非农地的需求量将会加大。土地的资本增值功能开始显现,在财政分权化改革的过程中,地方政府逐渐成为了土地非农化的积极供给主体。

我国三类地区耕地非农化对经济增长贡献差异主要来源于三类地区内部的省际差异。因此国家在耕地非农化指标调控和执行耕地总量动态平衡时,重点放在同类地区内部将有利于土地资源的高效利用和地区差距的缩小,而如果大跨度把指标从中、西部地区转移到东部地区,虽然从表面上看是增加了土地资源的利用效率,实际上是以牺牲中、西部地区经济发展公平环境为前提的。当然这种区域的划分不是绝对的,耕地非农化和经济发展相似的省份,如果不在同一类地区,但位置相邻或比较接近,这种指标调整或动态平衡也是可以适当进行的。20世纪90年代以来,东部地区内部差异逐渐增大并成为全国地区差异的主要因素。在该类地区内部进行指标调整或耕地总量动态平衡,将指标调整到经济高速发展的长三角和珠三角经济带的省份,将有助于减小全国耕地非农化对经济增长贡献的地区差异、提高土地资源的利用效率。

参 考 文 献

[1] 邹玉川:《当代中国土地管理》,当代中国出版社,1998年。
[2] 钱忠好:《耕地保护的行动逻辑及其经济分析》,扬州大学学报(人文社会科学版),2002年第1期。
[3] 吴次芳等:"制度缺陷与耕地保护",《中国农村经济》,2002年第7期。
[4] 严金明:《土地整理》,经济管理出版社,1998年。
[5] Rutherford H. Platt 1985. The Farmland Conversion Debate: Nals and Beyond. *Professional Geographer*, 37(4), pp. 433-442。
[6] 王万茂:《土地利用规划学》,中国大地出版社,1996年。
[7] 厉伟:"城市化进程与土地持续利用"(博士论文),南京农业大学,2002年。
[8] 〔美〕西奥多·W. 舒尔茨著,姚志勇等译:《报酬递增的源泉》,北京大学出版社,2001年。
[9] 夏明文:《土地与经济发展》,复旦大学出版社,2000年。
[10] 贺菊煌:"我国资产的估算",《数量经济技术经济研究》,1992年第8期。
[11] 张军:"资本形成、工业化与经济增长:中国的转轨特征",《经济研究》,2002年第6期。

[12] 叶裕民："全国及各省区市全要素生产率的计算和分析"，《经济学家》，2002年第3期。
[13] 陈江龙："经济快速增长阶段农地非农化问题研究"（博士论文），南京农业大学，2003年。

第五章　土地非农化与粮食安全

土地非农化引起的粮食安全问题是土地利用中备受关注的焦点,也是我国许多农地保护政策出台的背景。前面的分析表明,我国的土地非农化将会有加快的趋势,未来我国的土地非农化在多大程度上影响粮食安全问题,将是我国未来农地保护公共政策改革的重要依据。

第一节　粮食生产与粮食安全

对于我国这样一个人口众多的国家来说,合理的粮食安全范围是政府极其重视的一个问题。我国一系列农业政策和土地利用政策都是以粮食安全为基本出发点来制定和实施的。粮食安全最基本的原则是生产基本满足需求,本节将分析我国粮食生产的影响因素及我国的粮食安全问题。

一、粮食生产的影响因素

粮食生产是粮食安全的根本保证,衡量粮食生产状况的基本指标是粮食总产量。粮食总产量取决于播种面积和单产面积,影响粮食总产量的所有因素最终都是通过作用于播种面积和单产水平而对粮食总产量产生影响的,具体的影响因素如图5—1所示。粮食生产受多因素制约,耕地资源数量、粮食播种面积比例、复种指数等因素影响粮食总播种面积,化肥投入、农业机械、水资源等其他投入影响粮食单产。这说明粮食生产与耕地面积之间并不是线性关系。

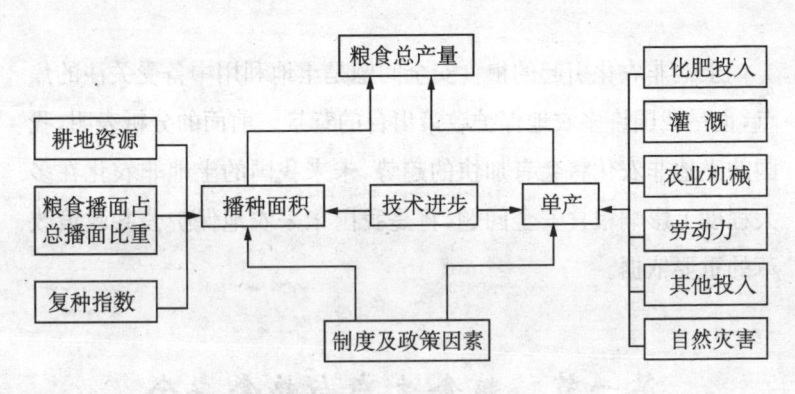

图5—1 粮食总产量影响因素分解

资料来源:李成贵[1],第23~25页。

(一)粮食播种面积的影响因素

粮食作物的播种面积受耕地面积、粮食作物播种比例和复种指数影响,它们之间有复杂的非线性关系,其函数关系为粮食播种面积=耕地面积×复种指数×粮播比例。

1. 耕地资源

耕地是农业生产最基本且不可替代的生产资料,人类消费的80%以上的热量和75%以上的蛋白质以及部分穿着纤维直接来自耕地。我国以占世界7%的耕地养育着世界22%的人口,被认为是中国对人类最伟大的贡献之一。随着我国社会经济发展和人口增长,对粮食的需求也随之增加,因此,耕地保障对研究粮食安全的问题有着重要的现实意义。粮食总产量是粮食单产和粮食播种面积的函数,耕地面积是粮食总产量的重要制约因素之一。而耕地面积的变动主要由耕地面积的增加量和耕地面积的减少数量来决定。耕地面积增加来源主要包括土地整理、土地复垦、土地开发和农业结构调整,2000～2001年我国共投入了213.89亿元进行土地整理、开发和复垦工作,新增耕地86.96万公顷。耕地面积减少的去向包括建设占用、农业结构调整和退耕灾毁等。1989～2001年(不包括1997～1998年),我国共减少耕地742.88万公顷,其中建设占用耕地139.02万公顷,占18.71%;农业结构调整占用耕地511.46万公顷,占68.85%;退耕灾毁占用耕地92.40万公顷,占12.44%。从以上分析可以看出土地非农化仅仅是影响耕地面积变化的因素之一,从数量上看,只占耕地面积减少量的1/5左右。

2. 复种指数与粮食播种面积比例

复种指数是耕作技术、粮食作物品种、农业劳动力数量、非农就业机会等因素的函数。建国以来,随着我国农村劳动力的增加和耕作技术以及作物品种的改良,我国的复种指数从1952年的1.31提高到1995年的1.58。根据中国农科院的研究,1957～1993年我国的粮食总产量增加了26 139万吨,在增产的要素贡献份额中,粮食播面单产提高的贡献额为83.12%,复种指数提高贡献额为16.88%。从日本和台湾的经验来看,随着经济的发展,农业劳动力就业机会成本的提高,复种指数会有一个先提高后下降的变动趋势。1952年台湾的复种指数为1.73,1965年为1.89,而从 1965 年以后,农业劳动力逐年减少,复种指数开始下降,到了 1997 年,复种指数仅为 1.15[2]。邵晓梅以山东为例研究了复种指数变化与粮食总产量变化的相关性,发现两者间具有基本同步波动的趋势,也就是说两者之间具有高度的相关性[3]。粮食作物的播种比例主要受各种作物的市场价格和政府的政策调控影响,随着农业生产市场化程度的提高,在农民追求比较效益的过程中,经济作物的比重将会逐渐上升,粮食作物的播种面积在总播种面积中的比例逐渐下降。1952 年我国的粮食作物播种比例为 87.77%,1978 年为 80.34%,1998 年为 73.08%(图 5—2)。

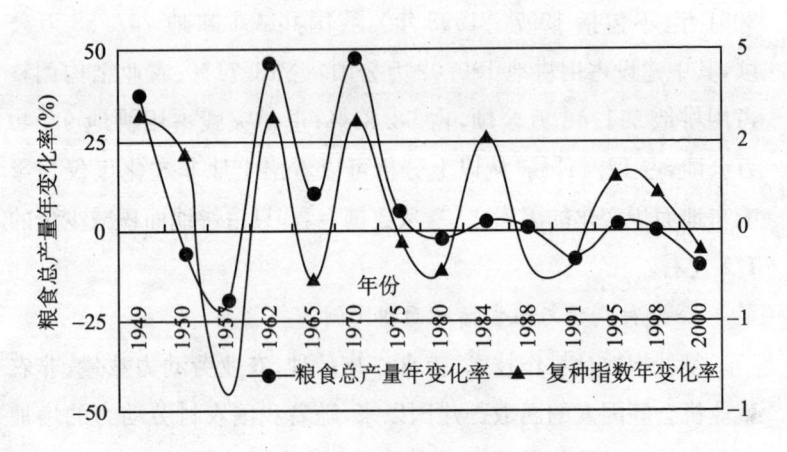

图 5—2 山东省复种指数和粮食总产量年变化

资料来源:参考文献[3]。

(二) 单产的影响因素

随着经济的发展,在效益原则的引导下,我国粮食作物的播种面积不大可能会增加。因此,提高我国粮食产量的主要来源只能是粮食单产的提高。从图5—1我们知道,粮食作物的单产是由化肥投入、灌溉、农业机械投入、劳动力投入、其他投入、自然灾害等因素共同影响的。专家们认为,化肥投入和灌溉因素是我国未来粮食增产的主要决定因素[4,5,6]。

1. 化肥投入与粮食单产

联合国粮农组织的统计表明,在提高单产中,化肥对增产的作用占40%~60%。严瑞珍对改革开放以来我国粮食增长因素的贡献率进行了详细的分析,研究结果表明,化肥对我国的粮食增长的贡献率越来越大[6]。1978~1984年,化肥投入的贡献率为24.85%,仅次于人力资本的贡献;1985~1990年,化肥投入对粮食增长的贡献率为37.72%,在所有的增长因素中位于第一;1991~1998年化肥投入的贡献率更是高达58.3%。然而,从贡献弹性来看,化肥投入存在边际报酬递减的规律,1978~1984年化肥投入的贡献弹性为0.23,1991~1998年的贡献弹性为0.194。陈百明的研究也证明了这一点,1952~1977年我国化肥投入的边际粮食产量从30.7公斤下降到6.7公斤,处于联合国工业发展组织所认为的5~101公斤的下限[5]。

由于我国地域范围广,自然条件和生产条件存在很大的差异,化肥的使用效果也不尽相同。陈百明的研究表明,我国的东北区、内蒙古高原及长城沿线区和横断山区、西北区以及青藏高原区的化肥边际产出还很高。长江中下游地区、江南区和华南区施肥增产效果较差[5]。

2. 灌溉与粮食单产

灌溉条件的改善对于稳定和提高我国粮食生产具有重要的意义。目前我国1.34亿公顷的耕地中,水田、水浇地占0.51亿公顷,不足40%,然而这些土地生产的粮食却占全国粮食总产量的80%左右。我国之所以能以占世界7%的耕地养活占全世界22%的人口,正是因为我们拥有约占世界22%的灌溉面积[5]。

表5—1 1985～1995年各农业生态区灌溉与单产的相关性

生态区	粮食	稻谷	小麦	玉米
全国	0.99	0.97	0.93	0.97
东北区	0.94	0.87	0.89	0.92
黄淮海区	0.97	0.79	0.90	0.93
长江中下游区	0.62	0.78	0.29	0.68
江南区	0.69	0.88	0.29	0.87
华南区	0.56	0.57	0.42	0.25
内蒙古高原及长城沿线	0.92	−0.43	0.89	0.94
黄土高原区	0.58	−0.38	0.35	0.64
四川盆地	0.64	0.40	0.25	0.43
云贵高原	0.87	0.88	0.80	0.86
横断山区	0.48	0.53	0.28	0.53
西北区	0.73	0.64	0.74	0.80

资料来源:参考文献[5],第117页。

从表5—1我们可以看出,灌溉面积占耕地面积的百分数与主要粮食作物单产从总体上看具有较高的相关系数,从全国范围来看,这种相关系数高达0.99。灌溉面积占耕地面积百分数的增长与我国东北、华北、内蒙古、云贵高原区和西北的粮食单产均表现出较大的相关系数。由于这些地区经常受到旱灾的影响,制约耕地单产的主要因素是水资源。南方降水充足,水资源丰富,因此这一带灌溉面积的变化对于粮食单产的影响比较弱,相关系数较小。

从发展趋势上看,我国粮食生产的重心正在逐步北移,而北方的水利设施总体上是比较薄弱的,因此改善我国北方地区的灌溉条件对于提高我国的粮食总产量具有重要的意义。

从以上的分析可以发现,粮食生产的影响因素是受一系列社会经济变量综合制约的。从总体上讲,我国的粮食作物播种面积将会呈下降的趋势,提高粮食总产量主要依赖于单产的提高,农业科研投入对于提高单产具有决定性作用,化肥的投入对于粮食单产具有重要作用,而农田水利设施对于粮食单产的重要性正在逐步提高。由于农业科研投入和农田水利具有明显的外部性,通过发展经济提高政府的财政支农能力,增加农业公共基础设施的投入,从而达到提高单产的目的。

二、粮食安全的概念

粮食安全是一个动态的概念,随着世界粮食状况的变化不断发展,20世纪70年代粮食安全概念侧重于发展生产和建立储备,到了80年代粮食安全的概念不仅重视粮食的生产和供应总量,而且不断强调不同国家、地区和人群获得粮食的能力[7]。如联合国粮农组织于1974年在世界粮食大会上将粮食安全定义为:"保证任何人在任何时候都能得到为了生存和健康所需要的足够粮食"。经济学家阿乐伯托·瓦尔德斯将粮食安全定义为"缺粮国家或对这些国家的某些地区或家庭逐年满足标准粮食消费水平的能力[8]。1983年联合国粮农组织将粮食安全的概念重新定义为"粮食安全的最终目标应该是确保所有的人在任何时候既能买得到又能买得起他们所需要的基本食品"。这个概念包括三个方面的具体目标:①确保生产足够数量的粮食;②最大限度地稳定粮食供应;③确保所有需要粮食的人们都能获得粮食。我国于1992年提出了自己的食物安全概念:"能够有效地提供全体居民以数量充足、结构合理、质量达标的包括粮食在内的各种食物"[9]。我国的食物安全概念更接近于1983年FAO的概念,强调食物需求和供给均衡的安全。

目前,FAO、世界银行和各国学者一般用以下指标来衡量一国粮食安全状况:①粮食贸易依存度α或粮食自给率β。$\beta=1-\alpha$,$\alpha<5\%$表明基本实现粮食自给,$\alpha<10\%$为可接受到粮食安全水平。②粮食储备水平,17%~18%的粮食储备率被公认为粮食安全的重要标志。③粮食生产波动系数。④人均粮食占有量。⑤低收入阶层的粮食保障水平。

三、我国的粮食安全现状

根据上述衡量一个国家或地区粮食安全的指标,我们选用粮食自给率、粮食生产波动系数、粮食储备水平、人均粮食占有量和低收入阶层的粮食保障水平来衡量我国目前的粮食安全状况及其发展趋势。

(一) 粮食自给率

从图5—3我们可以发现,我国的粮食自给率从1978年以来一直是比较高,平均的粮食自给率为98.23%,也就是说我国粮食需求的平均贸易依存度没有超过2%。1985~1986年、1992~1994年、1997~1998年甚至成了粮食净出口国,这些年份我国的粮食需求是100%自给自足。从粮食自给率的角度来看,我国的粮食安全程度是比较高的。

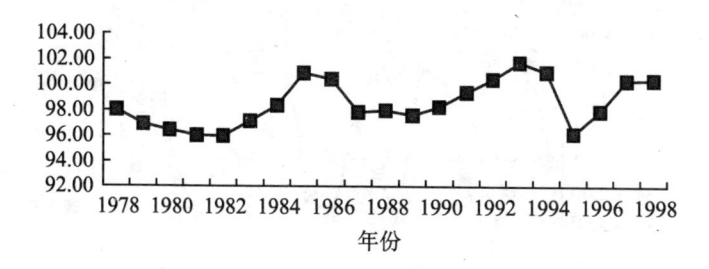

图 5—3 1978～1998 年中国的粮食自给率

(二) 粮食波动系数

由于粮食生产受自然灾害、价格等不确定性因素影响,年际间往往会有较大的波动,波动幅度大小在一定程度上反映了粮食的安全程度。粮食产量年际间的波动用波动系数表示:

$$Y_{Rt} = \frac{Y_t - Y'_t}{Y'_t}$$

式中,Y_{Rt} 表示波动系数,Y_t 表示第 t 年的实际粮食产量,Y'_t 为第 t 年的粮食趋势产量。

图 5—4 为运用五年移动平均预测的粮食产量与实际产量计算的 1978～2000 年我国粮食波动系数。从图中我们可以看出,1978 年以来我国粮食生产的波动幅度大多在 5% 以内,而且波动的幅度有减少的趋势。所以从粮食产量波动的趋势来看,我国的粮食安全具有加强的态势。

(三) 粮食储备水平

粮食储备是在新的作物年度开始时,可以从上一年度收获的作物中得到(包括进口)的粮食储备量,也称作"结转储备量"。粮

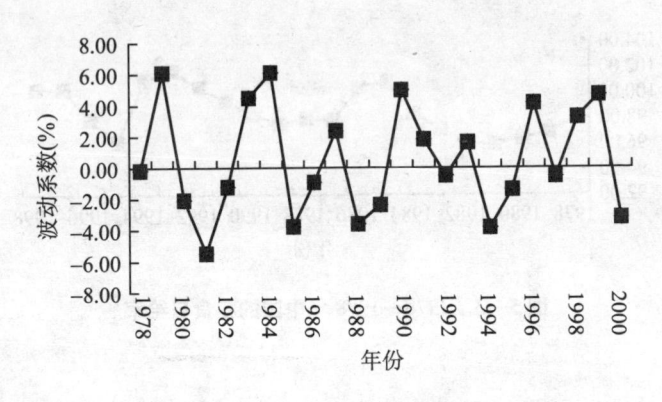

图 5—4　1978～2000年我国的粮食波动系数

食储备是反映粮食安全水平的一个非常重要的指标。FAO 在 20 世纪 70 年代曾提出一个确保全球粮食安全的最低储备水平，即世界谷物的储备量至少要达到世界谷物需求量的 17～18%，其中，周转储备占 12%，后备储备占 5～6%。1960 年中国粮食储备率仅为 8.31%，70 年代出于"备战、备荒"的考虑，粮食储备率一度曾达到 40%以上，80 年代以后，储备率有所下降，目前约为 20%左右[10]。按照 FAO 的标准，这一储备率已超过了最低安全储备水平。

（四）人均粮食占有量

人均粮食占有量可以在一定程度上反映一国的粮食安全水平。很显然，人均粮食占有量越高，粮食安全水平也就越高。在过去的 30 多年中，中国人均粮食（谷物）占有量增加了近一半。从图 5—5 我们可以看出，我国的粮食占有量有不断增加的趋势，从 1978 年的人均 316 公斤增加到 1999 年的 404 公斤，增加了 1.3 倍，如果把薯

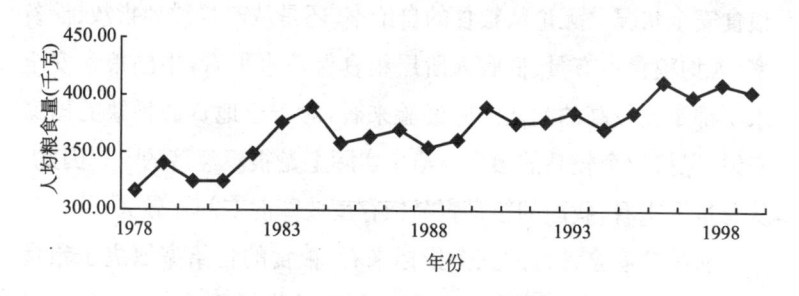

类和豆类包括进去,人均占有量已经超过世界平均水平。

图5—5 1978～1999年我国的人均粮食占有量

(五) 低收入阶层的粮食可获得性

在粮食供给量一定的情况下,增加低收入阶层的粮食供给,可以显著地提高一国的粮食安全水平。据联合国人口基金会估计,发展中国家生活在官方确定的贫困线以下的城市人口(即城市低收入阶层)占其城市人口总数的27.7%(在农村,这一比例会更高),其中撒哈拉沙漠以南非洲为41.6%,亚洲为23%,拉美为26.5%,中东和北非为34.2%[10]。1994年中国政府开始实施旨在使剩下的8 000万农村贫困人口在2000年以前实现脱贫目标的"八七扶贫攻坚计划"。到了1998年,中国的贫困人口已经降到4 200万,到了2000年,中国没有解决温饱问题的人口降为3 000万[11]。尽管目前的贫困人口主要集中在生活条件和生产条件恶劣,自然资源、财力资源和人力资源等方面受到严重制约的地区,就地脱贫难度较大,但通过移民安置和加大扶贫力度,这一部分贫困人口的脱贫还是能做到的。因此,从总体上讲,我国低收入阶层的粮食可获得性是在不断提高的。

通过以上五个方面的分析,我们从不同的侧面了解了我国的粮食安全状况。无论从粮食的自给率,还是从产量波动指数、储备率、人均粮食占有量、低收入阶层粮食保障水平看,中国粮食安全水平都是比较高的。从国际经验来看,对于土地资源稀缺的国家来说,保持一个较高的粮食自给率实际上是很不经济的[2]。因此,从总量上来看,我国的粮食贸易依存度放宽的空间比较大。

从粮食安全评价的五个指标来看,粮食的自给率取决于粮食产量,而粮食产量主要取决于播面单产,提高播面单产水平需要提高农业科研和农业生产基础设施的投入,这些都依赖于国家雄厚的财力,而粮食储备和低收入阶层粮食保障也需要国家有足够的财力投入,这些需要经济稳定快速发展。国际经验表明,解决粮食需求的灵活性和人均收入具有正相关关系,即人均收入越高,解决粮食需求的灵活性越大——凡是进入现代经济增长的国家和地区都没有遇到过粮食需求得不到满足的问题[12]。速水佑次郎研究了不同国家人均GDP增长率与人均粮食生产增长率的关系,得到如下的关系式:$CQ=-3.0+3.73GY(t=3.6), r=0.64$,回归式表明,越是经济增长率高的国家,人均粮食生产增长率越高,这证明了经济发展水平越高,粮食的解决能力越高。从经济发展与粮食安全的角度来看,土地非农化促进了经济的发展,从而也间接地对粮食安全有一定的正面影响[13]。

第二节 土地非农化对粮食安全的影响及其预测

土地非农化在许多人的认识中仍然是影响粮食安全的一个重

要因素,我国许多土地资源管理的公共政策也是以这个判断为出发点的。然而,土地非农化促进了经济的发展,而经济的发展又是粮食安全保障提高的基础,因此,土地非农化对于我国粮食生产的影响到底有多大,需要有一个综合的评价,本节将在若干假设的基础上对这个问题作一个初步的估计。

一、土地非农化对粮食安全影响的理论分析

从图5—6可以看出,土地非农化对粮食生产的影响是双面的。从正面来看,土地非农化促进了经济的发展,增强了农业科研等农业公共投资的能力,提高了农产品的需求,增加农民的农业投

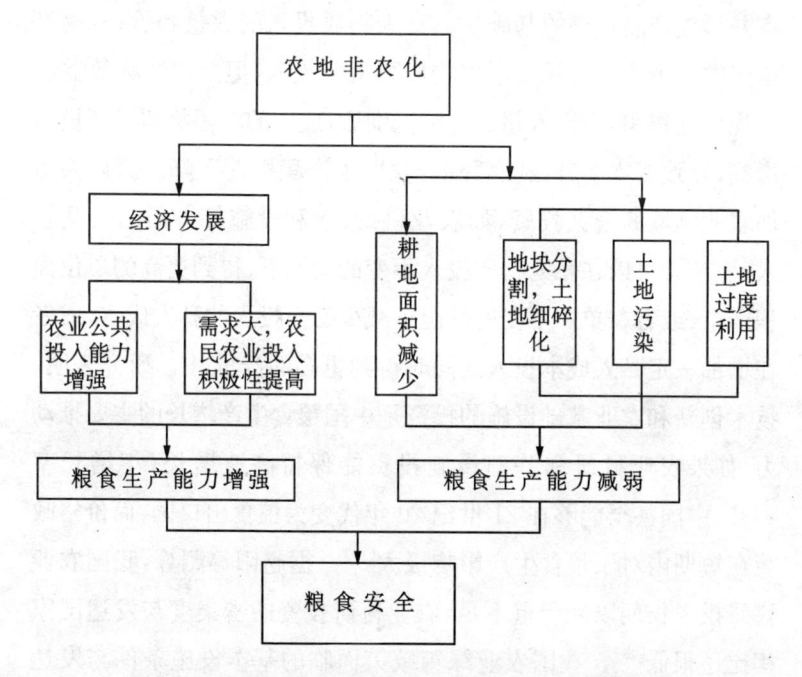

图5—6 土地非农化对粮食安全的影响

入激励,从而提高了粮食的生产能力。从负面来看,土地非农化减少了耕地数量,降低了耕地质量,减少了粮食生产能力。

(一)土地非农化对粮食安全的正面影响

从正面来看,土地非农化促进了经济的发展,而经济发展提高了国家的财政实力,增强了农业科研等农业公共投资的能力,从而促进了粮食生产能力的加强。提高粮食的单产水平是我国未来粮食安全的关键因素,而粮食单产的提高主要依靠投入的增加,投入包括私人物质生产成本和公共投入,要提高粮食产量就要增加这两种投入。朱晶的研究认为,对于粮食生产者来说,构成其生产成本并形成产品价格的基础是其私人物质投入的数量和价格,提高单产的一个重要途径是增加物质要素的投入,但由于边际效益递减规律的作用,当投入超出一定范围后,成本的增幅将超过产量的增幅,导致成本上升,利润降低,农民生产积极性下降。而如果增加农业领域的公共投资,如农业科研、水利设施等方面的公共投入,生产者可以在私人物质投入不变的情况下,得到更高的单位面积产量,或者在单产不变的情况下减少必需投入的私人成本,或者在增加一定私人成本投入的同时得到更多的产量[14]。研究表明,技术创新和农业基础设施的投资是中国粮食生产增长的主要推动力,如果农业科研和基础设施投资能保持高速增长(年增长率4%),中国甚至能够在21世纪20年代变为粮食出口国,而价格政策在短期内对于粮食生产影响极大[15]。据赵阳等测算,我国农业科研投入长期以来严重不足,农业科研投资的密集度与发达国家相比还很低[16]。我国农业绿箱政策面临的基本设施条件与发达国家存在较大的差距,这些都使得我国单位农产品的私人投入成本大大高于发达国家,并且仍在不断增加[14]。由于生产的私人成本增加,农民在追逐利润的动机下,可能会主动加大农业结构调整的机会,将耕地转向园地、果园等产出品具有较高收入弹性的用地类型,削弱我国的粮食生产能力。农业科研投入低的一个原因是我国的财政收入有限,通过土地非农化促进经济发展,提高政府的财政支农能力,增加农业生产的公共投资,如加大农业科研投入、改善农业灌溉系统、完善病虫害防治体系等,提高农民的务农收益,从而保持农民粮食生产的积极性。经济发展也提高了居民的收入水平,从而提高了农产品的需求,改善农民的收入状况,增加农民的农业投入激励,从而提高了粮食的生产能力。

(二) 土地非农化对粮食安全的负面影响

土地非农化对粮食安全的负面影响主要通过改变耕地的数量和质量两个路径来实施。土地非农化减少了耕地的数量,恶化了耕地的质量,从而直接导致粮食产出能力下降。

1. 耕地数量减少

土地非农化对粮食安全最直接的影响是减少了耕地的数量,从而导致粮食产出能力的减弱。1978~2004年,我国由于建设占用的耕地数量达497.78万公顷,平均每年18.44万公顷。而我国土地非农化的数量由东部向西部递减,由复种指数、粮食单产等所决定的粮食生产能力也是由东部向西部递减。因此,从分省来看,东部地区的粮食产出能力损失远大于中西部地区。

2. 耕地质量恶化

土地非农化对耕地质量的影响主要有三个方面,一是造成了土地细碎化,二是引起了土地污染,三是导致了土地的过度利用。

(1) 地块分割,土地细碎化。根据张安录的研究,土地非农化的方式包括蛙跳式侵占、轴式扩展、环状蔓延、条块分割与吞没、指状填充[17]。其中的蛙跳式侵占和条块分割与吞没式都容易造成原有农地的分割,导致土地细碎化。图5—7显示了土地非农化对农业生产的影响,一条公路的通过使原来完整的地块分割成A和B,土地的细碎化使地块经营不具规模优势,同时由于地块分散,加大了管理成本。在城市郊区,由于人地关系矛盾突出,城市建设对农村土地的大量征用导致了"增人不增地,减人不减地"的土地承包政策实施难度加大,土地调整次数增多,土地的细碎化成为不可避免的趋势。由于非农利用方式的侵入,可能破坏了原有的灌排系统,重新修复需要额外的投入,提高了农民的耕作成本,可能导致农民的粗放经营,从而引起粮食减产。

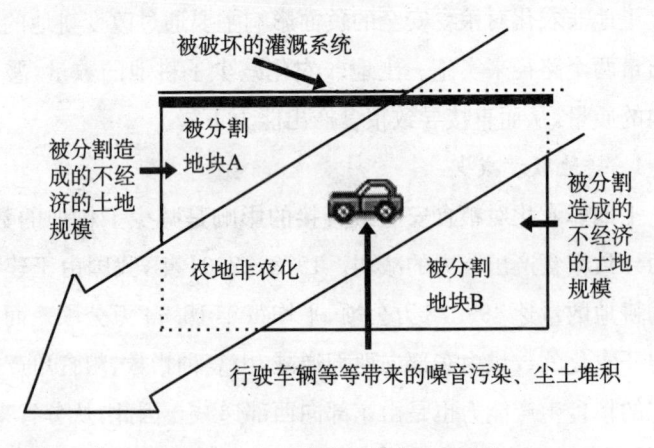

图5—7　土地非农化与土地细碎化

(2) 土地污染。土地非农化可能使该地区成了工厂或市民居住地,随之而来的废气、废水和废物的排放将会引起周围土地的污染,导致土质下降,产量降低。如图5—7所示,道路上行使的车辆会带来噪音污染和尘土,导致农地生产力下降,降低农作物产量。在城市产业结构调整中,一些高耗能、高污染的企业从城市里游离出来,迁至城市郊区或较远的卫星城镇,从而对这些地方的土地生态环境产生了极大的破坏作用。如武汉市高污染的化工、造纸、医药、冶金等企业主要分布于城市的郊区,郊区的黄孝河、巡司河、汤逊湖、沙湖、墨水湖、易家墩灌溉区及建设灌溉渠既是农业排水系统,又是工业污水的疏导系统。城市工业废水的80%排入农业灌溉系统和渔业养殖水体。目前水体污染面积达5 000公顷,占全区渔业放养面积的50%。污水中含有机污染物及酚、氰、汞、铬、砷等有害物质59.32吨,水质超标3.18倍,局部严重地段超标28.87倍。武汉市青山区(钢铁工业基地)的烟尘和有毒气体的污染半径可达300公里,危及周围28平方公里的范围[18]。

(3)土地过度利用。由于担心土地非农化会引起粮食安全问题,许多存量农地被过度利用。人们通过提高复种指数、增施化肥、使用农药等方式来提高粮食总产量,结果往往造成土地的严重退化现象,土地肥力下降、土壤污染、水污染、土壤盐滞化等。由于土壤盐滞化而造成的废弃地在中国已达2 000万公顷,有土壤盐滞化现象的耕地为667万公顷。由于灌溉不当,导致了土壤的潜育化严重。20世纪50年代中国南方稻作区潜育化水稻土约333.3万公顷,到80年代初曾达466.7万公顷。次生潜育化是中国南方稻田生产力降低的主要原因之一。随着经济的发展,人们的饮食结构也随之变化,对畜产品需求的增加,导致了草地的过度利用。由于过分强调高产量而盲目扩大载畜量,对草场低投入导致生产力严重降低,目前中国牧草单位面积产出与20世纪50年代相比下降了 1/2～1/3,单产水平仅相当于美国的 1/27。

除了土地细碎化以外,土地污染和土地过度利用都不是土地非农化直接引起的,是土地非农化的间接影响,而土地细碎化对粮食生产影响的衡量比较复杂。因此,本节主要研究土地非农化引起的耕地减少对粮食生产直接影响的程度。

二、土地非农化对粮食安全影响的度量

土地非农化对粮食安全影响的度量主要有两个步骤:一是算出土地非农化导致的耕地面积减少所致的粮食产量损失,二是粮食产量损失占粮食需求量的比重,土地非农化对粮食安全的影响程度由比重的大小来衡量。

粮食产量损失的计算公式如下:

$$Y_{损} = X_1 \times X_2 \times X_3 \times X_4$$

式中,$Y_{损}$ 为土地非农化导致的粮食产量损失,X_1 为土地非农化减少的耕地面积,X_2 为复种指数,X_3 为粮食播种面积占农作物播种面积比例,X_4 为粮食播面单产。

土地非农化对粮食安全影响的度量公式如下:

$$R = \frac{Y_{损}}{Y_{需}}$$

式中,R 为土地非农化对粮食安全的影响度,$Y_{损}$ 为土地非农化导致的粮食产量损失,$Y_{需}$ 为粮食总需求量。按照中外专家及政府机构对中国中长期粮食供求状况预测,从长期来看,我国将是一个粮食净进口国,所以可以通过 R 的大小来判断土地非农化对粮食安全的影响。

根据上述公式,我们计算出 1989～2004 年中国各省土地非农

化导致的耕地减少量,以 2004 年的数据计算出粮食产出的损失量,具体见表 5—2。2000 年我国的粮食总产量为 4.69 亿吨,假设 1989~2004 年我国没有耕地非农化,则我国的粮食产出在 2004 年将增加 1 026.38 万吨,达到 4.79 亿吨。根据这些数据我们可以算出,由于土地非农化使我国的粮食总产出下降了 2.14%。从这个数据我们可以看出土地非农化对我国粮食安全的影响作用并不大。从分地区来看,东部地区占粮食损失量的 55.50%,中部地区占 36.32%,西部地区占 8.19%。

表 5—2　土地非农化导致的粮食产出损失

地区	1989~2004 年耕地损失[①]（公顷）	复种指数（%）	播面单产（公斤/公顷）	粮播比例（%）	粮食产出损失[②]（10 000 吨）
北　京	56 637.35	120.25	4 542.69	49.44	17.48
天　津	34 772.69	106.06	4 658.73	52.26	10.26
河　北	102 319.31	133.82	4 131.10	69.04	44.63
山　西	56 863.62	89.67	3 630.30	78.19	16.54
内蒙古	42 587.05	84.58	3 600.25	70.58	10.46
辽　宁	73 531.47	91.40	5 917.36	78.07	35.48
吉　林	25 214.62	88.50	5 820.86	87.93	13.05
黑龙江	70 129.85	84.76	3 548.12	85.53	20.62
上　海	88 673.18	143.23	6 871.16	38.25	38.15
江　苏	217 946.62	156.44	5 925.24	62.26	143.74
浙　江	167 096.59	136.84	5 740.00	52.35	78.53
安　徽	113 755.76	159.76	4 345.49	68.61	61.92
福　建	54 093.40	184.37	4 968.12	58.84	33.32
江　西	38 309.13	180.51	4 964.08	64.64	25.36
山　东	203 396.97	140.11	5 693.84	58.06	107.66
河　南	123 642.83	173.76	4 749.13	65.05	75.85
湖　北	72 037.97	151.67	5 657.09	51.88	36.65
湖　南	48 644.65	205.71	5 553.10	60.28	38.28

续表

地区	1989~2004年耕地损失①(公顷)	复种指数(%)	播面单产(公斤/公顷)	粮播比例(%)	粮食产出损失②(10 000吨)
广 东	109 708.59	157.21	4 982.61	58.02	56.98
广 西	46 157.11	146.83	3 982.97	55.14	17.01
海 南	11 403.59	112.34	4 029.63	57.05	3.37
四 川③	127 708.67	151.57	4 771.74	70.13	74.03
贵 州	53 507.60	102.78	3 784.99	64.69	15.39
云 南	63 823.85	95.20	3 629.94	70.60	17.80
西 藏	6 732.19	63.79	5 339.56	77.75	2.04
陕 西	51 366.81	96.65	3 318.34	76.44	14.39
甘 肃	22 201.18	77.73	3 179.20	69.08	4.33
青 海	5 883.72	85.25	3 615.45	51.70	1.07
宁 夏	13 605.88	101.15	3 669.38	68.35	3.94
新 疆	35 647.06	88.98	5 633.35	39.36	8.04
合 计	2 137 399.32				1 026.38

资料来源:1989~1996年的耕地损失数据来自相应年份的《全国土地管理统计资料》。1999~2004年的数据来自相应年份的《国土资源综合统计年报》。播面单产和粮播比例根据2005年《中国统计年鉴》的数据计算。复种指数根据2005年《中国统计年鉴》公布的农作物播种面积和2004年《国土资源综合统计年报》公布的耕地数据计算。

注:①这些数据不包括1997~1998年的建设占用耕地数。②1997~1998年省份的建设占用耕地数没有公布的资料,计算粮食产出损失时先利用1989~1996年和1999~2004年总和的数据得出粮食产出损失值,取平均值×16。③四川的数据包括重庆。

人们对于粮食安全的关心更多地着眼于未来,根据梁鹰[19]的相关研究成果,基于以下假设计算我国未来土地非农化对粮食安全的影响。假设:①土地非农化导致的耕地减少量以1997~2004年的平均值20.01万公顷为基数,分别扩大10%,20%,30%,

50%;②复种指数 2010 年为 1.6,2020 年和 2030 年为 1.5[①];③播面单产[②] 2010 年为 5 000 公斤/公顷,2020 年为 5 200 公斤/公顷,2030 年为 5 700 公斤/公顷;④粮食播种面积占农作物播种面积比例为 60%[③]。我们分别计算从 2005 年到 2010 年、2020 年和 2030 年土地非农化对粮食生产的影响。从表 5—3 的数据我们可以发现,基于上述假设,土地非农化导致的粮食产出损失到 2010 年大致为粮食需求量的 1.09%~1.49%,2020 年大致为粮食需求量的 2.56%~3.48%,2030 年大致为粮食需求量的 4.00%~5.45%。从长远来看,土地非农化导致的粮食产出损失占粮食需求量的比例在 6%[④]以内。这表明土地非农化确实给我国的粮食安全带来一定的影响,如果把将来建设占用耕地增量比例控制在 10% 以内,则土地非农化造成的粮食损失对于粮食安全的影响将会是可以接受的。所以在经济发展的过程中,加强土地利用管理,防止农地过速非农化,尽量减少土地非农化导致的耕地面积损失将是我国土地管理一个长期的任务。

[①] 2000 年我国的复种指数为 1.6,根据日本、中国台湾的经验,随着非农就业机会的提高,务农机会成本将会提高,而复种指数的提高主要靠劳动力的投入。因此,复种指数在经济发展到一定阶段后下降是合理的。

[②] 播面单产的数据主要依据一些既有的研究结果(参考文献[19]),如世界银行预测 2010 年的单产为 5.7 t/ha,梅方权预测 2010 年的单产为 5.3 t//ha,Rosegrant 预测 2020 年的单产为 5.2 t/ha,OECF 的预测为 5.0 t/ha,Simpson 预测 2025 的单产为 5.2 t/ha,布朗预测 2030 年的单产为 5.7 t/ha。

[③] 2004 年我国的粮食播种面积占农作物播种面积比例为 66%,这个数据逐步下降是合理的。60% 与 Alexandratos 用于预测的 59% 相近(参考文献[19])。

[④] 以上的预测数据并没有考虑土地非农化及农地生产能力的区域差别,由于土地非农化在东部地区的比重较大,而农地的产出能力东部地区又较高。因此,文中预测的数据可能会略偏小。

表 5—3　土地非农化对粮食安全影响的预测

年份	基数 10^4 公顷	倍数	年数	粮播比例 (%)	复种指数 (%)	播面单产 (公斤/公顷)	粮食产出损失(A) (10^4 吨)	粮食需求量(B)① (10^4 吨)	A/B (%)
2010	20.05	1.1	6	0.6	1.6	5 000	633.92	58 000	1.09
	20.05	1.2	6	0.6	1.6	5 000	691.55	58 000	1.19
	20.05	1.3	6	0.6	1.6	5 000	749.17	58 000	1.29
	20.05	1.5	6	0.6	1.6	5 000	864.43	58 000	1.49
2020	20.05	1.1	16	0.6	1.5	5 200	1 648.18	64 500	2.56
	20.05	1.2	16	0.6	1.5	5 200	1 798.02	64 500	2.79
	20.05	1.3	16	0.6	1.5	5 200	1 947.85	64 500	3.02
	20.05	1.5	16	0.6	1.5	5 200	2 247.52	64 500	3.48
2030	20.05	1.1	26	0.6	1.5	5 700	2 935.83	73 400	4.00
	20.05	1.2	26	0.6	1.5	5 700	3 202.72	73 400	4.36
	20.05	1.3	26	0.6	1.5	5 700	3 469.61	73 400	4.73
	20.05	1.5	26	0.6	1.5	5 700	4 003.40	73 400	5.45

注：①该列数据来源于梅方权(1996)的预测。

粮食产出损失＝基数×倍数×年数×粮播比例×复种指数×播种面积。

第三节 小　　结

从以上的分析我们可以得出以下结论：从 2000～2030 年，如果土地非农化面积在 1997～2004 年年均土地非农化面积的基础上扩大 10%～50%，土地非农化导致的粮食产出损失短期内(2010 年)在粮食需求量的 2%以内，长期来看(2030 年)也不会超过粮食需求量的 6%。1989～2004 年(不包括 1997～1998 年)农业结构调整引起的耕地减少量占到总减少量的 46.74%。从比较利益上看，土地非农化和农业结构调整都是在效益杠杆的作用下土地利用结构的调整，而农地非农利用的直接经济效益要远高于其他农用土地，农地非农利用对于经济发展的推动作用要大于其他土地利用方式，从而有助于农村劳动力的转移，提高农业的生产效率。因此，从促进经济发展、保障粮食安全的角度考虑，农业结构调整才是保持较高自给率的粮食安全政策调控的重点。

以上结论一个重要的政策含义，即在调整好土地非农化过程中各利益主体的关系后，短期内我国的土地非农化管制可以适当放松，但要防止农地过速非农化的现象。毛育刚根据台湾经济发展过程中土地非农化管制度经验，认为人多地少的国家在保护农地的同时，亦应顾及其他部门对土地需求。保护农地应该有一定的弹性，以免因为过度保护农地而造成非农业用地严重不足，促使地价飞腾上涨，导致国民经济走向高成本与高物价，而逐渐失去持续发展的能力，妨碍国家的发展[2]。这个观点对于中国大陆的农地非农转用管制政策改革应该有重要借鉴意义。

参考文献

[1] 李成贵:"我国粮食生产增长的因素分析",《可持续发展研究》,2003年第2期。
[2] 毛育刚:《中国农业演变之探索》,社会科学出版社,2001年。
[3] 邵晓梅:"区域土地利用变化及其对粮食生产影响分析——以山东省为例",《地理科学进展》,2003年第1期。
[4] 莱斯特·布朗:"谁来养活中国人",《中国农村经济》,1995年第4期。
[5] 陈百明:《中国农业资源综合生产能力与人口承载力》,气象出版社,2001年。
[6] 严瑞珍:《经济全球化与中国粮食问题》,中国人民大学出版社,2001年。
[7] 朱晶:"贸易、波动、可获性与粮食安全"(博士论文),南京农业大学,2000年。
[8] Valdes, A. 1981. Food Security for Developing Countries,转引自朱晶:"贸易、波动、可获性与粮食安全"(博士论文),南京农业大学,2000年。
[9] 国家计委:《中国21世纪议程》,中国环境科学出版社,1994年。
[10] 朱泽:"中国粮食安全状况研究",《中国农村经济》,1997年第5期。
[11] 蔡昉等:《制度、趋同与人文发展——区域发展和西部开发战略思考》,中国人民大学出版社,2002年。
[12] 李周:"世界粮食贸易与中国的选择",研究报告,1997。
[13] 速水佑次郎:《发展经济学——从贫困到富裕》,社会科学文献出版社,2003年。
[14] 朱晶:"农业公共投资、竞争力与粮食安全",《经济研究》,2003年第1期。
[15] 黄季焜:"中国粮食供需平衡的分析和对策(上)——也谈中国是否会使世界饥饿",《改革》,1996年第2期。
[16] 赵阳:"中国农业科研投入的理论分析和政策建议",《中国农村观察》,2001年第3期。
[17] 张安录:"城乡相互作用的动力学机制与城乡生态经济要素流转",《城市发展研究》,2000年第6期。
[18] 张安录:"城乡生态经济交错区农地城市流转机制与制度创新",《中国农村经济》,1999年第7期。
[19] 梁鹰:《中国能养活自己吗》,经济科学出版社,1996年。

第六章 土地非农化动力机制的理论框架与实证研究

土地非农化是土地利用结构动态变化过程的组成部分,而土地利用结构变化是社会经济因素和自然环境因素共同作用的结果,自然环境因素的差异往往又能通过社会经济条件表现出来,所以,土地非农化本质上是由于社会经济环境变化而引致的。从理论上深刻地分析这种变化是制定有效地农地保护调控措施和科学的土地供应政策的关键。本章将在理论上对土地非农化的社会经济动力机制进行理论上的探讨,笔者认为土地非农化的动力机制是指推动和约束土地非农化的各种力量的总称。土地非农化的动力机制是调控农地非农转用的关键,发现这些因素的作用机理,有助于提高政策调控的效率。第一节将在既有研究的基础上,找出土地非农化可能的影响因素,构建一个土地非农化动力机制的理论分析框架。

第一节 土地非农化驱动力机制的理论分析框架

一、既有的研究基础

土地非农化是一个全球性的现象,全世界的建设用地(建成区和基础设施面积)大致以每年1.2%的速度增加[1]。联合国粮农组织《迈向2010年的农业》报告预测,到2010年发展中国家(不包括中国)的工业化和城市化将导致 $3\,500\times10^4$ 公顷的新土地(其中 $2\,000\times10^4$ 公顷为农用地)转入非农土地利用。改革开放以来,伴随着经济增长、产业结构的调整,我国的土地利用结构也发生了巨大的变化,大量土地从农业部门转移到非农产业部门,这一方面支撑了国民经济的全面发展,另一方面却造成了耕地资源的大量损失,即所谓的土地非农化趋势。

在中国,持续的过速土地非农化不但可能会影响国家粮食安全,而且为了满足农产品的需要,大量边际土地被开发或农地被过度利用,这些将导致严重的生态环境破坏或土地退化。因此,控制土地非农化的速度成了学术界的热点研究问题,学者们从经济发展、利益机制、管理体制等角度研究了土地非农化的驱动因素。以下主要对比较有代表性的研究作一详细的综述,以期从既有的研究中凝炼出土地非农化驱动力机制的理论框架。

贾生华、张宏斌认为土地非农化的推动力量主要有:①人口增加和城市化进程的推动。为了满足新增人口的需要,大量的农用地必须转化为住宅用地、基础设施及公共设施用地,而工业的聚集和扩展带动城市的发展,表现为城市数量的增多和城市规模的扩大,必然需要大量的建设用地,虽然建设用地的来源不仅仅是农用地,但从人类土地利用的规律来看,首先开发利用的是农用地。因此,土地非农化是城市发展的基础。②经济发展的推动。维持经济的持续稳定发展是我国政府所致力于实现的首要目标,由于经济发展和土地非农化有着很强的相关性,随着经济的发展,将有大量的农用地转化为建设用地。③基础设施建设的推动。交通系统是经济发展的基础,随着经济的发展,我国的基础设施和公共设施建设将会占用大量的农用地。土地非农化的制约因素有：①资源配置效率和经济稳定。土地非农化速度过快，会造成土地资源浪费和区域经济不稳定，为了防止出现这种状况，必须控制土地非农化的速度。②国家生态安全。国家生态安全是指一个国家生存和发展所需的生态环境处于不受或少受破坏与威胁的状态，生态安全是国家安全和社会稳定的一个重要组成部分。随着土地非农化，大量的森林、草地、湿地和耕地变为建设用地。同时，为了补充耕地，又有大量的森林、草地和湿地被开垦为耕地，生态环境遭到了巨大的破坏。为了使人类和自然和谐共处，人类必须保护宝贵的农用地资源。③国家粮食安全。人多地少是我国的基本国情，为了经济发展、国家安全和政治上的独立，中国不可能主要或者过多地依赖进口来解决粮食问题，中国必须尽可能提高粮食自给率。而土地非农化又对国家的粮食安全构成威胁。所以，国家粮食安全是土地非农化的重要约束力量[2,3]。

张安录认为土地非农化是在它内在地自发流转机制和外在的人为激化或加速机制的作用下，由农村向城市以有序或混沌，以加速或渐进，以行政变异或产权更替，以资源享有或土地投机等方式发生流转[2]。内在自发流转机制包括：①城市的离心力机制。当城市发展到一定程度时，往往引起城市商务中心地价飞涨、税赋攀升、交通拥挤、空气污染、住房匮乏、犯罪率提高等外部性问题，使城市生产、生活的质量大幅度下降，从而形成一种离心力，促使城市的居民和企业外迁，侵占城市郊区的农地。②乡村的梯度克服与向心力机制。乡村在经济发展水平、文化教育水平、基础设施和就业机会等方面与城市之间形成一种自然梯度。这种自然梯度的存在，使得乡村生态经济要素受到城市的吸引，即在乡村城市向心力的作用下,克服"自然梯度"向城市融合。土地作为乡村重要的生产要素,这个融合的过程也是非农化的过程。③环境竞争机制。城乡生态经济交错区环境容量相对较大,城市因人口规模不断扩大和产业的发展对环境产生巨大的压力。在这种压力下,城市必然要向郊区扩张,从而促进了土地利用方向的变更。④区位替代机制。城乡生态经济交错区在土地资源利用上具有次优的区位优势,既可替代城市中心优越区位优势取得而招致的较高的土地成本,又有乡村农地资源不具备的比较区位优势和产业聚集效应,即较低的区位成本,从而形成一种区位替代机制,自动加速城乡生态经济交错区农地的城市流转。人为加速流转机制包括:①利益驱动机制。人类土地资源的利用结构、利用方式和利用程度的最初动机源于利益的实现和利益的大小。我国城乡生态经济交错区工业用地效益是农地效益的10倍以上,商业用地效益则为耕地效益的20倍,甚至100倍。比较利益的差距一方面诱导了农业劳动力向二、三产业转移,产生了土地资源利用结构的失衡,为土地的非农化创造了条件,另一方面依据市场规律驱动了土地利用结构的演替。②价格激化机制。城市中心至城市边缘、城乡生态经济交错区,土地价格的梯度递减规律是厂商或土地开发者放弃优越区位,转向郊区的根本诱因。③制度诱导机制。我国的土地征用制度、土地规划制度、土地保护制度在相当程度上激化了城市生态交错区的土地非农化。④投机分割机制。我国城乡生态交错区大多地势低平、土地面积广阔,土地取得成本低廉,已成为土地投机者猎取的主要对象。土地投机者通过与集体土地所有者窜谋,使交错区大量优质农田转为住宅用地。

土地非农化过程中各利益主体的分配机制也是转型期土地非

农化的一个特殊的推动力量。由于地方政府实际控制着区域国有土地资源,并且是区域土地资源的管理者,在我国当前的土地管理制度下,地方政府实际上是土地非农化的供给主体之一。由于耕地非农化采用的是国家征用制度,耕地征用价格、出让价格之间的差异形成了耕地非农化中的巨大经济利益,政府凭借对土地市场的垄断获取了耕地非农化中收益的大部分,是耕地非农化供给的经济驱动;在发展地方经济名义下,以耕地换项目,通过积累政绩,进而获得"行政升级",是耕地非农化供给的权力驱动。在此过程中,农地产权制度漠视农民权利,使政府行为失去约束,地方政府在耕地非农化的过程中过度供给,造成了耕地的过速非农化。分权化改革后,地方政府具有追求本地工业化、城市化的强烈愿望。追求这个目标首先必须进行资本的原始积累。产权关系不清的集体土地在非农化过程中产生的大量增值收益成为地方政府进行资本原始积累最便捷的方式[3],目前我国制度软约束条件下的行政控制,实际上不能有效抑制各级政府在财政严重亏损压力下对耕地"农转非"(从农业用地转为非农业)巨额增值收益的渴求[4]。

然而,这些研究大多停留在定性研究或者说假说阶段,缺乏翔实的实证研究来支撑判断,对于土地非农化影响因素或驱动力的研究,国内学者往往只关注其中的一部分,目前这方面的研究工作多是孤立、分散的,缺乏可比性和系统性。因此,本研究试图在既有研究的基础上,从供给、需求和制度约束的角度来分析土地非农化的驱动机制。

二、土地非农化驱动力机制的理论分析框架

土地非农化是土地利用结构动态变化过程的组成部分,而土

地利用结构变化是社会经济因素和自然环境因素共同作用的结果,自然环境因素的差异往往又能通过社会经济条件表现出来,所以,土地非农化在表征形式上是由于社会经济环境变化而引致的。从经济学来看,土地非农化实质上是农地资源在农业与非农业部门之间的配置问题。微观层次上,资源在不同部门间的配置主要取决于价格信号。但农地在社会经济发展中的特殊地位使其不同于其他一般资源的配置,土地非农化是社会经济因素共同作用的结果。

从微观上看,土地配置结构变化是由于不同土地利用类型之间的竞租能力的变动所引起的,竞租能力变化表现为土地市场价格的变动。在市场经济中,价格是由供给和需求来决定的。然而,在中国,特殊的人地关系和市场经济改革正在进行,土地供求关系还不能形成真正意义上的土地价格或竞租能力。所以,直接将土地价格变动与土地配置规律相联系来分析土地非农化将十分困难。然而,通过分析影响土地非农化的供给和需求因素,以经济驱动机制的视角来研究土地非农化,则为农地部门配置规律和政策调控的分析提供了可能。因而,土地非农化的社会经济动力机制是学者们关注的一个重点,既有的研究认为土地非农化的主要供需因素有土地利用的比较利益、人口增长、投资、非农化的利益分配机制等,这些因素从不同的方向作用于土地非农化的过程[5~6]。在转型经济中,由于市场的不完备,制度因素对于供给和需求的变化起着重要的约束或激励作用,既有的研究显示出即使在西方国家制度因素在土地利用结构变化中也有重要作用[8],因此,土地非农化的经济驱动机制是指推动和约束土地非农化的各种经济力量的总称,包括供给影响因素、需求影响因素和制度影响因素。供给影响因素是指影响土地所有者土地供给意愿的因素,包括土地利用比较利益、土地非农化的收益分配等;需求影响因素是指导致土地非农利用需求增加的因素,包括人口和投资等因素;而制度因素包括农地保护政策、土地产权和土地市场制度建设等。土地非农化的经济驱动机制的分析框架如图6—1所示。

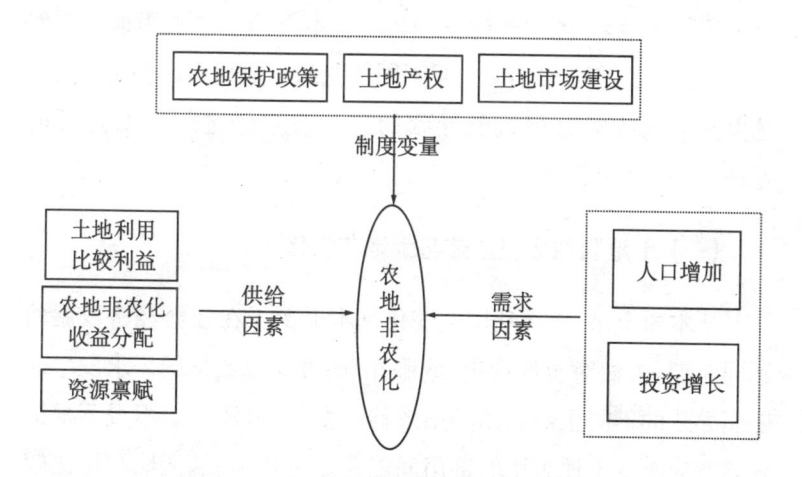

图6—1 土地非农化的驱动力机制分析框架

第二节 土地非农化驱动力要素分析

根据上节建立的驱动力机制的理论分析框架,本节分别从供给、需求和制度三个方面详细地研究土地非农化的驱动力要素。

一、土地非农化的供给因素

经典土地经济学教科书将土地经济供给的影响因素分为自然供给因素、经济因素、技术因素和制度因素等[9,10]。从农地非农供给的角度来看,技术因素不是主要的决定因素,除了制度因素外,自然供给因素和经济因素是主要的影响因素。由于建设用地的主要来源是耕地,因此耕地的资源禀赋基本等同于非农用地的自然供给因素。经济因素实质上是不同产业间土地利用比较利益的问题以及不同收益分配机制导致的各利益主体之间供给意愿的差别。

(一) 土地利用比较效益与土地非农化

从本质上讲,土地利用的变化基本上源于在社会经济发展的不同时期,人们对土地产出(或服务)的种类或数量的需求发生改变而导致的不同土地利用类型效益的变化,迫使人们不得不根据效益取向改变土地利用的部门间配置。也就是说,土地利用比较效益的变动决定了土地利用结构的变化。不同的土地利用类型之间用地效率有很大的区别,城乡工矿用地的生产效率是耕地的37.3倍,交通用地的生产效率是耕地的5.8倍[11]。农业土地利用比较效益低被普遍认为是我国的土地非农化的主要根源[12,13]。目前这种差距仍在不断地扩大,我们的研究表明,1991年江苏省和安徽省单位建设用地产出效益与耕地产出效益之比分别为14.18和7.21,2001年该比值变为26.74和17.27。由于土地利用比较利益差距的扩大,导致了城乡土地价格差距的拉大,产生了农村的"推力"和城市的"拉力"作用,共同促进了农地的非农化。

(二) 非农化收益分配与土地非农化

目前我国土地非农化过程中的供给主体包括中央政府、地方政府和农民，土地非农化过程中产生的收益也主要在三者之间进行分配。由于不同的利益主体在土地非农化中具有不同的行为目标，而不同的分配比例对于目标的影响是不同的，不同的利益分配格局最终会影响土地非农化的过程和速度。

中央政府面对的是整个国家的社会群体，其追求的目标更倾向于社会公共福利最大化，在土地非农化问题上将会有一个理性的考虑，只是希望其过程控制在一个合理的范围内，"一要吃饭，二要建设"体现了中央政府对土地资源合理配置的基本目标。土地非农化的直接收益对于中央政府的决策影响不大。土地非农化过程中产生的收益主要包括土地出让金、土地非农化过程中的各种税费以及经济发展带来的税收增加和就业机会增多，而这些正是转型期地方政府所追求的主要目标。地方政府相对独立的区域经济利益决定了其在农地保护行为上具有经济人"理性"的特征，即在农地保护这个具有公共产品特性的行为上存在着搭便车的动机，而具有促进土地非农化发展地方经济的理性。农民作为最微观的经济主体在农地的非农化过程中其所考虑的主要是直接经济收益，而对于土地非农化可能导致的粮食安全、生态安全等问题并不十分关心。但在土地非农化过程中农民集体几乎没有发言权，在收益分配中他们讨价还价的能力比较弱，因此，农民集体及农民对于土地非农化的影响不大。

典型地区的调查表明，在土地非农化的纯收益中，地方政府的收益比例为63.79%，中央政府为20.56%，农民为15.66%。在土地非农化的收益分配中,地方政府是主要的收益主体,在现有的制度框架下,地方政府实际上又是土地非农化的主要供给者。因此,我们认为地方政府的收益将会对土地非农化产生重要影响,可以预期土地非农化收益在地方财政收入中比例越大的地区,政府推动土地非农化的积极性越高。

(三) 耕地资源禀赋与土地非农化

土地的自然供给是经济供给的最终决定因素。就建设用地而言,耕地资源是其自然供给的主要部分。因此,区域耕地资源禀赋,即一个地区耕地资源的拥有量将在很大程度上决定该区域土地非农化的数量。耕地数量越多,则该地区的耕地资源的稀缺程度越低,人地关系的紧张程度相对缓和。土地非农化过程中的主要阻力是随着耕地资源的减少,粮食生产能力降低,危及一个国家或地区的粮食安全。一个地区的耕地资源越多,土地非农化对粮食生产的影响越低,则土地非农化的阻力越小。因此,可以预期耕地资源禀赋与土地非农化之间存在着正相关的关系,即耕地资源越多的地区,土地非农化的制约因素越小,土地非农化的供给越多,反之则相反。

二、土地非农化的需求因素

在资源经济学的研究中,自然资源的消耗根本驱动因素是人口与经济发展[14]。土地非农化主要是由于非农产品需求的增加而引起的,从宏观上看,人口增长、经济发展中的投资是主要的引致需求因素。

（一）人口增长与土地非农化

人类的生存与发展，有三个基本条件：衣食、住房和劳动。随着经济的发展，人类在满足了生存需求后，开始追求生活质量的改善，从而对土地资源产生了新的压力。这意味着要比过去追加更多的土地或集约利用土地才能满足人口对高质量生活的要求。人类生活质量的提高包括食物、衣服和住房的改善。由于工业化和城市化，人们的生活空间变得相对拥挤，生活环境变得恶化，改善住房条件和周围环境的要求使城市的建成区面积逐步扩大，侵占了城市周围大量的农田，加剧了"吃饭"和"建设"的矛盾。美国学者唐纳德·博格对美国1929~1954年城市人口增长的数量与土地非农化作了相关研究，在这一期间每增加一个城市人口，需要增加0.105公顷的农地非农占用[12]。另一项研究根据1950~1960年对美国西部44个县的航测，每增加一个人需要有0.008到0.174公顷的土地用于非农用途[15]。我国学者梁进社的研究表明居民点和工矿用地面积与人口数量存在幂指数的关系[16]。理论与实证研究表明，人口增长将导致土地非农化。

（二）投资与土地非农化

经济增长来源于两个方面：一是要素投入的增长，二是要素使用效率的提高。目前我国经济增长中要素投入的贡献份额大于效益提高的贡献份额，经济增长还主要依靠要素投入的增加来支撑[17]。除劳动力外，要素投入的主要表征指标是固定资产投资的增加，而固定资产投资的很大一部分用于城市和工业基础设施的建设以及场地的购买，这直接拉动了土地非农需求量的扩大。从

1982～2002年固定资产投资的增长率与建设占用耕地的比例[①]关系来看,固定资产投资一直是建设占用耕地的诱导因素,土地的引致性需求非常明显。固定资产投资增长的变动周期基本先导于建设占用耕地的周期,1984年、1992年固定资产投资达到一个高峰期,相应的建设占用耕地在1986年、1993年达到高峰期;1989年是固定资产投资周期的波谷,1990年建设占用耕地也达到波谷(图6—2)。1982～2002年,滞后一期的建设占用耕地比例[②]与固定资产投资比例的相关系数为0.63。1992～1995年,以省级数据计算的固定资产投资与非农建设占用耕地之间的相关系数高达0.85[18]。这说明在当前我国经济发展水平下,土地非农化对于固定资产投资具有高度的敏感性。

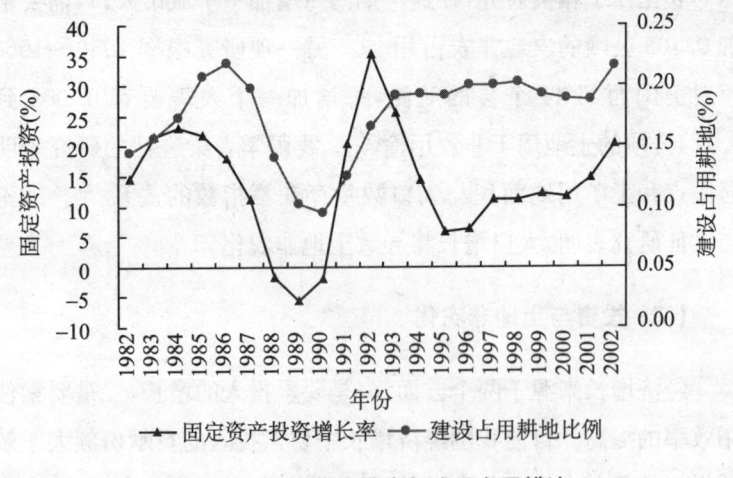

图6—2 固定资产投资与建设占用耕地

---

① 固定资产投资和建设占用耕地数据经过三年平滑。
② 指当年建设占用耕地占当年耕地总量的比例。

三、制度因素对土地非农化的影响

由于农地利用具有较强的外部经济性,世界各国都将土地非农化调控作为重要的公共政策,而这种政策干预必将影响到土地非农化的过程。土地产权的制度安排影响到土地资源的配置方向和速度,经济转轨国家的市场机制在资源配置中的作用是渐进的,不同的土地市场配置模式也将影响到土地非农化的数量。这些制度安排对于土地非农化市场的均衡数量起着调节作用。

(一)政府管制与土地非农化

农地保护管制是政府为确保耕地的数量和质量而采取的行政的、法律的措施。政府通过对土地资源利用中的外部效果进行直接干预和控制,采取限额、标准、规定等办法确定土地资源利用的强度和数量。目前我国政府管制包括土地利用规划、土地用途管制、年度土地利用计划、耕地总量动态平衡等。政府的管制直接抑制了土地的供给,控制了土地非农化的速度。同时,农地保护制度的逐步严格与完善在一定程度上加大了土地非农化的成本,使农地保护的个人成本接近社会成本,使土地非农化的数量接近社会最优量。

目前我国耕地保护管制的政策供给主要是中央政府,长期来看,管制减少了土地非农化的数量。但正如前面所分析的,地方政府是区域经济发展主要的推动力量之一,土地作为重要的生产要素是发展非农产业的基础,在中央政府实施更加严厉的管制之前,地方政府总会突击批地以保证一定的土地储备。而在管制相对放松后,地方政府也会积极批地以弥补用地的不足。这种地方政府的短期管制应对行为将会降低管制的效率。

(二) 土地市场化配置与土地非农化

在市场经济中,价格是资源配置的主要手段。市场通过价格的涨落来调节供给与需求,从而达到资源配置的效率最大化。在不考虑土地利用外部性的前提下,在完全竞争的土地非农化市场中,通过供给与需求的均衡,达到了私人层次上的土地资源非农化最优量。在我国目前的土地市场中,由于市场发育不完全,再加上政府的干预,土地资源的市场配置范围很小,土地市场价格出现扭曲的现象。目前,我国城镇国有土地主要是划拨使用的方式,总宗地块数的80%、面积的98%是无偿划拨的。2000~2001年在土地有偿使用的宗地数中,招标、拍卖占15.27%,其余的都是以协议的方式出让。研究表明,招标地价一般高于协议地价3~5倍,拍卖地价一般高于协议地价4~10倍[19]。由于土地资源配置市场化程度低,土地价格没有真正反映其价值,这种扭曲的市场价格扩大了土地的需求,促成了耕地的过速非农化。以上分析表明,随着土地资源市场化配置程度的提高,土地真实的市场价格将会回归,在价格机制的作用下,农地非农利用的需求量将会下降。

(三) 土地产权与土地非农化

明晰的产权能够使土地使用者产生稳定的预期,将土地保护的成本和收益内在化。在经验上,土地产权的完善对土地非农化的影响具有双重性,一种可能性随着产权的完善,产权人能自由地处置自由财产,从而促使土地非农化加快,如东欧国家的私有化导致了城郊土地的大规模非农化[20];另一种可能是随着土地产权的完善,产权谈判地位的提高增加了土地的取得成本,从而抑制土地的非农需求。在我国,虽然集体土地所有权主体在法律上被界定为乡(镇)、村或村民小组的集体经济组织中的一个,但是,目前由于我国农村大部分地区的集体经济组织名存实亡,农民缺少行使集体土地所有权的组织形式和程序。《土地管理法》中也没有保障农民实际享有、行使集体土地所有权的具体规定,出现了集体土地所有权主体虚位或易位的问题。农村集体土地所有权主体不明造成了土地征用过程中农地保护的搭便车现象,农民个体不愿意在对抗政府低价征用土地的行为中付出太多,这事实上弱化了所有权对土地征用的制约作用。因此,随着土地产权主体的日益明晰,土地权能的逐步完善,农民在土地征用中的谈判意愿和地位将会逐步提高,从而提高土地非农化的成本,抑制农地的非农需求。

综合以上分析,土地非农化是各种因素共同作用的结果。由于土地供给的相对刚性,在驱动机制中,需求因素起着决定性的作用,而日益完善的农地保护管制、土地产权和土地市场化配置等制度因素起着抑制过速非农化的作用。各个驱动因素可能的影响情况如表 6—1 所示。

表 6—1　土地非农化可能的影响因素及其作用方向

影响因素	对土地非农化的作用方向
土地利用比较效益(农地效益/市地效益)	—
地方政府收益	＋
耕地资源禀赋	＋
人口	＋
投资	＋
农地保护管制	—
土地产权完善	—
土地市场化程度	—
地方政府管制应对	＋

第三节 土地非农化驱动因素的实证分析

根据前面的理论分析,本节将运用省级数据构建一个计量经济模型来研究土地非农化的驱动力机制的作用及其动态变化。

一、土地非农化驱动因素的计量经济模型

依据理论分析的结果,我们建立如下的计量经济模型来研究各种驱动因素对土地非农化面积的影响,模型形式如下:

$$Y_{it} = F(Cb_{it}、Lr_{it}、Pd_{it}、R_{it}、FI_{it}、Pc_{it}、Apc_{it}、M_{it}、D_e)①$$

式中,Y_{it}表示i省t年建设占用耕地的面积;

Cb_{it}表示i省t年土地利用的比较利益;

Lr_{it}表示i省t年地方政府的土地收益;

Pd_{it}表示i省t年的人口总数;

R_{it}表示i省1995年的耕地资源禀赋;

FI_{it}表示i省t年固定资产投资;

Pc_{it}表示i省t年政府农地保护管制;

Apc_{it}表示i省t年地方政府短期管制应对;

M_{it}表示i省t年土地市场化程度;

D_e表示虚拟变量。

---

① 在实证模型中我们没有选用土地产权的相关变量,主要是因为在研究时段内,我国的土地产权状况基本没有变化,省际之间的差异也不大,对土地非农化的影响不显著。

在模型的具体形式上,大多数已有的经验研究选用线性回归模型[21,22]。本文也应用该回归模型,具体的模型形式如下:

线性回归模型:

$$Y_{it} = \beta_0 + \beta_1 Cb_{it} + \beta_2 Lr_{it} + \beta_3 Pd_{it} + \beta_4 R_{it} + \beta_5 FI_{it} + \beta_6 Pc_{it} + \beta_7 M_{it} + \beta_8 D_e + \mu_{it}$$

二、解释变量的定义

各个解释变量的定义如表6—2所示。

表6—2 变量定义

变量名	表征指标	说 明
土地利用的比较效益	耕地效益/非农建设用地效益	耕地利用效益＝种植业产值/耕地面积;非农业用地效益＝二、三产业增加值/居民点工矿面积
地方政府收益①	土地出让金＋耕地占用税/当年财政收入	
人口	某省总人口	单位为万人
耕地资源禀赋	年初某省耕地数量	单位为公顷
固定资产投资	当年固定资产的投资量(90年不变价)	单位为亿元

---

① 地方政府在土地非农化中的收益包括土地取得、土地开发、房地产流转等环节。其中在企业的土地取得阶段,政府获取的收益主要包括土地出让金、耕地占用税、征地管理费、耕地复垦基金、新菜地建设基金等;在土地开发环节,政府的收益包括城市维护建设税、营业税、教育附加费、基础设施配套费等;在土地流转阶段,政府的收益包括营业税、印花税、土地增值税、契税等。此外,政府的间接收益包括新办企业的各项税收、新增地方就业机会等。考虑到数据的可获得性,我们只研究土地取得阶段的收益,这不会影响研究结果。

续表

变量名	表征指标	说明
农地保护管制	0,1	1995~1996年的农地转用管制相对较松,赋值为0,1999~2001年为农地管制相对严格期,赋值为1
地方政府管制应对	0,1	1997年中央政府发布了11号文件,冻结土地审批,而这之前的1996年地方政府已经采取应对措施,加大土地的储备量,1999土地审批解冻,土地农转非数量大大增大,1996和1999年,赋值为1,其余年份赋值为0
土地市场化程度①	某省当年土地出让面积/当年某省城镇与独立工矿建设占用耕地面积	
地区虚拟变量	0,1	根据各省的经济发展水平差异将研究省份分为三类②,第一类为经济发达的省份,第二类为较发达的省份,第三类为经济落后的省份

① 目前我国土地的供给主要有划拨、出让和租赁三种形式。划拨用地基本是行政配置的手段,市场程度最低。有偿出让是市场化的配置方式,其中出让又分为协议、招标、拍卖和挂牌出让四种,在四种方式中挂牌出让和拍卖的市场化程度最高,招标次之,协议的市场化程度最低。租赁是近年才出现的土地有偿使用方式,实际运作的范围并不大,所以不予考虑。

② 第一类包括上海、北京、浙江、福建、天津、山东、河北、广东、海南、江苏和辽宁;第二类包括四川、山西、湖南、湖北、江西、安徽、河南、吉林、黑龙江、内蒙古;第三类包括云南、陕西、广西、甘肃、新疆、西藏、宁夏、贵州和青海。

三、模型估计的结果

我们用 1995～1996 年和 1999～2001 年,包括全国 30 个省、直辖市、自治区的截面时间混合数据(不包括香港、澳门和台湾,重庆的数据包含在四川省)来进行回归分析。回归分别应用了 OLS、FGLS 和随机效应估计的方法,回归结果如表 6—3 所示。

表 6—3 全国土地非农化影响因素的回归估计结果

解释变量	OLS	FGLS	Random Effect
截距项	−1 623.69	−952.66	−1 482.92
	(−2.28)	(−1.89)	(−1.73)
人口	0.58***	0.64***	0.50***
	(5.05)	(7.34)	(3.34)
固定资产投资	2.70***	2.06**	4.08***
	(3.21)	(2.61)	(4.71)
耕地资源禀赋	0.000 3***	0.000 2***	0.000 2
	(3.36)	(3.83)	(1.52)
地方政府收益	3 271.24***	2 139.10***	2 711.66**
	(2.65)	(2.66)	(2.18)
土地利用比较效益	−81.83	−124.29**	−46.57
	(−1.16)	(−2.51)	(−0.52)
土地市场化程度	−15.23*	−8.09	−7.79
	(−1.66)	(−1.33)	(−0.80)
地方政府管制应对	1 247.38***	943.23***	1 279.12***
	(3.65)	(4.45)	(3.92)
政府管制	1 781.53***	1 218.23***	1 576.72***
	(4.45)	(4.61)	(3.86)
R^2	0.74	0.71	0.78

续表

解释变量	OLS	FGLS	Random Effect
F	38.87	34.43	—
D.W	1.81	1.94	2.25
样本数	150	150	150

说明:被解释变量为建设占用耕地面积,括号中的数值表示 T 检验值,"***"、"**"、"*"分别表示 T 值达到1%、5%和10%的统计显著水平。地区虚拟变量的结果没有在表格中报告。

从三种回归方法来看,模型对于土地非农化的解释程度在70%～80%之间,F 统计检验也十分显著。不同回归方法的估计结果相似,这说明估计结果是相对稳定的。从 T 统计值来看,所选的土地非农化驱动力因素大多通过了统计检验,而且系数符号与理论预期基本吻合,说明我们的估计是有效的。从全国范围来看,人口、固定资产投资、土地市场化程度、耕地资源禀赋、土地收益分配、地方政府的管制应对和比较利益是影响土地非农化的主要因素,而政策变量对土地非农化的影响在统计上是显著的,但与理论预期的作用方向相反。

以下将主要根据 OLS 和 FGLS 的回归结果进行讨论。在1%的显著性水平下,人口与土地非农化面积之间存在高度相关关系,这符合我们的理论预期。从模型回归弹性系数来看,人口对于土地非农化的影响最大,人口每增加1万人,则耕地非农化的面积将增加0.6公顷左右。叶嘉安的研究显示,珠江三角洲的农田损失量与人口以及工业产值存在着明显的相关关系,但人口与用地量的相关系数要比工业产值与用地量的相关系数要高,说明了人口增长对用地量的需求所起的作用较工业产值增长所起的作用大[23]。

在1%的显著性水平下,固定资产投资与土地非农化之间存在着高度正相关的关系。这符合我们的理论预期。目前我国农地非农利用的主要流向是城市建设、独立工矿、交通设施、乡镇企业用地,而这些正是经济增长过程中固定资产投资的重点。固定资产投资每增加1亿元,则建设占用耕地要增加2.06~2.7公顷。近两年来固定资产投资失控与耕地锐减同时出现验证了我们的回归结论。按照这个结论,可以判断我国东中西部土地非农化的数量差距拉大的一个重要原因在于不同经济增长水平下固定资产投资差异扩大。按不变价格衡量,1990年东部地区固定资产投资是中部地区的1.74倍,西部地区的4.68倍;到2001年,东部地区固定资产投资是中部地区的2.05倍,西部地区的5.43倍。

回归结果显示,资源禀赋对于土地非农化具有重要影响,在1%的显著性水平下,资源禀赋与土地非农化之间高度是正相关的。也就是说一个地区的耕地面积越大,则耕地非农化的面积也越大。这主要是一个地区的耕地面积越大,由于耕地非农化引起的粮食安全问题的影响程度越小,因此耕地非农化的阻力越小,这种结果符合我们的理论预期。

地方政府的土地收益在1%的显著水平上通过检验,地方政府的土地收益与土地非农化之间具有正相关关系,这说明作为土地非农化主要受益主体的地方政府在利益的驱使下,会有追逐土地非农化的激励。两项分别在江苏苏南地区和浙江的杭州、绍兴和宁波等城市郊区的调查也显示出由于地方政府在土地非农化过程中获得了超过50%的土地收益,地方政府在土地非农化过程中具有极大的推动激励[23,35]。FGLS回归方法的结果显示土地利用的比较效益在5%的显著水平上通过检验。土地利用的比较效益与土地非农化呈负相关关系,说明随着农地农用效益的相对提高,土地非农化的速度将会下降,因为农民将会有更高的农地保护的积极性。然而市地价值的上涨是经济发展过程中一个必然的趋势,要提高农地农用的效益需要政府在农业生产的公共投资方面作出很大的努力。

无论用哪种回归方法,土地资源市场化配置程度与土地非农化之间存在负相关关系。OLS回归结果在10%的统计水平上通过了检验,这说明随着土地资源化配置程度的提高,土地真实价格的回归,价格机制将会起到抑制农地非农需求的作用。但FGLS和随机效应模型的回归结果在统计上不显著,说明目前土地资源市场配置程度对于土地非农化数量的抑制作用还不高。

非常奇怪的是,无论用哪种回归方法,农地管制与土地非农化都存在显著正相关关系,这与我们的理论假设相反。张安录的一项研究表明,不论城市规模如何,基本农田保护区制度对农地城市流转量的变化影响不显著[24]。这说明我国农地保护政策的效率评价可能是一个复杂的问题,需要进一步深入地讨论。三种回归方法的结果都表明地方政府对中央政府的管制应对与土地非农化存在正相关关系,也就是说地方政府的短期反管制行为促进了农地的非农化。因此,在中央政府提供新的管制政策供给之前应该审批控制,预防地方政府突击批地。

第四节 结论与讨论

从总体上讲,土地非农化主要受人口、固定资产投资、土地市场化程度、地方政府的土地非农化收益、土地利用比较效益、地方政府管制应对以及资源禀赋的影响。人口和固定资产投资是促进土地非农化的主要推动因素,也就是说当前我国的土地非农化主要是需求拉动型的,这是由我国当前经济发展的阶段特征所决定的。从回归结果来看,土地利用比较效益和资源禀赋等供给因素是土地非农化的基础因素。从制度因素来看,地方政府在土地非农化中收益越大,越有积极性推动农地非农转用。而提高土地的市场化配置程度以及农地利用的比较效益能够减少土地非农化的面积,但土地市场化配置程度的作用有待提高。地方政府对中央政府严格的农地保护管制的应对措施大大降低了农地保护的政策效率。总体上讲,制度因素并没有对土地非农化需求和供给产生有效的约束,存在着政府失灵的现象。

从以上的研究结果我们可以得到两个推论:一是从固定资产投资与土地非农化的关系来看,随着我国中西部地区工业化进程的加快,固定资产投资将会加大,经济增长的速度将会加快,则中西部地区未来土地非农化的速度将会加快。目前我国东部地区正处于二次重工化的高潮,世界生产中心正在向我国转移,加上东北地区的老工业基地振兴,东部地区正处于新一轮快速度土地非农化阶段。因此,从总体上判断,我国未来土地非农化的速度将会加快。二是未来协调经济发展与耕地保护矛盾的主要途径是新的制度供给和公共政策的调整。在制度供给层面上主要包括以下内容:①调整土地价格收益分配关系,抑制地方政府为获取巨额土地收益而推动土地非农化。如增加土地价格分配关系中有关主体的分配比例。提高中央与省级政府的分配比例,增加对土地开发复垦的专项投资,改善农业生产条件,降低农民的生产成本,提高农业的比较效益;抑或增加农民在土地价格收益中的分配比例,以利于解决农民创业和就业问题。②提高土地资源市场化配置程度。目前盈利性用地基本实现了市场化的配置,工作的重点是缩小划拨供地范围,提高工业用地的市场配置程度。工业用地的供给由"供给被动保障需求——协议出让"的准市场化配置模式,转为"规划控制——招标拍卖挂牌出让"的市场配置模式,降低地方政府压价竞争的空间,提高土地市场对农地非农需求的调控作用。③加强土地产权建设,完善土地产权体系。当前工作的重点要解决好农村集体土地所有权主体不明确和主体错位以及国有土地产权在中央和地方之间的配置问题,以免发生土地处置、收益分配中的侵权行为。其次,完善土地承包权制度,给予农民长期有保障的土地产权,使这些实在的权利物权化为农民所有,并保证农民土地产权能够在土地价格和收益分配中得到实现。

参 考 文 献

[1] Meyer, W. B., Turner II, B. L. (Eds.). 1994. *Changes in Land Use and Land Cover: A Global Perspective*. Cambridge University Press, New York and London.

[2] 张安录:"城乡生态经济交错区土地资源可持续利用与管理研究"(博士论文),华中农业大学,1999年。

[3] 温铁军、朱守银:"土地资本的增殖收益及其分配——县以下地方政府资本原始积累与农村小城镇建设中的土地问题",《中国土地》,1996年第4期。

[4] 温铁军:"中国的'城镇化'道路与相关制度问题",http://www1.cei.gov.cn/forum50/,2002-5-22.

[5] Karen C. Seto and Robert K. Kaufmann. 2003. Modeling the Drivers of Urban Land Use Change in the Pearl River Delta, China: Integrating Remote Sensing with Socioeconomic Data. *Land Economics*, Vol. 79,

No. 1, pp. 106-121.

[6] Alvin D. Sokolow., NicolaiV. Kuminoff. 2000. *Farmland, Urbanization, and Agriculture in the Sacramento Region.* Paper Prepared for the Capital Region Institution, Regional Futures Compendium, June, 2000.

[7] 贾生华、张宏斌：《中国土地非农化过程与机制实证研究》，上海交通大学出版社，2002年，第14页。

[8] Bromley, D. W. 1989. Property Relations and Economic Development: The Other Land Reform. *World Development*, Vol. 17, No. 6, pp. 867-877.

[9] 周诚：《土地经济学原理》，商务印书馆，2003年。

[10] 刘书楷：《土地经济学》，中国矿业大学出版社，1993年。

[11] 吴传均、郭焕成：《中国土地利用》，北京大学出版社，2001年。

[12] 张安录等："美国城市化过程中农地城市流转与农地保护"，《中国农村经济》，1998年第11期。

[13] 蔡运龙："中国农村转型与耕地保护机制"，《地理科学》，2001年第1期。

[14] Anders Skonhoft, Havard Solem. 2001. Economic Growth and Land-use Changes: the Declining Amount of Wilderness Land in Norway. *Ecological Economics*, Vol. 37, pp. 289-301.

[15] 丹尼斯·米都斯：《增长的极限》，四川人民出版社，1984年。

[16] 梁进社："中国建设用地省际分布的统计分析"，《地球科学进展》，2002年第2期。

[17] 沈坤荣：《体制转型期的中国经济增长》，南京大学出版社，1999年。

[18] 李秀彬："中国近20年来耕地面积的变化及其政策启示"，《自然资源学报》，1999年第4期。

[19] 孙佑海："土地流转制度研究"（博士论文），南京农业大学，2000年。

[20] Adam Wasilewski and Krzysztof Krukowski, Land Conversion for Suburban Housing: A Study of Urbanization Around Warsaw and Olszyn, Poland, http://www.ceesa.de/DiscussionPapers/DP8_Wasilewski.pdf, 2002-12-9.

[21] Kline, Jeffrey D.; Moses, Alissa; Alig, RalphJ. 2001. Integrating Urbanization into Landscape-level Ecological Asessments. *Ecosystems.*

4(1): 3-18.
[22] Kuminoff, Nicolai V., Alvin D. Sokolow, and Daniel A. Sumner. 2001. *Farmland Conversion: Perceptions and Realities*. University of California Agricultural Issues Center. Issues Brief No. 16.
[23] 叶嘉安等:"珠江三角洲经济发展、城市扩张与农田流失研究——以东莞市为例",《经济地理》,1999年第1期。
[24] 张安录:"农地城市流转模型与农地保护政策研究",见南京农业大学土地管理学院编:"'WTO与土地资源管理创新'学术研讨会论文集",2002年。

第七章 土地收益分配与土地非农化

土地过速非农化和城市土地低效利用的原因之一是市场经济中土地价格被扭曲及土地租税费难以调控土地利用等,这表明土地收益分配与土地非农化之间存在密切的互动机理,土地收益分配机制设计对土地非农化的影响非常大。本章主要分析土地非农化过程中各利益主体的分配分成比例,以及各利益主体在追求自身"利益最大化"的驱动下,所采取的博弈策略对土地非农化的影响。

第一节 土地非农化收益分配及其主体

在土地收益分配过程中,土地收益分配主体的缺失容易导致应得土地收益的流失,也可能出现土地收益分配的失控。这必然要求明确各个土地收益分配主体,由于本研究的土地收益分配机制是指政府对土地所有者、使用者和其他利益主体运用地租、地价、地税、地费等经济杠杆调控、参与土地收益分配和再分配过程中一系列运作过程。地租、地价、地税、地费等作为土地收益分配的主要表现形式,如果从土地产权的角度来讲,地租、地价是土地所有权在经济上的实现形式,归属土地所有者占有。而作为社会管理者的政府为了国家机器的正常运转,通过地税、地费等手段取得了土地权益。土地使用者因其开发利用土地,获得相应的土地资本的利润和利息,作为对其土地投资的回报,体现"谁投资、谁受益"的原则。这就形成了土地所有者、土地使用者和社会管理者三个土地收益分配主体。

土地非农化过程中,土地用途变更的管制权和审批权掌握在省级以上人民政府手中。其他政府层级作为社会管理者也参与了农地非农转用的管理和利益分配。因此,农地转非农用地收益分配主体包括国家、省、市(镇)、农村集体以及农民。土地非农化中所产生的土地收益分配结构主要包括征用地管理费、出让业务费、用途变更费、耕地开垦费、新增建设用地土地有偿使用费、农业重点开发建设资金、粮菜金、耕地占用税和土地补偿费、安置补助费等和土地出让净收益。

第二节 收益主体博弈与土地非农化

自从我国开始实施土地有偿使用制度以来,上交国家的土地收益(租税费)为经济的发展充当了资本原始积累的作用,极大推动了我国各项事业的发展,尤其对地方城市建设更是具有重要的推动作用,即使是现在,各级政府每年收取的土地收益也占财政收入的一大部分,如江苏 2002 年的土地仅出让金就达 300 亿。地方政府通过推动城市规模的快速扩张获取了大量的土地非农化收益。虽然国家实施严格的农地管制,非农化收益一大部分归国家所有,集体和农民所得甚少,但与种地比较,又是有利可图的。开发商通过寻租也获得大量收益,而地方政府和政府官员在开发商的鼓动和业绩的驱使下,也会通过税费返还和寻租获取部分收益,以上各个主体都在为了其利益促使土地非农化,围绕中央进行利益博弈,加快本地土地非农化的步伐。正是政府通过低价征用、高价出让获取巨额收益,形成巨大的利益差,为土地非农化过程中各个利益主体获取当中的再分配利益提供了可能。大量土地非农化的寻租收益,促使各利益主体推动土地非农化速度,反过来,寻租者将获取更多的寻租机会,这导致的结果是恶性循环。下面用博弈论的实证方法进行论证。

通过前文对土地非农化土地收益利益主体关系的描述,可以从两个方面去分析土地收益再分配导致土地非农化进程加快的原因。一是用地人获取了土地非农化再分配更多的收益,促使用地人有更强烈的动机加快进行土地非农化。二是代理人在再分配中获得更多的收益,促使代理人愿意加快进行土地非农化。下面建立博弈模型来说明委托人、代理人和用地人为了获取再分配过程中更多的收益行为。

一、委托人与代理人的博弈模型及其分析

我们假设该博弈模型中存在两个博弈方,即委托人和代理人,委托人的策略选择空间为监管、不监管,代理人的策略空间是违规、不违规,两者的决策目标都是各自的得益最大化。模型参数包括:E为代理人的实际收入,包括行政经费和代理人员的报酬收入;A为向用地人全额征收后应向国家缴纳的费用数额;B为违规收益,即代理人收取的灰色和黑色收入总和;C为监管成本;F为违规成本;R为委托人监管检查的概率;r为代理人违规的概率。

这样,委托人和代理人在各种策略组合下的得益如下。

① 委托人的得益情况

$U(监管,违规)=A+F-C;U(监管,不违规)=A-C;$

$U(不监管,违规)=A-B;U(不监管,不违规)=A$。

② 代理人的得益情况

$V(监管,违规)=E-F;V(不监管,违规)=E+B;$

$V(监管,不违规)=E;V(不监管,不违规)=E$。

根据博弈理论,显然该博弈不存在纯策略纳什均衡,因为,假定委托人选择监管,由于 $E-F<E$,则代理人的最佳策略是不违规;而如果代理人选择不违规,由于 $A-C<A$,委托人的最佳策略是不监管;如果委托人不监管,由于 $E+B>E$,代理人的最佳策略是违规;如果代理人选择违规,只要违规收益大于监管成本,则委托人的最佳策略是监管。但是,该博弈存在混合策略纳什均衡,即委托人以一定的概率 R 选择监管 $1-R$ 和不监管,代理人以一定的概率 r 选择违规和 $1-R$ 不违规。

在给定 R 时,代理人选择违规和不违规的期望收益分别为 $V(R,1)=R(E-F)+(1-R)(E+B),V(R,0)=RE+(1-R)E$。令 $V(R,1)=V(R,0)$,得委托人的均衡监管概率为 $R'=B/(F+B)$。

同样,在给定 r 时,委托人选择监管和不监管的期望收益分别为 $U(1,r)=r(A+F-C)+(1-r)(A-C),U(0,r)=r(A-B)+(1-r)A$。令 $U(1,r)=U(0,r)$,得代理人的均衡违规概率为 $r'=C/(F+B)$。即土地非农化的收益征管的委托人与代理人博弈的混合策略纳什均衡为委托人以 R' 的概率选择监管,代理人以 r' 的概率选择违规。委托人监管的概率与代理人的违规收益成正比,与违规处罚的力度成反比;代理人违规的概率与监管成本成正比,

与违规处罚的力度和违规收益成反比。分析该博弈均衡结果,可以得出如下结论:

(1) 当委托人的监管概率 $R>R'$ 时,代理人的最佳选择是不违规,这将减缓土地非农化速度;当 $R<R'$ 时,代理人的最佳选择是违规,这使土地非农化速度加快。

(2) 当代理人的违规概率 $r>r'$ 时,委托人的最佳选择是监管,这将减缓土地非农化速度;当 $r<r'$ 时,委托人的最佳选择是不监管。

(3) 在违规处罚一定的情况下,代理人的违规收益越高,委托人的监管概率应越高;违规处罚越重,委托人的监管概率越小。以上都会使土地非农化的速度减慢。

(4) 委托人的监管成本越高,代理人的违规概率越高;违规处罚越重,代理人的违规概率越低。不同的选择,会有不同的非农化趋向。

二、用地人与代理人的博弈模型及分析

我们假设该博弈模型中存在两个博弈方,即用地人和代理人,用地人的策略选择空间为获取更多土地非农化再分配收益,可选择为非法收益和土地非农化合法收益,代理人的策略空间是稽查和不稽查,两者的决策目标都是各自的收益最大化。这一模型中,假设代理人是公正执法的行政人员,即是国家利益的代表;用地人获取土地非农化非法收益仅仅源于代理人与用地人之间的信息不对称;制约用地人获取土地非农化非法收益措施是稽查和被稽查后的惩罚(以罚款表示)。用地人获得的收益以其实际可支配收入表示,代理人获得的收益以土地非农化应上缴国家收入加上罚款

减去稽查成本后的净入库收入表示。并设 Y 为用地人的真实收入，$T(Y)$ 为以土地非农化用地主体应缴收入函数，m 为真实收入被瞒报的比例，$P(m)$ 为罚款率函数，代理人对某一用地人稽查需要花费的成本为 U，假设是个固定数额。那么用地人与代理人的得益矩阵如表 7—1 所示。

表 7—1　用地人与代理人博弈策略收益矩阵

	稽查	不稽查
违法	$A[Y-T(Y)-P(m)\cdot mY;$ $T(Y)+P(m)\cdot mY-U]$	$B[Y-T(Y-mY);$ $T(Y-mY)]$
合法	$C[Y-T(Y);T(Y)-U]$	$D[Y-T(Y);T(Y)]$

矩阵中的策略组合 A 说明用地人获取土地非农化非法收益，代理人稽查得益。由于用地人获取土地非农化非法收益后被查处，因而不仅要按其实际收入缴纳收益 $T(Y)$，还要就瞒报收入缴纳一定比率的罚款 $P(m)\cdot mY$；代理人在征得土地非农化应缴收入 $T(Y)$ 和收取罚款 $P(m)\cdot mY$ 的同时还要相应地减去其稽查成本 U 才是他的净入库收入。组合 B 说明用地人获取土地非农化非法收益代理人不稽查的得益，由于用地人成功地获取土地非农化非法收益，因而可支配收入为 $[Y-T(Y-mY)]$，代理人相应地只征得部分土地非农化应缴收入 $T(Y-mY)$。组合 C 和组合 D 分别说明了用地人获取土地非农化合法收益代理人稽查和获取土地非农化合法收益代理人也不稽查的得益。根据博弈理论，很显然该博弈不存在纯策略纳什均衡。因为如果用地人选择诚实缴纳土地非农化应缴收入，由于 $T(Y)>T(Y)-U$，代理人的最佳策略是不稽查；已知代理人不稽查，由于 $Y-T(Y-mY)>Y-T(Y)$，

第七章 土地收益分配与土地非农化

用地人的最佳策略是获取土地非农化非法收益;倘若用地人获取土地非农化非法收益,只要补缴收益加罚款大于稽查成本,则 $T(Y) + P(m) \cdot mY - U > T(Y - mY)$,代理人将选择稽查;而在代理人稽查时,$Y - T(Y) > Y - T(Y) - P(m) \cdot mY$,用地人的最佳策略是依法缴纳收益……如此循环,没有一个组合构成纳什均衡。但是考虑用地人、代理人随机选择不同策略的概率分布,则该博弈存在一个混合策略纳什均衡。假定代理人分别以 ρ 和 $1-\rho$ 的概率选择稽查与不稽查,用地人以 λ 和 $1-\lambda$ 的概率选择获取土地非农化非法收益和获取土地非农化合法收益。

给予定 ρ,用地人选择获取土地非农化非法收益的期望得益和选择获取土地非农化合法收益的期望得益分别为:

$$\rho[Y - T(Y) - P(m) \cdot mY] + (1-\rho)[Y - T(Y - mY)] \quad (1)$$

$$\rho[Y - T(Y)] + (1-\rho)[Y - T(Y)] \quad (2)$$

而给定 λ,代理人选择稽查和不稽查的期望得益分别为:

$$\lambda[T(Y) + P(m) \cdot mY - U] + (1-\lambda)[T(Y) - U] \quad (3)$$

$$\lambda[T(Y - mY)] + (1-\lambda)[T(Y)] \quad (4)$$

混合策略博弈中两博弈方决策的一个原则是他们选择每种策略的概率一定恰好使对方无机可乘,即让对方无法通过有针对性地倾向某一策略而在博弈中占上风。所以用地人与代理人的得益矩阵稽查与不稽查为:

$B[Y - T(Y - mY), T(Y - mY)]$

$D[Y - T(Y), T(Y)]$

获取土地非农化非法收益获取土地非农化非法收益为:

$A[Y - T(Y) - P(m) \cdot mY, T(Y) + P(m) \cdot mY - U]$

$C[Y - T(Y), T(Y) - U]$

代理人选择稽查的概率一定要使用地人选择获取土地非农化非法收益的期望得益和选择获取土地非农化合法收益的期望得益相等；同样地，用地人选择获取土地非农化非法收益的概率一定要使代理人选择稽查的期望得益和选择不稽查的期望得益相等。通过(1)=(2)和(3)=(4)分别可以求出：

$\rho' = 1/\{1 + P(m) \cdot mY/[T(Y) - T(Y - mY)]\}$,

$\lambda' = U/[T(Y) - T(Y - mY) + P(m) \cdot mY]$

因此，该博弈的混合策略纳什均衡是代理人以ρ'的概率稽查，用地人以λ'的概率选择获取土地非农化非法收益。即如果代理人稽查的概率$\rho < \rho'$，用地人的最优选择是获取土地非农化非法收益，这将加快土地非农化进程；$\rho > \rho'$，用地人的最优选择是获取土地非农化合法收益，将有效遏制土地非农化的步伐；$\rho = \rho'$时，用地人可随机地决定获取土地非农化非法收益或获取土地非农化合法收益，这对土地非农化有很大的不确定性。如果用地人获取土地非农化非法收益的概率$\lambda < \lambda'$，代理人的最优选择是不稽查；$\lambda > \lambda'$代理人的最优选择是稽查；$\lambda = \lambda'$代理人随机地选择稽查或不稽查。而在均衡时，获取土地非农化非法收益的概率λ'与稽查成本U成正比，与获取土地非农化非法收益惩罚轻重$P(m)$成反比。代理人稽查的概率ρ'也与获取土地非农化非法收益惩罚轻重$P(m)$成反比。这些比例与土地非农化的速度趋向是极度正相关的。

第三节 土地非农化收益分配的案例分析

在农地非农化配置过程中,中央、各级地方政府以及农村集体(含农民)的土地收益分配合理与否直接决定了资源配置中的公平性,同时土地收益分配格局的不同又会对资源配置中各个利益主体的土地利用行为产生不同的经济刺激,从而影响资源配置中市场机制的发挥和资源配置的效率。本节以江苏省 N 市土地征用与土地收益分配情况为例,对农地非农化中的利益分配进行实证研究。

一、N 市社会经济和土地市场发育概况

近年来,N 市社会经济等各项事业发展较快,国内生产总值连续多年保持两位数的增长速度。产业结构进一步呈现出第一产业下降,第二、三产业,特别是第三产业增加的态势,并且城市化进程继续加快。随着经济发展和城市化进展持续保持高速状态,各类建设用地面积需求也同样保持旺盛状态,需要不断增加建设用地以满足需求。2001 年新增建设用地面积达 351.53 公顷,到 2003 年就剧增到 679.64 公顷,平均每年新增建设用地面积达 441.87 公顷。这些新增建设用地的土地供应方式主要为划拨、协议出让和"招拍挂"出让等三种。随着国土资源部门市场化取向的土地供应政策出台,土地资源配置的市场化程度不断推进,以"招拍挂"方式出让的土地面积呈明显递增趋势。从表 7—2 可以发现,划拨出让的土地比例由 2001 年的 91.23% 下降到 2003 年的 8.82%,而同期"招拍挂"的土地面积比例由 2001 年的空白剧增到

2003年的64%,成为土地征用后最主要的土地供应方式。到2003年底,划拨提供的土地范围已经仅限于行政机关、道路交通、军事等公共利益用地,而经营性用地如住宅、办公和商业用地都实行了"招拍挂"方式供地,协议方式提供土地主要用于各类工业企业用地。在N市区范围内基本形成了以市场机制为基础的土地资源配置方式。

表7-2　N市2001～2003年土地出让方式对比分析　（单位:公顷、%）

年份	划拨 面积	比例	协议 面积	比例	招拍挂 面积	比例	合计 面积
2001	320.70	91.23	30.84	8.77	0	0.00	351.53
2002	153.01	51.97	132.25	44.92	9.18	3.12	294.44
2003	59.95	8.82	185.20	27.25	434.49	63.93	679.64
合计	533.66	40.26	348.29	26.27	443.67	33.47	1 325.61

二、农用土地征用与补偿

为了便于分析,将土地征用看成是非农化配置的第一环节(征用环节),将征用后的土地出让或划拨作为非农化配置的第二环节(供地环节)。农民的土地收益仅发生在征用环节,即土地征用补偿状况,以后环节中的土地收益主要与各级政府相关,与农民没有直接的联系。

(一) 农地征用基本情况

随着经济的快速发展,城市建设对土地的需求强度不断增大。为此,N市一方面尽量挖掘利用国有存量建设用地,另一方面通过土地征用增加农地非农化的面积。2001年,N市区征地面积为364.97公顷,其中农用地面积为186.29公顷。到2003年,征用土地面积剧增了12倍,达到4 754.81公顷,其中征用的农用地面积更是增加了13倍。从土地结构看,被征用土地中农用地所占比例占主要地位,三年平均达到了54.25%,其中耕地面积占34.4%。未利用土地所占比例较少,只有6.44%。征用土地中未利用土地比例较少说明被征用土地基本都是农民在用土地,征用土地必然会对农民的生产、生活产生明显的影响。

(二) 土地征用补偿与分配

土地征用补偿是农民及其集体经济组织在失去土地及地上建筑物的同时所得到的相关补偿,这些补偿也是农民赖以转换工作和生活角色的重要物质基础。补偿数额的高低和分配状况对农民能否完成从农村居民向城市居民转变、能否以此为基础建立起长期生活保障具有至关重要的作用。

根据国家相关法律、法规和N市实际情况,N市制定了相应的"N市征地拆迁补偿安置办法",对土地补偿、劳动力安置补偿和青苗及地上附着物补偿等进行了详细规定。该办法是N市区范围内土地征用补偿的主要政策依据。根据这一规定,N市3年间共支付土地征用补偿金78.61亿元,其中因农用地征用而支付的补偿金40.10亿元,占补偿金总额的51.02%,平均每公顷土地支付的补偿金为106.5万元。每公顷补偿金额中,劳动力安置费所占比例最高,为全部补偿金的63.38%;此外为土地补偿费22.5万元,占21.13%,地上附着物占14.08%,青苗补偿占1.41%。劳动力安置费用高与该地区人口密度大,每公顷征用土地所要安置的劳动力数量较大有关。

根据土地征用补偿的法规,土地补偿费由集体经济组织支配,劳动力安置补助费由被安置农民自己支配(前提是自主就业),地上附着物和青苗补偿费由相应的产权所有人支配[1]。在农户调查中发现,地上附着物主要是田间水利设施、道路和电力设施等,基本上都是村集体所有,而青苗费主要由农户所有,但如果土地出租,则青苗费归承租农户所有。即使地上附着物和青苗补偿费是承包土地的农民所有,这也仅是他们已有投资的回收,最多是一种钱与物之间等价的交换或贴现,对农民福利的改变没有很大影响。因此,农民失去土地的直接补偿应该为每公顷67.50万元,这也是失地农民可以自主支配用以土地征用后工作和生活支出的资金。

三、土地非农化配置中的政府税费

土地征用中的税费是政府部门凭借其政治权力收取的土地收益,这也是政府调控土地非农化配置的重要经济手段。该手段实施得好,可以引导资源配置向优化状态接近,增加社会福利;反之就可能会扭曲市场机制,加剧资源配置的低效和不公平。

(一) 土地征用中的税费和征收标准

在农地征用和出让过程中,N市实际发生的各种税费有农业重点开发建设资金、征(拨)使用土地管理费、耕地开垦费、新增建设用地有偿使用费、土地用途变更费及耕地占用税、契税等,其征收标准及政府间分配关系如表7—3所示。从它们的分配关系中可以看出,市县政府所占的比例较高,一般都在65%左右。在所有的收费项目中,新增建设用地的费率最高,为40元/平方米;其次是契税,为出让金的4%,而N市的土地出让金一般都高于300元/平方米,因此契税的税率一般在12元/平方米以上。

表7—3　N市土地征用过程中税费标准及分配

收费项目	征收标准	分配关系	使用方向
农业重点开发建设资金	3元/平方米	省60%,市县政府40%	主要用于农业后备资源开发、农业重点建设和土地复垦
征(拨使)用土地管理费	土地补偿费用的3%	省3%,市62%,区县政府35%	征地工作业务费
耕地开垦费	9元/平方米	100%交省后返还70%,其余待复垦验收后退还	复垦开发耕地
新增建设用地有偿使用费	40元/平方米	中央30%,省10%,市县政府60%	土地开发整理和中低产田改造
土地用途变更费	1元/平方米	省10%,市75%,区县政府15%	补充土地管理部门业务费用
耕地占用税	9元/平方米	市政府	用于农业发展专项资金
契税	出让金的4%	市政府	进入财政预算内资金

资料来源:N市国土局,2004。

这些税费有的具有税收的性质,属于法律规定范围内的收费,主要用于地方财政支出;有的则属于行政性事业性收费,主要是用于耕地的保护与复垦,如农业重点开发建设资金和耕地开垦费;还有的则属于行政服务性收费,用于行政办公开支,如土地管理费、土地用途变更费等(表7—3)。但是,这些税费实际上都成为依附在农地非农化过程中的政府直接收益,由相关的政府部门支配使用,从而对各级政府的农地非农化行为产生不同的经济刺激。从表7—3可以看出,大部分规费的收取与耕地补充与质量建设有联系,但是没有相应的细则规定相关税费中直接用于耕地建设的比例,实际使用中由于它们大多为预算外资金,摆脱了财政预算的约束,很有可能被挤占或挪用。因此,在一定的体制条件下,这些税费的分配和使用成为了农地过度非农化的动力或重要的诱导因素[2,3](曲福田,2001;陈江龙,2003),与收取税费项目时保护耕地的初衷完全相背。

(二) 土地征用中的税费征收和使用

根据以上税费征收标准和分配比例关系,2001~2003年间N市土地征用税费收入中,中央政府获得的收益2.96亿元,占总税费收入的15.30%;省政府获得的收益是2.32亿元,占总税费的12.02%;市政府获得的收益是1.38亿元,占总税费的71.32%;区级政府获得的收益最少,仅占总收入的1.36%。从总量看,市级政府三年间税费收入已经占同期财政收入的1.5%,2003年则达到了2.7%。因此,在农地非农化过程中,市级政府的税费收益非常显著。从单位面积的税费收益看,三年平均每征用1公顷土地可获得各种税费26.41万元,比农民集体的土地补偿金高3.91万元/公顷。这些税费中市级政府的收益是18.84万元/公顷,中央和省级政府收益分别是4.04万元/公顷和3.17万元/公顷。从中可以看出,土地征用中N市政府享受到各种税费份额最大。当然，N市政府在这一过程中也要承担失地农民的生活保障、农业综合开发建设和城市基础设施建设等艰巨任务，但这些任务即使没有农地的非农化征用，作为一级政府同样也要承担。

四、农地非农化后的土地出让纯收益

土地出让纯收益是指政府将农地征用后通过出让或划拨的方式供应给土地的使用者时获得的出让金（或划拨收入）扣除了土地征用中的各种补偿费、政府规费和政府投入土地的前期开发费用后的余额。由于本次调查是在市级层面展开，对不同用地项目的前期开发费用无法逐一统计；同时，由于地块的基础条件、开发的程度各不相同也无法对此费用精确估计，因此，下文中的纯收益没有将前期开发费扣除[①]。

根据相关规定，政府出让土地的纯收益是由N市政府直接支配，中央和省都不再分成，因此，这些纯收入实际都成为了N市政府的收入。

从总体看，无论是单位面积还是总的纯收益，新增建设用地供应后政府的土地纯收益是不断增加的。2001年土地征用后转为建设用地的总收益为0.35亿，到2003年增加到12.31亿元，三年间增加了35.2倍。2001~2003年，市级政府通过出让土地的纯收益高达17.01亿元，其间还不包括政府因吸引投资、鼓励企业搬迁、改制、以地补路等因素而减免的大量土地出让金。

[①] 从另一个角度考虑，不将前期开发费用扣除也是可以理解的。因为前期开发费主要是道路交通、水、电、通信等基础设施建设，应该由财政支出，该部分的投入也由这些设施投入使用后的相关税费回收来补偿，从而形成资金循环，因此可以不纳入土地出让的成本之中。

土地出让纯收益总量的增加主要有两个方面的原因。一是土地出让面积的增加。2001年出让的新增建设用地为351.53公顷,到2003年就剧增到679.64公顷,面积增加了近2倍。二是土地出让方式的市场化改革使单位面积出让的纯收益增加。据调查显示,单位面积土地出让纯收益由2001年的9.99万元/公顷增加到2003年的181.16万元/公顷,增加了18.1倍,这是土地出让纯收益增加的最主要原因。而单位面积土地纯收益增加的主要归因与土地出让中"招拍挂"比例的增加。与2001年相比,N市土地出让的"招拍挂"比例由原来的空白增加到2003年的63.9%,"招拍挂"出让的单位面积土地纯收益平均为319.66万元/公顷,是划拨纯收益的42.9倍,是协议出让纯收益的4.6倍,"招拍挂"、协议、划拨三者之间土地出让纯收益的比例关系是43∶9∶1。可以预见,随着土地出让中"招拍挂"方式的更多引进,土地的价值进一步显化,不但能进一步优化土地资源配置,提高资源配置效率,市级政府的土地收益也能随之而增加。

五、农地非农化配置中的土地收益分配

土地非农化收益是指农民(含村集体)、各级地方政府和中央政府等不同利益主体因为土地征用出让而得到的各种报酬或收入,主要包括两部分:农民(含村集体)的补偿款和政府的税费以及出让纯收益。他们在不同利益主体之间的分配格局既影响农地非农化配置的效率,也影响社会福利的最大化和分配公平性。

从土地征用出让全过程看,各利益主体农民(含村集体)、中央政府、省政府和市(含区政府)所得到的土地收益之间存在较大差距(表7—4)。从总量看,三年间农民共获得劳动力补偿和青苗补

表7—4 土地征用出让全过程土地收益分配关系

(单位:万元,%)

		中央	省	市	区	村集体[①]	农民
2001	总额	0	725.78	12 695.09	411.96	13 686.38	25 182.94
	比例	0.00	1.37	24.28	0.78	25.90	47.66
2002	总额	16 219	8 868.24	80 949.01	621.69	82 351.50	151 526.76
	比例	2.61	1.43	58.22	0.10	13.25	24.39
2003	总额	13 348	13 625.87	214 283.82	1 599.78	178 305.35	328 081.92
	比例	0.90	0.92	64.04	0.11	11.99	22.06
合计/平均	总额	29 567	23 219.89	307 927.97	2 633.43	274 343.20	504 791.64
	比例	1.55	1.21	56.33	0.14	14.35	26.41
单位面积平均[②]	总额	4.04	3.17	147.16	0.36	37.50	69.00

注:①为了便于分析,根据相关法规和笔者在农村调查的经验,将土地补偿和地上附着物补偿归类到村集体收益、劳动力安置和青苗费归类到农民所有。

②由于政府收益部分是来自征收环节,部分来自征地环节,而农民和村集体收益仅来自征地环节,因此单位平均中政府收益的面积与农民、村集体收益面积不同。

偿金50.48亿元，同时村集体获得的土地补偿金和地上附着物补偿金27.43亿元，但他们为此付出的土地是7 315.82公顷。各级政府共获得的土地收益是36.33亿元，是农民和村集体收益的46.63%，但这只是政府得到的征地税费和征用土地部分出让的收益。如果征用土地全部出让，政府收益还将大幅度增加。因为三年间N市共出让（含划拨）了1 325.61公顷土地，出让面积仅是征用面积的18.12%。

如果按照每征用和出让1公顷土地为计量单位来考察土地收益的分配，可以更清晰地了解各个利益主体的收益状况。据测算，农民每失去1公顷土地的补偿是69万元，村集体得到的补偿是37.5万元，分别占每公顷土地总收益的26.41%和14.35%，而各级政府在没有损失土地所有权的情况下获得了土地总收益的59.23%，其中获利最大的是市级政府，共获得147.16万元的土地收益，占每公顷土地总收益的56.33%（表7—4）。

尽管在此过程中各级政府也承担了农地复垦、耕地保护等的责任，但从总体来说，在农民和政府两者之间农民的所得份额偏小。因为农民为此是永久性地付出了他们赖以生活的土地，而政府并没有损失什么，相反还增加了国有土地面积，这部分土地经过40～70年不等的时间后又可以再出让获利。此外，土地征用和出让后，政府还可以获得其他间接的收益，如产业发展带来的税收、就业机会增加以及城市竞争力的增加等。农民的间接收益较少，因为他们既不能凭借土地分享工业化、城市化发展的成果，凭借竞争优势获得非农就业机会来分享城市化发展社会成果的能力也不高。目前，农民所得到的补偿只是对原用途的部分价值补偿，不能分享农地转为非农用途的增值收益。农民的土地权益得不到切实的保障,这无形中影响到农民作为保护耕地第一道防线的积极性和责任感,也影响到农地资源配置的效率。

从政府层面考察,市级政府获得了土地总收益的56.33%,而中央和省级政府各获得1.55%和1.21%。中央和省级政府被认为是耕地保护中的主要力量[4,5],由于他们在土地收益分配中所占比例较少,使得他们运用经济手段调控耕地保护的力度受限制,难以形成耕地保护的经济约束机制,同时也限制了他们对耕地进行数量和质量建设的经济能力。从长远考虑,这都将影响到国家的粮食安全和全体公众的社会福利。

对市级政府而言,收益的大部分归其所有,有可能成为他们加速农地非农化的经济激励机制。当然,在协议出让用地中,地方政府为"招商引资"而恶性竞争降低出让地价,从而削弱土地出让的纯收益,使市级政府土地收益下降。市级政府也可能因此为土地的前期配套开发和城市基础设施建设背上沉重的负担。同时,低地价对外招商的竞争也会扭曲土地价格信号机制,刺激土地使用者过多占用和低效利用土地,造成资源配置的低效率。

六、结论与讨论

通过对N市的实证表明,在土地征用出让全过程中,农民所获补偿为69万元/公顷,占土地出让收益的26.41%。在人均耕地不足1亩的农村,这种补偿标准既不能保证农民失地后的生活福利不下降,也影响了农民保护农地的积极性。中央和省级政府在分配中分别只占土地收益1.55%和1.21%,所占比例较少,难以对地方政府形成耕地保护的经济约束机制,使得中央和省级政府运用经济手段进行耕地保护的力度受限制。市级政府占有了土地出让收益的56.33%，既刺激了地方以地敛财，也为他们低价出让土地提供了经济空间，最终是加速了农地的过度非农化。所以，从现有的土地收益分配实际看，既没有达到收益分配的公平性，也影响了资源配置的效率性。为此，从提高资源配置的公平与效率出发，提出以下几点政策建议。

(1) 在土地收益分配中，尽可能增加农民层次的初次和再分配比例，使得农民层次获得的土地收益能建立起确保失地的未成年人和老年人的生活质量不下降、失地的农村劳动力在失业状态下能获得与城市失业者相同的待遇的社会保障体系。进一步还应探索和建立农民分享土地非农化后的价值增值的长效机制，如以地入股分红、收取土地年租金等方式，使农民也能以地生财、致富。

(2) 适当增加中央和省级政府的土地收益分配比例，以加强中央和省级政府利用经济手段宏观调控土地市场的力度，对地方形成耕地保护的经济约束机制。建立对省市的土地出让收益专门账户，所有土地出让收益实行预算内管理，地方政府按照失地农民技术培训、社会保障、耕地整理复垦等项目途径分年度申请使用该经费，以确保土地出让收益持续地用之于农民生产生活和耕地保护之中。

第四节 小　　结

总结以上各利益主体在土地收益分配过程中的博弈分析以及实证研究，可初步得出以下结论。

(1) 任何一个利益主体，都会在土地非农化收益再分配的过程中,为本利益集团或个人获取尽可能多的利益。农地使用产生的直接效益无法与土地非农化产生的效益进行比较,各个利益主体在农地使用过程中无法获取更多的收益,而土地非农化的过程为各个利益主体获取土地非农化土地收益再分配提供了机会。土地非农化土地收益的剧增提供了土地收益再分配的可能,这种可能和机会相结合,必然产生国家利益与其他利益主体的博弈,即代表国家的利益上级政府、代表土地收益代理人利益的各个土地管理机关和管理人员以及代表农民、集体和其他用地人的利益博弈。这种现象的出现,委托人处于信息不对称的弱势阶段,但只有他们是积极维护现行的土地政策,防止土地非农化的失控或过度,而作为可从土地非农化获取大量收益的代理人和用地人是积极的土地非农化的推动力量。

(2) 现行的土地收益分配机制是大量收益归地方,形成土地收益"大头在下"的分配格局,中央和省的控制只是理论上的操作,缺乏强有力的约束机制。其他各利益主体追求自身"利益最大化"的驱动下,地方各级政府利用手中的行政权力推动土地非农化的进程;农村集体也是土地收益分配中的主要利益相关者,他们作为农村集体土地产权的代表,也将不断剥夺农民对土地所拥有的权利,促进农地的非农转用。他们都是土地非农化的积极推动者,从土地非农化过程中获取再分配的收益。这种分配格局是不利于合理防止农地过度非农化的,这在政策上的含义是必须改革土地收益分配制度以抑制地方政府的土地非农化偏好。

参考文献

[1] 穆广荣等:《新土地管理法概论》,河海大学出版社,1999年。

［2］曲福田、冯淑怡等："土地价格及分配关系与农地非农化经济机制研究——以经济发达地区为例"，《中国农村经济》，2001年第12期。
［3］陈江龙："经济快速增长阶段农地非农化问题研究（博士论文）"，南京农业大学，2003年。
［4］钱忠好："耕地保护的行为逻辑及其经济分析"，《扬州大学学报》（哲学社会科学版），2002年第1期。
［5］吴次芳、谭永忠："制度缺陷与耕地保护"，《中国农村经济》，2002年第7期。

第八章 三元制度变迁模型与土地非农化

第一节 三元制度变迁模型的建构

本节将尝试把地方政府作为一个重要的制度变迁主体,加入传统的二元(中央治国者与微观主体)制度变迁模型中去,形成三元(中央政府、地方政府和非政府主体)制度变迁模型。

一、地方政府制度变迁主体地位的确立

(一)改革前的地方政府

传统的中央集权管理体制,实行资源的中央计划配置,是以指令性的计划投资和生产、管制价格、集中税收与统一金融为基础的[1]。在这种"四位一体"的传统计划体制下,地方政府只是行政等级制中的一级组织,并不具有独立利益主体的地位,缺乏经济管理权力和资源配置的功能,其经济管理权限是很小的,管理范围也十分有限。因此,在传统体制下,地方政府只是承担着一种计划"维护"的职能,只能被动地接受和执行中央政府的指令性计划。地方政府的政绩主要表现在执行中央计划的完美程度上,如绝对

服从计划安排,一丝不苟地按照计划的要求办事,按时完成计划任务,等等。在那种条件下地方政府不具备与中央政府讨价还价的能力,从而也就不存在中央与地方的博弈。

有人把我国改革前的地方政府比作尼斯卡宁官员模型中的官员机构。尼斯卡宁在1971年的《官员与代议制政府》一书和1974年的"官员与政治家"一文中,提出了官员理论模型。在这个模型中,政治家、官员机构和中间投票人(消费者)形成了一个三方博弈。政治家只能从官员机构那里购买公共物品,官员机构只能将公共物品卖给政治家,以获得生产所需的预算规模,政治家为了争取中间投票人的选票,需要提供给中间投票人所需的公共物品。假设官员不会把预算作为自由支配的收入纳入效用函数,模型给出的结论是:在给定预算额的情况下,官员将过多地供给这种物品[2]。在这个模型中,地方政府作为中央计划的执行者,只需要承担计划的协调任务,而不需要关心经济的效率如何。

(二)改革后的地方政府

随着我国宪法秩序的改变以及财政分权制度的施行,地方政府的制度供给能力得到提高,成为了一个重要的制度变迁主体。

1. 宪法秩序的改变,确立了地方政府制度创新的能力

改革开放以来,我国对中央和地方的权力结构进行了多次调整,使地方政府具备了更广泛的行政权力,增强了其制度创新的能力。1982年,中国在重新修订宪法的同时,还修订了《中华人民共和国地方各级人民代表大会和地方各级人民政府组织法》。1984年制定了《民族区域自治法》,1986年再次修改了《地方组织法》。宪法秩序的上述变化,提高了各级地方政府制度创新的权力。主

要体现在如下几方面。①确立了发挥地方各级政府的主动性、创造性的原则。新宪法明确规定了中央与地方国家机构职权划分的总原则,即"中央与地方的国家机构职权的划分,遵循在中央统一领导下,充分发挥地方的主动性、积极性的原则"。②变一级立法体制为两级立法体制。新宪法规定,省、自治区、直辖市的人民代表大会和它们的常务委员会,在不同宪法、法律、行政法规相抵触的前提下,可以制定地方性法规。新的地方组织法也规定,省、自治区的人民政府所在地的市和经国务院批准的部分市级人民代表大会及其常务委员会,可以根据本市的具体情况和实际需要,在不同宪法、法律、行政法规以及本省、自治区的地方性法规相抵触的前提下,制定地方性法规。这一变化,为地方政府进行制度创新提供了直接的法律机制。③扩大了地方政府的某些职权。新的地方政府组织法采用列举的方法,对地方各级政府的职权作出了明确规定。这些规定与1954年的地方政府组织法相比,地方政府的某些职权得到了扩大。④扩大了民族自治机关的自治权。新宪法规定,民族自治地方的人民代表大会有权依照当地民族的政治、经济和文化特点,制定自治条例和单行条例。新宪法还规定,民族自治地方的自治机关有管理地方财政的自治权,凡是依照国家财政体制属于民族自治地方的财政收入,都应由民族自治地方的自治机关自主地使用;民族自治地方的自治机关在国家计划的指导下,自主地安排和管理地方性的经济建设事业等[3]。

2. 财政体制的改革,确立了地方政府独立的经济利益和制度创新动机

针对改革之前"一灶吃饭"所固有的过于集中的弊端,从1980年开始围绕如何赋予地方更多的自主权,即如何实行所谓"分灶吃

饭",国家出台了相关的改革措施,实行多种形式的"划分收支、分级包干"体制。"划分收支、分级包干"体制打破了"一灶吃饭"的传统格局,承认了中央和地方财政各自的利益和地位,这是走向分级财政的重要一步。从1985年起,又实行了"划分税种、核定收支、分级包干"的办法,进一步划分了各级政府的事权,并以此作为核定收支范围和数量的依据。这一体制虽然实行的时间不长,但却向规范的分权制更进了一步。从1988年开始,在全国范围内实行了全方位财政包干体制。中央政府在1994年对财税体制再次进行改革。这次改革的重点是借鉴发达国家经验,把包干制改为在合理划分中央与地方事权基础上的分税制,建立中央税收和地方税收体系;按照统一税法、公平税负、简化税制、合理分权的原则,改革和完善税收制度。

如果地方政府仅仅是制度创新的能力得到提高,而与中央的利益高度一致,那么地方政府在制度变迁的过程中将与中央政府的制度创新协调一致,并不能成为单独的制度变迁主体。我国财政体制的以上改革,承认了中央和地方财政各自的利益,使地方政府成为了独立的利益主体,具备了制度创新的动机,促成地方政府成为追求潜在制度收益的重要制度变迁主体。

二、三元制度变迁的需求与供给

根据上文的分析,我国地方政府已经成为具有制度变迁能力的独立经济利益主体,是我国制度变迁中的重要主体。因此,在我国制度变迁的分析框架中,必须将政府主体区分为中央政府和地方政府,将我国制度变迁的主体划分为中央政府、地方政府和非政府主体。下面将在西方新制度经济学制度变迁理论的基础上,尝试将地方政府纳入到分析框架中去,构建对我国制度变迁更具解释力的制度变迁模型——三元制度变迁模型。

(一) 制度变迁的需求

当存在制度失衡时,新制度安排的获利机会就会出现,产生了制度变迁需求。假定初始状态是制度均衡,不均衡可能来自以下的外部冲击[4]。

1. 制度服务需求的变化

对于制度服务需求的变化,有三个方面的重要因素。第一,要素和产品相对价格的长期变动。要素和产品相对价格的长期变动,是历史上多次产权制度安排变迁的主要原因之一。某种要素相对价格的上升,会使这种要素的所有者相比其他要素而言获得相对更多的利益。某种产品价格的上升,也会导致用来生产这种产品要素的独占性使用更具吸引力。要素和产品相对价格的提高,使得采取较高的交易成本来确保要素的独占性也变得有利可图。第二,一个特定安排的变动会导致对其他安排的服务需求发生相应变动。某个制度结构中制度安排的实施是彼此依存的。因此,某个特定制度安排的变迁,可能引起对其他制度安排的服务需求。第三,为了利用或对付由新技术带来的外部性或调整收入流在要素所有者之间的分配,就要求有新制度安排。例如,新技术产生了潜在的规模经济效应,需要新的制度安排和利用新的潜在外部效果。再如新技术的产生和运用,使得原有的收益分配方式显得不再合理,需要调整收益分配方式。

2. 交易费用的外生变化

交易费用的外生冲击会改变一种制度服务的供给曲线,从而构成制度变迁的另一个来源。交易费用的变化来自技术、意识形态、法律或者其他制度安排的变化。例如私有产权的确立特别需要的条件是(指与其他条件相比时)：产权所有者得自产权的收益要大于他排除其他人使用这一产权的费用。当费用过高时，财产将成为共同所有。而技术的变化可能使排他性产权的建立更为便宜，促成了私有产权的发展。

3. 制度选择集的变化

制度选择集的变化可能源于以下原因。第一，相应的社会科学知识存量的增加。社会科学的进步能改进人心的有限理性，因而不仅能提高个人管理现行制度安排的能力，而且还能提高他领会和创造新制度安排的能力。第二，与其他经济的联系。长期封闭的经济运行可能会延缓人们对与物质进步不相适应的态度和习俗的变革，而与其他经济的接触，能够促使人们怀疑现存的习惯，推进新制度的产生。第三，通过借用其他社会制度安排来增加制度选择集合。这种借鉴方式极大地降低了在基础社会科学研究方面的投资费用。当然，因为一个制度安排的效率极大地依赖于其他有关制度安排的存在，因此还必须在引用其他社会制度安排之前进行本土化的社会科学研究。第四，制度选择集合还可能因政府政策的改变而扩大或缩小。由于某些原因政府可能将某些制度安排从制度选择集合中剔除出去。因此，取消一种带有限制性的政府政策的效应，相当于扩大制度选择集合。

以上三个方面的因素对现有制度安排的冲击，促成了潜在利润的形成，这些潜在利润包括：①规模经济的实现；②外部性的内部化；③风险的分担和规避；④交易费用的减少。这些利润无法在现存的安排结构内实现，导致了一种新的制度安排(或变更旧的制度安排)的需求。

处于转型阶段的中国,由于各种外部因素的变化,产生了诸多的潜在收益,具有广泛而又强烈的制度变迁需求。就我国而言,影响我国制度变迁需求的主要因素有以下几个方面。①要素价格的变化。由计划经济体制向市场经济体制转型的过程中,各种要素的配置方式由原来的行政调配转变为通过价格信号在市场上的自由流动,要素的丰裕程度通过价格信号得以体现。并且随着我国产业结构的调整,国外市场的开拓,要素的价格处于不断的调整变化之中。②相关制度的变动。由于转型期我国处于制度创新的多变期,相关制度的变动频繁,不断打破已有的制度均衡状态。③科学技术的迅猛发展。国家充分认识到科学技术的重要性,将科学技术作为第一生产力,对科学技术进行了大量投资,并且由于用人机制的改变,极大地发挥了人的创造性和积极性,促进科学技术的迅猛发展。④社会科学知识的丰富。改革进程中,封闭保守的意识形态被不断被打破,取而代之的是开拓进取的探索精神,社会科学领域的研究不断深化和切合实际。与外界的经济接触,进一步促使人们以怀疑的眼光来判断周围的世界,改革陈旧的制度,西方市场经济体制的成功经验也为我国提供了良好的借鉴。⑤法律秩序的改变。转型的过程,同时也是新的法律秩序代替旧法律秩序的过程,这一过程中,许多原来所禁止的制度被允许甚至鼓励,增加了可行的制度选择集。

(二) 制度变迁的供给

各个制度变迁主体对该制度变迁的态度,取决于该主体在一定目标导向上的预期收益和费用,只有当制度变迁的成本低于制度变迁的收益时,制度变迁主体才具有提供制度安排的意愿,如果新的制度安排将导致一些利益主体的经济利益受损或政治权威下降,并且得不到相应的补偿,那么,新制度的供给过程将受到这些受损者的抵抗。

1. 非政府主体与制度供给

非政府主体是相对于政府主体而言的,包括个人和非政府团体。非政府主体的目标比较简单,就是最大限度地获取经济和非经济收益,以实现自身福利最大化。微观主体的效用函数可以表示为:$U(X_1)=U(a,b)$,a为个人物质福利;b为非经济利益,如市场自由化和精神追求等。

一般来讲,非政府主体的制度供给会碰到外部效果和"搭便车"问题。产生外部效果的原因,是因为制度安排并不能获得专利。当一个制度安排被创造出来后,其他群(个)体可以模仿这种创新并大大降低他们组织和设计新制度安排的费用。因此,非政府主体的报酬将少于作为整体的社会报酬,由非政府主体提供的制度供给将少于作为整体的社会最佳量。另一方面,由于许多制度供给(如产权变更等)必须得到政府的认可,这进一步限制了非政府主体的制度供给能力。

2. 中央政府与制度供给

处于社会经济、政治权力中心的中央政府,其效用函数可以表示为:$U(X_2)=U(c,d,e,f)$,c为社会总产出的影响;d为垄断租金的影响;e为国家稳定的影响;f为各阶层满意程度的影响。

中央政府的政治经济目标决定了中央政府的制度供给并不能保证有效制度安排的产生。具体原因包括:①自行其是的权力和统治者的偏好。统治者的利益和国家经济增长之间如果联系越弱,统治者越可能试图避开产权以获取最大化的剩余索取。当受到威胁时,统治者就越倾向于实行掠夺性的税收和其他不利于经济增长的政策。同时,即使统治者致力于增加国民财富,但如果发现和理解制度失衡以及设计和制定适当的新安排所需的信息太复杂或太困难,即使有政治愿望,统治者也不能承担起这种改革。②意识形态的僵化。统治者为了减少统治的交易费用,一般会向他们的选民灌输维持统治者权力合法性的意识形态来使他们的专制统治合法化,即使制度失衡出现,由于惧怕放弃旧的官方意识形态可能削弱统治者权力的合法性,统治者会维持旧的、无效的安排,努力净化意识形态。即使新统治者上台更换了新的意识形态,随着经济的发展,新的意识形态也会束缚将来的进一步改革。③官僚的自行其是。作为统治者的代理人,官僚的个人利益与统治者和统治者的委托人——人民的利益不同。统治者颁布的政策注定要被歪曲以有利于官僚。有效的官僚制度本身并不能保证制度改革的成功。事实上,它甚至可能延迟必要的变迁。然而,如果统治者能够限制官僚的自行其是,如果政策能保证官僚制度的有效运行,那么制度改革成功的可能性就会大大增加。④利益集团的冲突。由于制度变迁经常会引起财富、收入和政治权利在选民中不同集团之间的重新分配,如果这种变迁的受害者不能得到补偿,他们会反对制度变迁。甚至当一项既定改革所带来的收益和损失的分布不确定时,也可能导致事后受益者反对改革,把改革的日期延后。这样,一项制度改革在存在利益冲突的情况下,统治者可能会失去原来的支持者,甚至会增强潜在竞争对手的实力,因此,即使存在可以提高整个社会福利的制度,统治者也可能延迟甚至完全拒绝制度改革。⑤社会科学知识的局限。即使政府有意发起一场正确的制度改革,也会由于知识欠缺或不知如何推行它而无法进行。社会科学知识的贫乏在欠发达国家制度改革的设计中表现得尤为严重。其缺陷不仅在于不知道如何发现有利的制度,也在于不知如何建立它们。

以下是一个泰国的例子[5],较好地反映了中央政府作为供给主体可能导致的制度短缺问题。

第二次世界大战前泰国的灌溉政策,尽管它能为社会带来净利益,然而因为统治者的净利益与社会净利益的冲突,却未被采用,导致了政府引致投资机制的失灵。

由于19世纪泰国经济与世界经济的一体化和大米价格的上涨,大米出口形势突然好转,因而水稻耕种面积和大米出口量激增。这些趋势引起的一个重要反应是实际地价上涨,进而使政府把注意力集中到了旨在提高土地生产率的干预上:农业研究与灌溉投资。对能使土地生产率提高的技术变化和制度变化的需求,在20世纪初由于官员们关注土地生产率的明显下降而强劲起来。由于湄南河谷中央平原——该区占大米出口的绝大部分——的自然特点,为了给中央平原提供灌溉服务,必须修建一座大坝和广泛的运河网。河谷地势坦荡,无法建设高效的又是小型的水利工程,或进行零敲碎打开发。灌溉设施的不可分性以及一个在地理区内实现直辖市的必要性,说明只有中央政府才能承担这一任务,而不是各级政府或当地集体行动团体。后者以往在泰国北部提供灌溉服务上一向很重视,那里的小山谷有利于兴建高效小型水利工程。

1902年晚期,在湄南河畔的猜那兴建一座水坝的建议出台。该工程由荷兰一名著名的灌溉工程师J. 霍曼·范德海德设计,1902年至1909年间,他一而再,再而三地阐述其建议,且以一项周密的计划证实他的论点,该计划内含政府财政成本和效益(增加了土地税、水费)的估计数。其后使用社会成本和效益分析框架所作的分析,证实了范德海德所提出的论点:该工程能给泰国带来大量的净社会利益。一旦完工,该工程能带来19%～22%的内部投资收益率,与同期其他基础设施,例如铁路投资的收益率相比,这也是一个有利的投资收益率。再者,到了20世纪10年代晚期或20年代初期,就提高水稻产量来说,灌溉投资是一种比扩大耕种面积投资更为廉价的途径。而且,有证据表明这种投资的潜在社会收益率是高的。

尽管范德海德和其他灌溉投资拥护者的论据颇有说服力,泰国官员也十分熟悉运河开发的利益,但灌溉建议还是一再遭到否决,直到第二次世界大战以后,由于有世界银行支持,范德海德设计的水利工程才最终得以完成。

导致灌溉工程计划延期实施的原因主要有两方面:一是国家安全目标与经济发展目标之间的冲突。在此时期的大多数年份内,泰国始终面临帝国主义的威胁。此威胁对泰国的财政也有重要影响,使泰国增加财政收入、支持政府投资的能力十分有限。泰国又不愿债台高筑,冒受外国干涉的风险。因此,仰仗外国贷款的灌溉投资就没有吸引力;反之,继续依赖私人投资扩大播种面积,则运用国家财力少一些,冒受外国干涉的风险也最小。

二是政府高层官员的私人利益与国家的经济利益之间存在冲突。如果范德海德的计划实施了,中央平原大部分地区有了灌溉之利,居民就会离开Rangsit地区(在那里,很多政府官员和王室成员拥有土地),移居新辟灌溉区。第二次大战前的时期在中央平原所作金额最大的灌溉投资,是Pasak水利工程,该工程的设计,旨在使Rangsit地区得益。Rangsit地区还是1916～1917年间所建泰国第一座水稻试验站所在地。由此可见,当政府官员会成为公共投资主要受益者,对采取干预措施、提高土地生产率的要求就会得到满足,而当这种干预影响有损于政府要员的利益时,这种要求就不会满足。

在兴修水利工程和开展农业研究等对提高土地生产率方面所作的投资,虽说符合整个社会的利益,由于它并没有给政府领导人带来利益,结果是除了某几个地区上层决策者能够比较容易地获得利益以外,其余地区均为投资不足。

3. 地方政府与制度供给

在传统体制下,地方政府只是承担着一种计划"维护"的职能,只能被动地接受和执行中央政府的指令性计划。地方政府的政绩,主要表现在执行中央计划的完美程度上,如绝对服从计划安排,一丝不苟地按照计划的要求办事,按时完成计划任务,等等。

以财政权力下放为主的地方分权的改革,使地方政府的最优化问题归结为在地方政府收入和公共产出成本约束下的经济利益最大化,地方政府因此成为具有独立经济利益的政治组织。中央政府和地方政府的关系不再是单纯的行政隶属关系,而具有了契约关系的性质,中央政府和地方政府的利益偏好不再是"铁板一块"[6],在一定程度上成为了具有不同权力、利益和行为目标的平等的经济主体。因此,分权让利改革,使地方政府一改原来主要作为中央政府下属行政代理的单一身份,而具有了明显的双重利益代表身份的特征:它既是国家宏观调控管理的一个层次,代表中央政府的整体利益对本地区的经济和社会发展进行调控,同时它们又是本地区特定的利益代表者,肩负着发展本地经济的任务。

由此,分权让利改革后地方政府的效用可以表示为:$U(X_3)=U(g,h,i,j)$,g 为中央政府的满意程度;h 为政绩的因素;i 为地方政府的垄断租金;j 为微观主体的满意程度。需要强调的是,在以上影响地方政府效用的因素中,发展地方经济,提高财政收入,是我国地方政府的首要目标。原因在于财政体制改革使地方政府的收入来源发生了变化。改革前地方政府的收入主要来源于中央政府拨款,实行财政分权后,地方政府的收入(这些收入包括上缴中央政府后税收的地方留成部分、预算外收入以及地方政府的寻租收入等)直接与本地区经济发展相关。为了获取足够的财政收入生产本地的公共物品,并且满足上级政府的政绩考核要求,发展地方经济,提高财政收入,就成了我国地方政府的首要目标。根据有关部门的调查,转轨时期地方政府认为在其职能中提高经济的发展速度、增加地方财政收入是主要的(表 8—1)。

表 8—1 地方政府职能(问卷调查结果)

地方政府职能	排序	综合得分
A. 提高经济发展速度	1	7.71
B. 增加地方财政收入	2	5.38
C. 完成国家各项计划		0.90
D. 领导和管理企业		0.33
E. 维护市场秩序		0.19
F. 提高就业水平		0.29
G. 完善区内社会保障		0.10
H. 完善投资环境	3	4.86
I. 保护本地区生态环境		0.19
J. 其他		0.05

资料来源:参考文献[17],第 117 页。

同中央政府一样,地方政府在其行政区域里也是"权力中心",它只不过是个缩小了的"权力中心"而已。其行为目标要追求其垄断租金最大化,又要考虑降低交易费用促进本地区经济增长。地方政府的制度供给也不能保证有效制度安排的产生。

4. 制度供给的过程

作为一个整体而言,社会将从抓住获利机会(它由制度不均衡产生)的制度安排创新中得到好处,产生制度变迁的需求。然而,这种需求是否能够导致制度供给,取决于赞同、支持和推动这种制度变迁的行为主体集合在于与其他利益主体的力量对比中是否处于优势地位[7],因此,理解制度的供给,必须要理解各个制度变迁主体成本—收益计算后的行为博弈过程。

这个过程可以用图8—1表示。

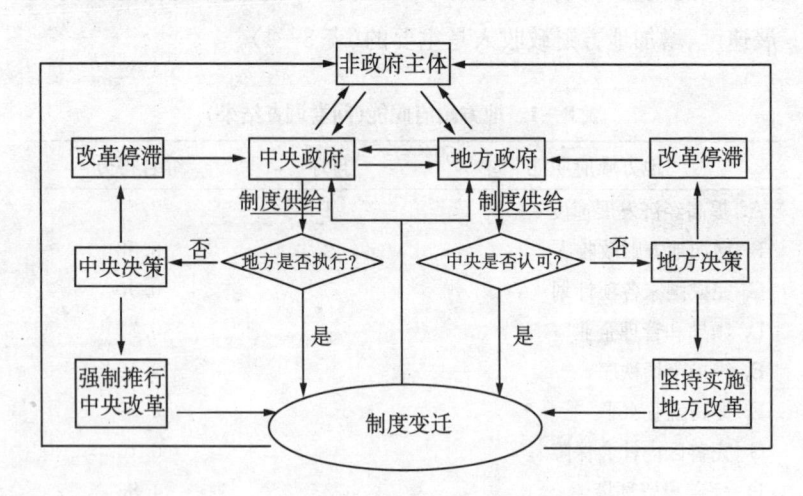

图8—1 制度供给的过程

第八章 三元制度变迁模型与土地非农化

需要解释的是,中央政府、地方政府和非政府主体三元主体在制度供给中的地位不同。非政府主体由于搭便车问题,并且该主体的制度创新必须得到政府的承认才能导致正式制度的变迁,所以非政府主体并不能导致直接的制度创新,不过它的行为会影响地方政府和中央政府的效用函数,从而导致地方政府和中央政府对制度创新的重新考虑。由于地方政府和中央政府具有较大的资源配置权以及合法使用暴力的权力,能克服搭便车问题,所以它们的制度供给行为以及它们之间的行为互动决定着制度变迁的方向。

(1) 制度供给的路径一:制度服务需求的变化、交易费用的外生变化以及制度选择集合的变化打破了原有的制度均衡。中央政府经过权衡,认为预期制度创新的收益超过制度创新的成本,决定进行制度供给。

地方政府具有和中央政府不同的目标函数。对于中央的制度供给,如果地方政府能够在新的制度安排中增加净收益,或者地方政府认为拒绝变革受到的惩罚和其他附加成本将超过损失的收益,则地方政府会执行中央的制度安排。此时,制度变迁就产生了。

如果地方政府认为在新的制度安排下,自身利益会受损,并且认为拒绝变革受到的惩罚和附加的其他成本小于损失的利益,那么,地方政府会产生经济"对抗"的冲动,采取相应的对策,扭曲所要传递的制度创新信息、改变制度创新的方案,使制度朝着有利于自己的方向创新,阻碍中央政府的制度供给,尽可能减少或避免自身(地方)利益的损失。地方政府阻碍中央政府的制度供给的表现形式有[8]:①制度执行表面化。这种表现形式类似于荷兰学者

H. 布雷塞斯(Hans Bressers)和 M. 霍尼赫(Mac Honigh)所说的"象征性合作",就是指地方政府假装合作,而实际上并未合作。在实际执行中,这种情况包括口头上支持中央政策,或以书面形式表态,但没有按照中央政府的期望做任何事情[9]。②制度执行局部化。制度执行局部化是指作为制度执行者的地方政府在执行中央政府的制度时根据自己的利益需求对中央政府的原有精神实质或部分内容任意进行取舍,对自己有利的部分就贯彻执行,不利的内容则有意曲解乃至舍弃。国外也有学者把这种行为称为"选择性执行"。③制度执行扩大化。制度执行扩大化是指地方政府在执行过程中为了个人利益或局部利益,给所执行的中央政府的创新制度附加了一些原来所没有规定的不恰当内容,影响了既定制度创新目标的有效实现。

中央政府对于地方政府在制度变迁中的阻碍行为采取什么态度,取决于中央政府强行推进制度变迁的成本和收益,这里的成本和收益既有政治上的,也有经济上的。如果收益大于成本,那么中央政府会采用经济的政治的手段继续推进制度变迁;如果收益不足以弥补继续推进制度变迁所需的成本,那么中央政府可能默认地方政府的阻碍行为,重新考虑制度供给,形成制度的"软约束"。

制度变迁发生后,中央政府、地方政府和非政府主体三者在新的制度安排下的权力和利益得到了再调整。如果某主体认为还存在潜在制度收益,则制度创新将延续下去,直至制度均衡。

(2)制度供给的路径二:制度服务需求的变化、交易费用的外生变化以及制度选择集合的变化打破了原有的制度均衡。地方政府经过权衡,发现预期制度创新的收益超过制度创新的成本,决定进行制度供给。

中央政府对于地方政府在制度变迁中的自发创新行为的态度,取决于在地方政府为追求潜在制度收益而逐渐改革的制度结构中,中央政府的收益变化及维持对进入权管制成本这两个因素。如果地方政府愿意用上缴部分额外收益来换取上级的事后追认,使中央政府在新制度结构中的收益增加,或者中央政府为保护旧的产权结构的成本大于其从新产权规则中失去的收益时,就会容忍和追认地方政府为追求更多的生产性利润所从事的制度创新活动。这种情况下,制度变迁得以产生。

当中央政府为保护旧的产权结构的成本小于其从新产权规则中失去的收益时,中央政府就会制止地方的自发制度创新行为,维持原有的制度。

对于中央政府对制度创新进入权的管制,地方政府会通过以下途径争取可获取潜在制度收益的制度创新进入权。一是地方政府通过各种正式与非正式渠道向上级传递反映本地利益的制度创新需求,并力图使这一需求转变为权力中心的正式制度供给方案,从而直接获得进入权。二是改革方案一旦形成后,地方政府为获得改革试点权而展开竞争。能否优先获得进入权,既取决于权力中心认同的改革方向,还取决于地方政府讨价还价的实力。三是没有获得进入权的地方政府将会通过变通的方式,以能否实现本地利益最大化的标准理解和实施权力中心的制度供给意愿,使实际的制度安排多少有些偏离权力中心的制度供给意愿,从而变相获得部分进入权。四是采取先斩后奏、暗中模仿试点改革等途径突破进入壁垒,争取潜在制度净收益,然后再凭借其经济实力与上级讨价还价,最终争取自发进行的制度创新得到正式的认可[10]。如果地方政府经过权衡认为突破中央对制度创新进入权管制的成本大于制度创新所带来的收益,地方政府会停止制度供给行为,重新考虑制度供给。

同路径一一样,制度变迁发生后,中央政府、地方政府和非政府主体三者在新的制度安排下的权力和利益得到了再调整。如果某主体认为还存在潜在制度收益,则制度创新将延续下去,直至制度均衡。

第二节 土地征用的理论与现实

公共利益日益受重视导致了产权由最初的绝对性向社会性转变,从而催生了政府的征用权。而宪法对个人财产权的保障又决定了补偿是征用实施的要件之一。因此公共利益和征用补偿是土地征用理论的基础。

一、公共利益——土地征用权存在前提

土地征用是政府为了公共利益而依法强制取得他人土地并给予补偿的行为。从概念中我们可以发现土地征用具有四个主要特征。一是公共目的性。土地征用权的合理性在于其结果将符合社会整体利益。二是强制性。土地征用权是以国家权力为依据而进行的,具有强制性的行政行为。三是权属转移性。因公共利益需要,国家限制被征用者对其土地自由处分,责令其将相应产权向国家转移。四是补偿性。基于公平、正义原则,当国家牺牲无责任特定人的合法权益以满足其他社会成员的利益需求,就必须对受损害的特定成员给予公平合理的补偿。

土地征用权的设立是随着所有权由绝对性向社会性转化而产生的。在经济发展的早期,人们的土地利用行为比较单一、简单。此时,所有权具有绝对性和无限制性,所有权的概念是建立在个人主义之上的。随着经济的发展,土地利用中的个人利益与社会利益之间的冲突日益增多,甚至出现了个人随意滥用其所有权而损害社会利益的现象。个人利益与个人生活质量密切相关,而社会利益关注的是整个社会的稳定与发展,更重视全体成员的共同利益,当个人利益与社会利益发生冲突时,社会公共利益必须优先考虑。基于这种思想,19世纪末以来,个人主义的所有权概念日渐式微,土地所有权的社会性逐渐成了土地产权的重要特征之一。政府基于公共利益的需要,对所有权的行使作出了一定的限制,土地征用就是主要的形式之一,但这种权力的行使必须确保征用后的土地对社会、公众产生较原财产所有人使用时更高的公益价值。由于土地征用同土地所有权受法律保护的原则冲突,容易引起土地征用权是否合宪以及是否滥用的争论。因此,公共利益性是土地征用权合理行使的唯一标准和界限。

公共利益是指社会普遍的利益。这个概念具有高度的抽象性,而由于利益是一个相对的概念,因此,公共利益的内容具有多面性和不确定性。公益概念实际上是一种价值判断,必须以一个变迁中社会的政治、经济、社会及文化等因素及事实作为考量该价值的内容[11]。土地征用中的公共利益可分为绝对公共利益和相对公共利益两个层次。绝对公共利益是一个社会广泛承认的,独立于社会、国家现时的政策之外的社会价值,如国民健康、教育、公共交通等;相对公共利益是根据不同的发展阶段,经由政府和民众选择的,符合社会、国家急需原则的阶段性重要社会利益,如经济重建初期,经济发展就是公共利益。因此,公共利益是一个动态的概念。以公共利益为理由的征用应是国家实现公共利益的最后手段。为防止土地征用权的滥用,征用必须严格遵守比例原则,在满足社会、国家急需,并尽可能保障人民的财产权利的前提下行使征用权。

二、土地征用补偿的理论与原则

现代法治国家将保障人民的自由权和财产权当作国家存在的主要目的。因此,土地征用补偿是因国家或政府征用权的行使,对于特定人发生经济上的特别损失,而由国家或政府对受损失的人赔付金钱的义务。不同的社会经济发展阶段具有不同补偿理论,历史上土地补偿的理论主要有既得权说、恩惠说、社会职务说、公用征收说、公共负担平等说、特别牺牲说等。

既得权说以自然法思想为基础,认为人民的既得权既然是合法取得的,就应当得到绝对的保障,即使是由公共利益的需要使其遭受经济上的特别损失,也应当基于公平的原则给予补偿。这是最古老的补偿学说。而恩惠说以公益与国家权力有绝对性为前提,认为国家侵害个人权利给予补偿,完全是出于国家的恩惠。这种学说具有专制色彩,难以说明现代的土地征用补偿制度。公用征收说认为国家法律既保障个人的财产权利,但同时也授予国家征收私人财产的权利,对于因公共利益的需要而作的合法征用,国家可以不承担法律责任,但仍应给予个人相应的补偿,以求公平合理。社会职务说摒弃权利天赋观念,认为国家为了使个人尽其社会一分子的责任,首先应承认个人的权利,这是实现社会职务的手段。所有权具有自由和义务双重性,但人民的财产被征用后,国家酌量给予补偿,才能使其社会职务得以继续履行。公共负担说和特别牺牲说均认为,政府的活动是为了公共利益而实施,其成本应由社会全体成员平均分担。

随着经济的发展,人民财产权利意识的增强,特别牺牲学说日渐被广泛接纳,该学说源于公共负担平等说,由19世纪末德国学者奥特·玛雅(Otto Mayer)提出。此说基于法的公平正义观念,认为国家合法征地行为,对人民权利所造成的损失超出了行使所有权的内在社会限制,与国家课以人民一般的负担不同,它是使无义务的特定人对国家所作的特别牺牲,这种特别牺牲具有个案性质,因此应当由全体人民共同分担给其以补偿,才符合公平正义的精神。如林纪东基于特别牺牲学说认为土地补偿的本意在于"对于因公益之必要,经济上蒙受特别牺牲者,为调节之补偿,以实现正义公平之理想,而期法律生活之安定"[12]。

近现代,基于特定补偿理论确定的补偿原则主要有完全补偿原则、不完全补偿原则和相当补偿原则。完全补偿是指以被征用人完全回复到与征用前同一的生活状态所需要的代价为补偿标准,这种补偿不仅包括直接损失,还包括因此而造成的间接损失,甚至还包括非经济上的损失。目前发达国家的征用补偿以完全补偿居多。不完全补偿的原则,补偿范围仅限于被征用的财产的价值;可以量化的财产上的损失、迁移损失、营业损失以及各种必要的费用等具有客观价值而又能举证的具体损失,也给予适当的补偿。相当补偿原则认为"特别牺牲"的标准是相对的、活动的,因此对于土地征用补偿应视情况不同采用完全补偿或不完全补偿的标准。一般情况下,本着宪法对财产权和平等原则的保障,特别的财产征用侵害,应给予完全补偿,但在特殊情况下,可以准许给予不完全补偿[13]。

土地征用补偿是基于保障公民财产权而提出的。随着私人产权由绝对性向社会性转化以及个人财产权意识的增强,土地征用补偿理论逐步从既得权说过渡到恩惠说及至现代的特别牺牲学说。而补偿的原则也随着经济的发展水平,国家财政实力的转变而改变。例如德国在一次大战以前强调对财产权人的充分保障,因此在征收土地时采取了完全补偿的原则。如1874年《普鲁士土地征收法》规定征收的补偿原则是"完全补偿",并且是市场导向的"从宽补偿"原则。在二战后德国颁布的基本法规定征用补偿采取公平补偿的原则,但在国家重建时期,由于国力衰弱,实际采取了不完全补偿原则。到了经济复兴后,又回复采取完全补偿的原则。目前发达国家或地区的土地征用补偿范围通常都比较宽,在补偿价格上一般以市场价格为计价标准,因此被征用者能得到比较公正合理的补偿。综上所述,我们可以发现土地征用补偿的理论与原则的选择应与社会经济发展水平相适应。

三、我国土地征用中的主要问题

我国的土地征用制度脱胎于计划经济时代,内生于当时的重工业优先发展战略。随着经济的发展,土地征用制度虽几经改革,但征用范围、补偿标准等基本问题却一直没有得到解决。有学者认为当前我国的土地征用制度是耕地非农化的绿色通道[14],是农地过速非农化的制度根源。

(一) 征用权的滥用

土地征用是指国家为了公共利益的需要,将集体所有的土地转变为国家所有土地的强制手段[15]。《土地管理法》规定:"国家为公共利益的需要,可以依法对土地实行征收或者征用并给予补偿。"也就是说,农用地征用的目的性很明确,即为了满足社会的公共需要(相对应的可称为公共用地)。"公共利益"应当指从事国防、军事、教育与慈善事业、水利事业、国家机关的公共建筑事业、公用事业及其他由国家政府或者民间资本兴办的以公共利益为目的的事业。在实际操作中,国家为了进行经济建设也可以动用征用权,从目前发展阶段看,将所有经济建设都归为公共利益的行为,广义化了公共利益的涵义,导致了土地征用权的滥用。

我国的土地公有制存在着两种形式,即全民所有制和劳动群众集体所有制。《土地管理法》规定"任何单位和个人进行建设,需要使用土地的,必须依法申请使用国有土地;但是,兴办乡镇企业和村民建设住宅经依法批准使用本集体经济组织农民集体所有的土地的,或者乡(镇)村公共设施和公益事业建设经依法批准使用农民集体所有的土地除外"。随着经济的发展,土地的非农需求日益扩大,在现行的制度框架下,非乡镇企业要取得建设用地必须使用国有土地,由于国有土地的有限性,国家必须以土地征用的方式来满足土地的需求,从而导致非公共目的用地需求以公共用地的名义和方式征用来满足。如各地通过土地征用设置的开发区,1996年全国非农建设用地清查资料显示,到1996年底,全国已有各类开发区4 210个,其中省级以下滥设的3 082个,占73.2%。开发区的土地绝大多数是通过征用的形式获得,而开发区中的许多企业用地很难与严格的公共利益用地挂上钩。根据国土资源部在16个省(区、市)对各类建设项目用地的调查,征地项目不仅包括交通、能源、水利等基础设施,工商业、房地产等经营性项目征地占到总量的22%,学校、企业用地等也占到13%。东部某省会城市的项目用地中,真正用于公共利益的不到10%,大量是经营性用地。这种征用目的扩大化的现象是我国政府在行使土地征用权中最普遍的问题。

在计划经济时代,国家的任何投资都被理解为具有公共目的的属性,因此土地的征用范围无所不包。随着经济的转型,投资主体逐步多元化,许多企业的用地并不是直接为了公共的目的。即使是国有企业,作为独立的法人,同非国家投资的企业一样,都是以利润最大化作为经营目标,按照土地征用权的定义,许多用地已经不适合用征用的形式提供。因此国家通过其行为征地用于经济建设,存在着不可回避的理论问题[16]。通过以上分析我们认为我国目前存在着土地征用范围扩大化,土地征用权滥用的现象。

(二) 征用补偿范围窄、补偿标准低

土地征用是典型的公权行为,是国家行使主权的一种表现,土地征用补偿是公法上损失补偿的一种,这是基于公正合理的原则对无特定责任人由于土地征用而致的特别牺牲给予补偿。这种补偿以不降低被征用人的生活水平为基准。从理论上讲,补偿的范围及标准以财产所有人的损失而不是征用者的所得为基准;以开放市场上的公平价格作为赔偿的参照系,财产对所有者的特殊价值、失去财产的间接损失等因素也要综合考虑[17]。国际上发达国家土地征用的补偿大多按照完全补偿的标准,以体现公平正义的精神。

我国征地制度脱胎于计划经济时代,带有计划经济的浓重色彩。目前我国的土地征用补偿存在征用补偿范围窄,补偿标准低

第八章 三元制度变迁模型与土地非农化

的现象。新土地管理法确定的农用地征用补偿范围主要包括：土地补偿费、劳动力安置补助费、地上附着物和青苗补偿费。补偿的范围仅限于与土地有直接联系的一部分损失，残地损失和其他间接的损失没有列入补偿的范围。与市场经济国家相比，我国农用地征用补偿的范围显得相当窄。

与补偿范围窄同时存在的问题是补偿的标准低，难以保证被征用人应有的经济利益。新的土地管理法规定，征用耕地的土地补偿费、安置补助费以被征用耕地前三年平均产值的倍数来计算，土地补偿费和安置补助费的总合不得超过土地被征用前三年平均年产值的30倍。土地补偿费和安置补助费以农地收益来计算，并没有反映农地转为非农地的预期收益，失去土地的村集体及村民受益程度低。这样的补偿标准，属于市场外的产物，未得到市场的检验与认同，完全是政府行为的结果[18]。被征用人的利益在土地征用补偿中没有得到应有的体现，1994年，浙江省富阳、永康和义乌三市的平均土地出让地价分别为平均征地费的14.4倍、18.2倍和37.3倍[19]。我国的征地补偿标准体现政府单方面的意志，国家和地方重点建设项目涉及征地的补偿标准往往很低，有的甚至没有补偿，补偿不到位的现象时有发生[20]。

从土地征用补偿的范围和标准来看，我国的土地征用补偿具有不完全补偿的痕迹，但与发达国家不完全补偿的标准还有较大的距离，与发达国家采用的完全补偿标准的差距更大。

计划经济时代低价征用土地的政策内生于我国当时实行的重工业优先发展的赶超战略。由于当时资本稀缺的资源禀赋状况与重工业资本密集型的特征相矛盾，政府便人为压低利率、汇率、工资、生活必需品、能源和原材料价格，以扭曲的要素价格通过计划手段推动重工业优先发展[21]。在农业上,国家一方面通过农产品统购制度和工农业产品价格的剪刀差和农业税,从农业中积累工业所需资金,另一方面通过土地征用,以强制的不等价交换方式从农村取得工业化所需的廉价土地。经过20世纪50年代到70年代末近30年的资本原始积累,我国初步完成了工业化的任务。

第三节 我国征地制度变迁

一、制度变迁的需求

土地征用制度改革的需求,首先源自于农民。而促使农民产生征地制度改革需求的,主要是建设用地价格的上涨和农民政治力量的提升这两个因素的共同作用。

(一)建设用地价格的上涨

根据美国城市地理学家诺瑟姆逻辑斯谛曲线的描述,可以将城市化全过程划分为初期、中期和后期三个阶段。①初期阶段(城市人口占总人口比重在30%以下)。这一阶段农村人口占绝对优势,工农业生产力水平较低,工业提供的就业机会有限,农业剩余劳动力释放缓慢。因此要经过几十年甚至上百年的时间,城市人口比重才能提高到30%。②中期阶段(城市人口占总人口比重在30%~70%之间)。这一阶段由于工业基础已比较雄厚,经济实力明显增强,农业劳动生产率大大提高,工业具备了吸收大批农业人口的能力,城市人口比重可在短短的几十年内突破50%而上升到70%。③后期阶段(城市人口占总人口比重在70%~90%之间)。

这一阶段农村人口的相对数量和绝对数量已经不大,为了保持社会必须的农业规模,农村人口的转化趋于停止,最后相对稳定在10%以下,城市人口比重则相对稳定在90%以上的饱和状态。中国在1995年的城市化率按统计部门公布的数字为30%,1990年为26.41%,如将进城农村人口包含在内,可以断定中国当在20世纪90年代初期城市化率就已经达到30%,按上述逻辑斯谛曲线判断,此后便进入了城市化加速推进阶段。

城市化的加速至少从以下两个方面提升了建设用地的价格。第一,城市化是一个地域空间变化过程,包括区域范围内城市数量的增加和每一个城市地域的扩大,这造成了对建设用地的巨大需求。巨大的需求与有限的土地供给之间的矛盾,有力地提高了建设用地的价格。第二,城市化是一个不断进行土地投资开发的过程,在这个过程中,城市基础设施的投资,城市产业集聚效应的产生,对周边地区产生了辐射效应,也提高了待开发建设用地的经济价值。

(二) 农民思想意识的提升

随着市场经济体制的建立,我国的农民已经不同于改革以前,在商品意识、开放意识、平等意识、文化水平等方面发生了深刻的变化[22]。①小农意识淡化,商品意识增强。随着社会主义市场经济体制的建立,农民的地位由单一被动的生产者转向具有独立自主生产权的经营者,市场主体意识不断增强。②保守意识淡化,开放意识增强。由于农村信息传播设施(广播、电视、报刊、网络等)的发展,农民越来越关注外面的变化,外界信息的刺激促成了农民开放意识的不断增强,逐渐与外界的经济社会运行相接轨。③服从意识淡化,平等意识增强。改革开放以来,农民的价值观相应发生了变化,农民不再简单盲目地服从上级组织和个人,而是更多地采取平等的姿态。④文化水平的提高。我国对农村教育的重视以及投资的加大,大大减少了农民中文盲半文盲的比例,农民的综合文化素质得到提高。以上的这些变化某种程度上使农民在维护自身权益方面的实力得到加强。

建设用地价格的上涨,提高了农民对自身土地权益的预期。农民思想意识的提升,又提高了农民维权的能力。两个方面的共同作用,使农民产生了强烈的改革征地制度的愿望,希望建立新的征地补偿制度,以获得应当属于自己的土地权益。

二、制度变迁的供给

(一) 农民与制度供给

1. 农民的经济理性

在理论界最早研究的是自然经济条件下的农民,而且一般是从文化和政治的角度分析和认识农民的,这些研究认为,农民是自私、偏颇、保守、落后、缺乏理性的代名词[23]。在传统的视角里农民是观念狭隘的顺从者。他们对政治体系、政策过程所知甚少、甚至一无所知。他们了解不多,也不了解自己的利益,很难组织起来有效地捍卫自己的利益,表现为他们受政府行动的影响,而不是积极地去影响政府的行动[24]。

许多学者不同意对农民非理性的指责。诺贝尔经济学奖获得者西奥多·舒尔茨对农民经济理性的论述最为成功,其观点也最具代表性,在其名著《改造传统农业》中,他根据社会学家提供的危地马拉和印度等地的详细资料,认为过去人们所指责的传统农业中小农愚昧落后、经济行为缺乏理性的观点是错误的,这种观点是一种幼稚的文化差别论。他指出全世界的农民,在考虑成本、利润及各种风险时,都是很会盘算的生意人;农民在自己的小型、独立和需要筹划的领域里,把一切活动都安排得很有效率。也就是说,农民是在传统技术状态下有进取精神并已最大限度地利用了有利可图的生产机会和资源的人,是"贫穷而有效率的",是理性的经济人。

林毅夫对中国农民的经济理性给予具体解释,认为经济理性是效用最大化,而非物质利益最大化,个人效用的最大满足也并不完全针对自己,利他行为所带来的个人满足感大于为此付出的代价,理性的个人也会选择利他,从这个意义上说,小农的行为是理性的,可以用现代经济学的方法来研究农民问题。当然,理性行为要受到外部经济条件、信息搜寻成本以及主观认识能力的多重制约,因而"许多被用来证明小农行为不是理性的典型事例,通常都是具有城市偏向的人在对小农所处的环境缺乏全面了解的情况下作出的论断……"

2. 法律规定与现实操作

建设用地价格不断上涨,贫穷的农民迅速把眼光盯向属于自己的土地,农民对土地权益的期望值大大提高了。可是,法律的规定和现实的操作并没有和农民的预期作同步的调整。

尽管建设用地价格不断上涨,但是我国的法律对土地征用的补偿始终未能得到相应的提高。以我国1998年《土地管理法》为例,法律规定,征用的耕地补偿费包括以下几项。①土地补偿费。国家建设征用土地,由用地单位向被征地单位支付土地的补偿费。

其标准为该耕地被征用前3年平均年产值的6至10倍。征用其他土地的补偿费标准,由各省、自治区、直辖市参照耕地的补偿费标准规定。被征用土地的附着物和青苗的补偿费标准,由各省自治区、直辖市规定。征用城市郊区的菜地,用地单位应按国家有关规定缴纳新菜地开发建设基金。②安置补助费。国家建设征用土地,用地单位除支付补偿费外,还应当支付安置补助费。征用耕地的安置补助费标准,是按照需要安置的农业人口数来计算的。需要安置的农业人口数,按照被征用的耕地数量除以征地前被征地单位平均每人占有耕地的数量计算。每一个需要安置的农业人口的安置补助费标准为该耕地被征用前3年平均每公顷年产值的4至6倍。每公顷被征用耕地的安置补助费,各地可以根据实际情况作出具体规定,但最高不得超过被征用前3年平均年产值的15倍,征用其他土地的安置补助费标准,由省、自治区、直辖市参照征用耕地的安置补偿费标准规定。③青苗补偿费。青苗是指从播种到收获前生长在农田里的农作物。青苗可分为粮食作物、经济作物和蔬菜等两类。青苗补偿费,就是征地单位给农民青苗投入损失的补偿。补偿费的标准可根据青苗的实际产量按生长阶段补偿原则进行。青苗的实际产量,按当年的计划产量结合以往一般产量来计算。具体标准由各地根据上述精神制定。

法律的规定和现实的操作存在一定的距离,主要表现为补偿标准被压低,补偿费用的支付被延迟和克扣。

思想意识日益提高的农民在建设用地价格不断上涨的情况下,不再满足原有的土地征用补偿标准和方式,开始以自己的方式来影响现有的制度安排,以期产生新的征地补偿方式。

在我国征地制度变迁的过程中,农民为维护土地权益常常采取突击造房种树、上访、阻止征地等形式。

(二)中央政府与制度供给

1. 中央政府征地制度改革的背景

中央政府对征地制度是否改革、如何改革,实质上是中央政府与农民关系的调整。因此,对国家与农民关系的历史回顾以及对国家与农民关系的现状分析有助于我们更好地理解中央在征地制度改革方面的态度。

(1)国家的城市偏向政策。解放后,为了快速实现工业化,采取了剥夺农业的办法为工业化提供绝对必要的财政支持,形成了城市偏向政策。主要手段通常是实行所谓的"剪刀差"政策,即通过政府扭曲产品价格和生产要素价格,创造一种不利于农业、农村和农民的政策环境,获取农业剩余以补贴工业化。具体来说,城市偏向的政策可以从几个角度观察。首先,扭曲相对价格和工农业交换关系的政策。表现为通过垄断产品流通,提高工业品价格和压低农产品价格,制造不利于农业的贸易条件。这产生直接意义上的工农业产品价格剪刀差。其次,扭曲农业经营活动中的激励机制。由于形成了上述不利于农业生产的贸易条件,在直接生产活动的组织中往往采取强制性手段,抑制劳动者的积极性。例如中国的人民公社体制和苏联的集体农庄制度等,都是这种扭曲的激励机制的典型表现。第三,扭曲整个经济发展政策,特别是扭曲工农业之间的产业关系。①通过垄断国际贸易,高估本国币值,利用出口农产品补贴进口工业设备。②人为阻碍产业发展规律的作用。例如,通过政府投资政策的城市偏向,形成工农业或城乡之间的不同发展机会。③通过制度障碍阻止农业剩余劳动力向非农产

(2) 城市偏向政策的后果。长期的城乡差别政策导致了城乡差距的进一步扩大,由此导致的经济和政治问题影响着经济发展的整体推进,主要表现是农民收入增长缓慢。从统计数字上可以看出,农民收入增长速度最快的时期是1978~1984年。这期间,人均纯收入从133.6元增至355.3元,扣除物价因素,年均增长率达15.9%。但是,自1985年开始,农民增收速度显著放慢,其中1988年仅为0.3%,1989年甚至下降了7.5%。1991年增长率为0.9%,此后两年缓慢地增长。1994~1996年,农民收入增长较快,3年间平均每年递增10.1%。但是在1997~2000年,农民收入增长速度连续4年下降。2001年和2002年虽然增长速度回升,但也仅属于恢复性增长[26](图8—2)。

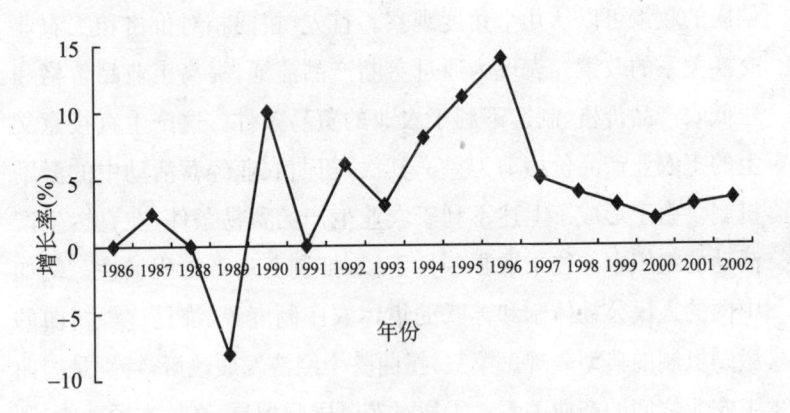

图8—2　农民收入历史变化情况

资料来源:参考文献[27]。

统计数字体现出的农民收入问题已经相当严重。大多数农户的收入主要有三个来源,一是出售农副产品的收入,二是在乡镇企业做工的收入,三是在外地打工的收入。首先,在最近的几年中,主要农副产品的价格下降了30%～40%,在农副产品的总量没有大幅度增加的情况下,农民从出售农副产品中获得的收入应当是减少了的;其次,近些年来,许多乡镇企业开始处于不景气的状态,乡镇企业中就业人员净减少了2 000万人,在乡镇企业中就业人员工资没有大幅度提高的情况下,农民从这个途径获得的收入不可能有实质性的增加;第三,外出打工人员的收入没有明显增加。因为在最近的几年中,农民外出打工的人数大体是稳定的,其人均收入也没有大的提高。相反,在许多地方还出现了拖欠打工者工资的现象。仅在2001年,拖欠的工资总数就达到300～400亿元,相当于1 000万个农民工没有领到工资。将这三个因素考虑进来,可以看出,就大部分农民来说,近些年来收入并没有实质性的增加。

(3) 城乡居民收入差距扩大。改革开放以来,城乡居民收入差距是一个先缩小后扩大的变化过程。1978～1985年,城乡居民收入差距逐渐缩小,但是在1985年以后,城乡居民收入差距又逐渐拉开,城乡居民收入差距扩大。在实行农村联产承包责任制后,我国城乡居民收入差距有所缩小,从1978年的2.57倍缩小到1985年的1.86倍。1984年城市经济体制改革以来,城乡居民收入差距逐渐扩大,到1994年城乡居民收入差距高达2.68倍,1994年以后的几年城乡居民收入差距呈现先缩小后扩大的趋势,2000年我国城乡居民收入差距为2.79倍。如果考虑城镇居民的各种补贴、福利以及兼职收入、灰色收入等隐形收入,城乡居民收入的实际差距会更大[28]。如果不考虑平均水平,情况可能更糟。中国农村绝对贫困人数从20世纪90年代初的8 000万下降到90年代末的3 000万(按人年均收入625元计),但还是有约2 000万人处在温饱线的边缘。

总之,在过去的几十年中,我国实行的城乡差别政策,造成了巨大的城乡差距,城乡二元结构成为我国的一大社会经济特征,并且城乡差别政策所带来的负面作用开始显现。

2. 中央政府对征地制度改革的权衡

对中央政府来说,是否改革现有的征地制度,提高征地补偿标准,会从经济和政治两个方面去考虑。

(1) 中央政府对征地制度改革的经济考虑。提高征地补偿标准,带来的问题就是提高了迅速城市化的成本,滞缓了城市化进程。无论是与国际同等经济发展水平的国家来比较,还是同国内产业与就业结构比较,我国的城市化水平仍然明显滞后于经济发展。这导致工业孤军深入,限制了第三产业的发展空间,减少了就业岗位,城乡二元结构长期存在,农民收入增长相对缓慢,有效需求增长不足。推进城市化将成为推动我国经济发展的重要动力源[29]。主要表现为四个方面。①推进城市化是完成工业化的客观要求。我国的城市化进程始终滞后于工业化进程。工业化和城市化具有相互制约、相互促进的关系。一方面,工业化为城市化提供了必要的物质技术条件,对推动城市化的起步和发展具有积极意义。另一方面,城市化进程使得城市具有集聚经济效益、城郊外部经济效益和市场引力,从而能够吸引资金、技术和劳动力向城市集中,而工业化的实现必须以资本、技术、人口和劳动力等要素集中到一定程度为前提,因此,城市化对于工业化的进一步发展和最终实现具有重大推进作用。②城市化是提高农民收入的根本途径之一。要实现农民收入的稳定增长,单纯依靠农产品价格调整和乡镇企业原有发展模式显然已经不可能,必然要探索新的途径和新的办法。目前看来,增加农民收入的一条根本途径就是要减少农民,即目前农村人口的大多数要进入城市和第二、三产业就业。③推进城市化是启动内需的最重要内容之一。加快城市化将增加投资需求和消费需求,有助于解决制约我国经济持续快速增长的重要制约因素——内需不足的问题。④加快城市化步伐,可以增加就业机会,缓解就业压力。首先,推进城市化步伐,可使城市相关产业尤其是第三产业的迅速发展,进而大量增加就业机会。城市化水平与第三产业特别是服务产业的关系十分密切。据统计,我国20世纪90年代以来,第二产业增加值平均每增长1%,可增加26万个就业岗位,而第三产业每增长1%,则可创造100万个就业岗位。

为了获得快速城市化给中国经济增长带来的强大推力,中央政府希望继续以较低的成本迅速推进我国的城市化进程,摆脱我国城市化滞后与工业化的畸形结构。所以,从这个角度来说,中央并不急于改革征地制度,提高征地补偿标准。

(2) 中央政府对征地制度改革的政治考虑。在原有制度下,中央虽然能够以较低的成本迅速推进城市化,但是可能会为此付出更大的政治成本。长期的城乡差别政策给农民带来的不公平待遇,会造成农民的心理失衡。

在这种背景下,为缩短城乡差距,中央政府不得不考虑农民问题所带来的矛盾,采取了一系列措施来提高农民收入。围绕提高农民收入这个目标,政府采取了各种手段,进行了一系列改革,如实行粮食保护性收购,对种植粮食的农民给予直接补贴,以及实行旨在减轻农民负担的"税—费"改革等。城市化的过程,特别是其中大量土地被征用的过程所引致的结果已远远超出经济领域,扩展到了政治、社会、文化等多个领域[30]。土地对于农民来说,至少具有两重功能,即生产资料和社会保障功能。许多学者的调查表明,后者对于农民来说,更为重要。由于广大农村缺乏社会保障体系,可以说土地是农民生命的最后一道保障。而当前的事实是,这条保障线正变得越来越脆弱。根据国务院发展研究中心课题组提供的数据,1987~2001年,全国非农建设占用耕地226.31万公顷,其中70%以上是征地,这就意味着至少有151.73万公顷耕地由原来的集体所有变成了国家所有。

因此,中央政府从政治角度出发,为了维护社会稳定,必须改革原有的征地制度,提高对农民的补偿标准,尊重农民的土地产权。

(3) 中央政府对征地制度改革的综合考虑。根据以上分析,中央政府在征地制度改革问题上处于两难境地。一方面,改革征地制度,提高征地补偿标准,将增加城市化成本,滞缓城市化进程;另一方面,不改革征地制度,中央将面临着日益增长的压力。不过,任何政府在受到挑战的时候,政治目标都会优于经济目标。因此,我国的中央政府在征地制度改革问题上,开始扮演支持者的角色。

3. 中央政府的制度供给

针对征地问题,中央政府以一系列文件、法规的形式,总体上要求各地政府严格保护农民利益,切实维护农民土地权益。并且组织国土资源部、中财办等机构开展征地制度改革调研,以期制定切实可行的征地制度改革方案。

在2004年一号文件中更体现了中央政府对征地制度改革的决心。在2004年一号文件"中共中央国务院关于促进农民增加收入若干政策的意见"中,明示要以征地制度为锲入点——"必须推进我国征地制度改革,切实保护农民利益。"

(三) 地方政府与制度供给

1. 地方政府对征地制度改革的权衡——经济考虑

改革征地制度,提高对农民的补偿标准,在财政体制等相关配套制度不变的情况下,实质上就是要求地方政府从财政收入中分割出一部分来补偿农民。这对需要大量资金发展地方经济而财政状况又相对紧张的地方政府来说,是一个重大的损失。

对财政自给能力[①]的分析可以看出我国地方政府在分税制改革之后面临的财政困境。1994年的分税制改革是地方财政自给能力由强变弱的一个重要分水岭。分税制后,中央较大幅度地集中了财力,同时设立了自己的税务机构为本级政府征税。自此,中央财政自给能力大幅增强,地方财政大幅削弱,中央财政的自给能

---

① 在不依赖高层级政府财政援助的情况下,各级政府独立地为本级支出筹措收入的能力,称为财政自给能力。如果一级政府从自有来源征集的收入足以满足本级的公共支出,则该级政府就具有财政自给能力,反之则被视为财政自给能力不足。各级政府负责征收的收入与其本级支出的比例,可以定义为财政自给能力系数,即:财政自给能力系数=本级自有收入/本级公共支出。如果系数恰好等于1,说明该层级政府刚好具有财政自给能力,即没有能力向其他政府层级提供转移支付,但不需要其他政府层级提供转移支付,也不需要举债。如果系数大于1,说明该级政府具有充分的财政自给能力,即除了满足本级支出需要外,还有能力向其他级别的政府提供转移支付。如果系数小于1,说明该级政府的财政自给能力不足,需要其他级别的政府向其提供转移支付,或者需要通过举债来满足支出需求。

力首次而且远远超过了地方财政,从根本上改变了几十年来中央财政开支依赖"地方进贡"的被动局面。具体来说,分税前四年,地方财政自给能力系数平均为0.98,高于同期中央财政0.84的水平;在此后的四年,地方财政平均自给能力系数大幅跌至0.63,中央财政则大幅升至1.67。这意味着分税制后,地方财政已经严重缺乏财政自给能力,其支出的37%需要依赖中央财政的转移支付。

分税制以后,县级财政的自给能力最为脆弱[31]。税制改革以来,县级政府只留下了税源少、征收难的小税种,财政收入增长赶不上支出增长,县乡财政普遍陷入了困境。据财政部门调查,全国有1 000多个县财政捉襟见肘。国家审计署公布的信息显示,2002年,审计署组织对中西部10个省、市的49个县(市)财政收支状况进行了审计调查,截至2002年9月,有42个县(市)累计欠发国家规定的工资18亿元,是1998年底欠发额的3倍多[32]。

缺乏财政自给能力可以通过举债弥补财政自给能力之不足,也可以通过政府间转移支付弥补地方财政自给能力。问题就在于,地方政府一方面承担了较大的支出责任;另一方面又面临着严厉的举债限制(近乎禁止)和有限的转移支付。这迫使地方政府大量寻求制度外的财政来源,以致乱收费、乱罚款与乱摊派等非正规财政征收盛行。而诸多解脱财政困境的方法中,地方政府都不约而同地把目光盯向了土地。以地生财①,以地补亏,成为地方政府解脱财政困境的灵丹妙药。

不过,随着农民维权意识的增强,地方政府获取土地收益的成

---

① 所谓以地生财,本质上就是低价获得土地,高价转让土地,获取其中的差价。

本也逐渐加大。原因在于农民出于对自身权益的维护,对地方政府的征地行为施加了压力。一方面,拒绝对征地制度进行改革,农民的不满情绪会给地方的投资环境、社会治安造成很大的负面影响,违背了地方政府的初衷。另一方面,拒绝对征地制度改革,使农民的土地权益受到剥夺,会导致政府在征地过程中出现巨额交易成本。征地后的交易成本可能更重要,因为即使征地结束,农民仍然可能为争取更多的土地权益而对被征土地的使用设置障碍,这很大程度上影响了被征土地的价值。

因此,从经济角度考虑,地方政府是否提高对农民的补偿标准,进行征地制度改革,取决于地方政府提高征地补偿标准后牺牲的土地收益同拒绝改革所发生的与农民之间交易成本的比较。处于不同经济发展阶段的地方政府,在征地制度改革的经济考虑上有所不同。一般而言,经济发展水平较低时,提高征地补偿标准所牺牲的土地收益会很大程度上削弱地方政府的财政能力,或者地方政府根本就没有能力支付改革所需的费用。同时,经济发展水平较低时,农民受信息、能力的限制,对政府征地行为的抵制也相对较弱,因此征地过程中与地方政府之间发生的交易成本也相对较小,这导致地方政府在经济发展的较低阶段更倾向于维持原有征地制度。相反,经济发展水平较高时,地方政府对土地收益的依赖性有所降低,而且农民的抵制导致的交易成本也相对提高,地方政府在经济发展的较高阶段更具有改革征地制度的动力。

为验证经济发展水平和征地制度改革进程的关系,作者调查了江苏 G 市 1996～2001 年间的经济发展水平和征地补偿标准,并作了比较分析。

图 8—3 表明该市经济发展水平和征地补偿标准之间呈正相

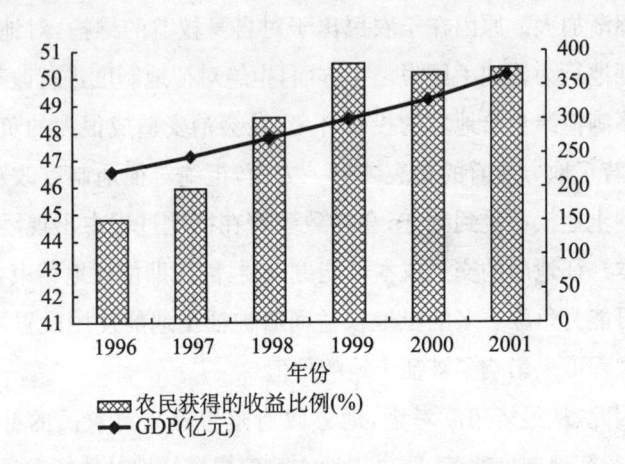

图8—3 1996～2001年G市农民所获非农化收益分配比例与该市GDP关系

关关系。为更好地反映农民获益比例(PFB)与当地GDP间的深层关系,对两者进行了回归分析。分析中所选用的样本数为1996～2001年农民获益比例(PFB)和GDP的数据,以农民获益比例(PFB)为因变量,而GDP为自变量,通过回归,结果如下:

(1) 普通模型

PFB=36.32+0.04×GDP

(12.04)　　(4.058)

R^2=0.805　　F=16.467(Sig.=0.015)

(2) 半对数模型

PFB=−21.53+12.37×ln GDP

(−1.479)　　(4.805)

R^2=0.852　　F=23.087(Sig.=0.009)

(注:括号中的数据为对应系数的t检验值)

显然,上述两个模型的估计结果都反映出农民获益比例与经济发展(GDP)之间存在着显著的正相关关系。确切地说,G市的GDP每提高一个单位,该市农民获益比例将增加0.04%;或者可以认为G市的GDP每提高1%,该市的农民获益比例将提高12.37%,也即G市GDP对农民获益比例变化的弹性系数达到了12.37。这一弹性系数是相当高的,说明随着G市经济增长,农民获益比例有较大幅度的增加。

2. 地方政府对征地制度改革的权衡——政治考虑

地方政府在作出是否进行征地制度改革的时候,不仅要考虑经济因素,还必须考虑政治因素。

中央政府对征地问题日益重视,制定了一系列的文件和法规以规范地方政府行为,对地方在征地过程中发生的矛盾,尤其是上访等事件表示了重大关注,并且事实上已经将地方的稳定问题部分纳入了政绩考核标准,这给地方政府维持原有的征地制度带来了政治压力。

不过,我国的土地管理体制不利于中央对地方的政治约束。2004年以前我国的土地管理体制是以"块块为主"(目前已经改为省以下垂直管理),各级国土资源管理部门隶属于同级人民政府,虽然国土部门领导人的任命是双重管理,但主要的决定权在地方政府。在这样一种管理体制下,国土资源部作为中央对地方土地管理的主要监督管理部门,难以实现对地方政府的约束。第一,缺乏约束地方政府的信息基础。由于在"块块为主"的管理体制下,地方土地管理部门只能服从当地政府的局部和短期利益需要。第二,缺乏约束地方政府的人力基础。第三,缺乏约束地方政府的手段。当中央发现地方的土地违法行为后,国土资源部往往只能对责任人提出处理意见,没有与职权相一致的决定权。

3. 地方政府对征地制度改革的综合考虑

由以上分析可以看出,一方面,地方政府不会主动进行征地制度改革,因为土地收益是地方政府的重要经济来源,这是地方政府经济实现经济发展目标的财力保障;另一方面,地方政府拒绝改革征地制度,会增加地方政府与农民之间的交易成本,进而影响政府的经济发展目标,同时,拒绝征地制度改革,还会受到来自中央的政治约束。是否进行征地制度改革,改革到什么程度,取决于地方政府对征地制度改革成本收益的权衡。由于我国地方政府之间的经济发展状况、社会科学知识的丰富程度、意识形态等方面的差别,不同的地方政府在征地制度改革问题上具有不同的改革意愿和能力,形成了多种形式的制度供给。

4. 地方政府的制度供给

我国地方政府依据本地区具体情况选择了不同的改革方案。具体有以下几种形式。

(1) 上海青浦的基础设施建设采用集体土地使用权合作经营方式。上海市从基础设施建设中的高速公路网入手,对准备实施的高速公路建设项目用地,参照征用该土地应支付的征地补偿费确定土地使用权价值,采取集体土地使用权合作方式,由被征地的农村集体经济组织,以土地使用权参与项目合作,参照当地从事农业生产平均收入水平,由项目公司每年支付土地合作的回报。

据此,上海青浦区以境内 50 公里沪青平高速公路建设为例,由区政府牵头,将沿线所需 133.33 多公顷土地所涉及的镇、村集体经济组织,以集体土地使用权作为资产纽带组成投资公司(简称土地公司),市政投资方与土地公司联合成立股份合作公司为项目公司,合作期限为25年,其间项目公司按每年16 500元/公顷(以征地前三年平均年产值的测算确定,该标准每3年调整一次)的标准支付土地合作回报。土地不征用,被征地人员不办理农转非手续,由集体经济组织内部进行土地调整。合作期满或延期,或归为国有(以当年征用土地费标准扣除在合作期间已支付的合作回报,一次支付,办理安置手续)。

上海市对基础设施建设实行集体土地使用权合作方式,基础设施建设用地在不改变集体所有权性质、不落实农业人员安置的前提下,按年度支付土地收益。这样做既从长远的角度保护了集体土地所有者的土地权益,又在当地征地安置比例增高、安置补偿标准逐年上升的条件下降低了安置难度,同时还缓解了政府在征地过程中一次性投入巨额资金的压力,降低了政府投资基础设施建设的门槛,可谓"一箭三雕"。集体经济组织、农民、政府、基础设施建设项目公司均从中获得了明显的实惠,有利于促进基础设施建设步入良性循环。

(2) 江苏苏州的按比例分类安置。苏州市政府发布了"苏州市征用土地暂行办法"(苏府[2000]41号文件),对需安置的农业人口按比例分类安置。根据规定,将需要安置的农业人口划分为三个年龄段,确定为三种安置对象:被抚养人口、剩余劳动力和保养人员。三种对象所占的比例和数量,按征用土地前被征地单位上述三部分人员各占在册人员总数的比例确定,其安置方式和标准分别见表8—2。经批准安置的农业人口,就地转为城镇户口,并办理农转非相关手续,确保被征地农村集体组织人均和劳均耕地面积不变。

表 8—2 苏州市征地农业人口的安置方式

安置类型	年龄段	安置方式	安置标准(元/人) 市区	安置标准(元/人) 县级市	备注
被抚养人口	年龄在 16 周岁以下(不含 16 周岁)	户口农转非货币安置	6 500	5 000	
剩余劳动力	女性 16~35 周岁 男性 16~45 周岁	户口农转非货币安置	13 000	10 000	女性 30~35 周岁,男性 40~45 周岁,外加约定的医疗保险费用至 60 周岁
保养人员	女性 35 周岁(不含 35 周岁)以上,男性 45 周岁(不含 45 周岁)以上,残疾人	户口农转非保险安置	保养金为: 160元/月		外加约定的医疗保险费用

资料来源:参考文献[33],第 29 页。

(3) 浙江嘉兴将需安置农业人口的养老、就业纳入城镇居民社会保障体系。嘉兴市政府于 1998 年底颁布了由市劳动局、土地局共同制定的"嘉兴市区土地征用人员分流办法"。1999 年颁发了"关于加强秀城区征地管理若干问题的通知",形成了较为完整的建设征用土地补偿安置制度。其中较为突出的做法是将需要安置的农业人口养老、就业及医疗纳入城镇居民社会保障体系。

嘉兴市对征地需安置的农业人口进行农转非后,通过办理养老保险、保养、给自谋职业者发放《征地人员手册》(即享受城镇失业人员同等政策)等方式,将需安置农业人口基本纳入了城镇居民社会保障体系之中,使失去土地的农民通过上述安置途径获得了基本的生活保障(表 8—3)。

表 8—3　嘉兴市区征地人员安置

年龄（周岁）	安置方式	安置标准	备注
男 60 以上	户口农转非；养老保险	为其一次性缴纳 15 年养老保险统筹费，从次月开始，有关部门按照有关规定标准发放基本养老金	基本养老金低于当地最低保障数的，按最低保障数发放（2000 年最低保障数为 330 元/人）
男 45～60 女 35～50	户口农转非；养老保险＋保养	为其一次性缴纳 15 年养老保险统筹费，到退休年龄后按照有关规定标准发放基本养老金；退休前每月发给生活补助费和医疗包干费 160 元/人（其中 10 元为医疗包干费）	基本养老金低于当地最低保障数的，按最低保障数发放
男 16～45 女 16～35	方式一：户口农转非；部分货币安置	发放自谋职业费 8000 元/人；按其农村劳动年限，一次性缴纳养老保险统筹费，最高为 15 年；两年后没有职业的，可申领《征地人员手册》	自谋职业后，本人应参加基本养老保险和大病医疗保险；《征地人员手册》和城镇失业人员《失业证》同等效力
	方式二：户口农转非；部分货币安置	发放自谋职业费 8000 元/人；按其农村劳动年限，一次性缴纳养老保险统筹费，最高为 15 年；两年后没有职业的，可申领《征地人员手册》	自谋职业后，本人应参加基本养老保险和大病医疗保险；《征地人员手册》和城镇失业人员《失业证》同等效力
	方式三：户口农转非；办理《征地人员手册》，进入城镇就业市场	为其缴纳养老保险统筹费，16 周岁起算，缴费年限按其在农村劳动年限计，为每满两年计一年，最高为 15 年；对未就业者发放生活补助费和医疗包干费 160 元/人（其中 10 元为医疗包干费），发放时间按其在农村劳动年限计，最长不超过 24 个月	《征地人员手册》和城镇失业人员《失业证》同等效力

续表

年龄（周岁）	安置方式	安置标准	备注
男、女16以下	户口农转非；进入劳动年龄后，作为城镇劳动力发给《失业证》		
残疾人（持有残疾证人员）	户口农转非；一次性发给生活补助	20 000～25 000元/人	
说明	上述各类征地人员在领完生活补助费后，仍未就业的，如生活困难，符合社会救济条件的，经民政部门审批可给予救济。		

资料来源：参考文献[33]，第31页。

(4) 按区位条件分类确定补偿安置标准。福建省福清市在"关于建设项目征用土地补偿费用暂行规定"中，根据与规划市区距离和经济水平，将全福清市行政区域的21个镇（街）划分为三个等级：一级地段，包括规划市区范围的经济发达区域；二级地段，包括规划市区外经济发达区域；三级地段是其他区域。具体规定了耕地（水田和旱地）的平均产值，补偿倍数则与行政区域的等级挂钩。具体规定如表8—4所示。

福清市的安置补助费根据地类、区位因素和人均耕地数量确定，具体的规定见表8—5所示。

表 8—4　福清市土地补偿费标准　（单位：元/公顷，元）

分类		一级地段			二级地段			三级地段		
		产值 元/公顷	补偿 倍数	金额 元	产值 元/公顷	补偿 倍数	金额 元	产值 元/公顷	补偿 倍数	金额 元
耕地	水田	27 000	10	270 000	27 000	9	243 000	22 500	9	202 500
	旱地	22 500	8	225 000	22 500	7	157 500	18 000	7	126 000

园地按水田的 60% 补偿，林地按水田的 40% 补偿，养殖水面和滩涂按水田的 60% 补偿，盐田按水田的 40% 补偿，未利用地按水田的 15% 补偿。

（5）留地安置。就是指在征地后保留一定比例的建设用地给农民，农民从该地块上获取收益作为征地补偿。根据国土资源部对福建省和广东省的调研发现，普遍存在留地安置。特别是公益事业征地和城市郊区征地，留地已经成为顺利取得建设用地的必备条件和前提，补偿费用反而不受重视。

留地安置主要发生在城市的郊区，对于这些地区，土地本身就是巨大的财富，留地的价值要远远超出货币补偿。

一般留地面积为被征地的 5%～10%，最高可以达到 15%。表 8—6 为各地留地面积比例。

留地一般不征用，只允许发展第二、三产业，但不允许建房出售。如果是开发房地产，在符合规划的前提下，单独办理征用手续，补交一定数额的出让金后，按一般国有土地出让，大部分收益交原农村集体经济组织。表 8—7 为各地留地处置方式。

留地安置有助于解决国家重点建设、市政建设过程征地补偿费用不足和被征地农民生活出路之间的矛盾；其次，有利于降低征地成本，使政府避免一次性支付巨额征地费用；再次，有利于解决被征地农民的就业安置和社会稳定。

表 8—5　福清市安置补助费标准

(单位:元/公顷,元)

地类	安置补助情况		≥0.06	0.06~0.053	0.053~0.047	0.047~0.04	0.04~0.033	0.033~0.027	≤0.027
耕地	水田	安置人数	15	16.5	18.75	21.45	25.05	30	37.5
		补助倍数	6	6.6	7.5	8.58	10	12	15
		金额(元/公顷)一、二级区	162 000	178 200	202 500	231 660	270 000	324 000	405 000
		金额(元/公顷)三级区域	135 000	148 500	168 750	193 050	225 000	270 000	337 500
	旱地	安置人数	15	16.5	18.75	21.45	25.05	30	37.5
		补助倍数	6	6.6	7.5	8.58	10	12	15
		金额(元/公顷)一、二级区	135 000	148 500	168 750	193 050	225 000	270 000	337 500
		金额(元/公顷)三级区域	108 000	118 800	13 500	154 440	180 000	216 000	270 000
园林地	补助金额		征用前四年平均产值(22 500元/公顷)的五倍,即 112 500 元/公顷						
养殖水面滩涂	补助金额		征用前四年平均产值(22 500元/公顷)的四倍,即 90 000 元/公顷						

人均耕地面积(公顷/农业人口)

资料来源:参考文献[33],第 49 页。

表 8—6　各地留地面积比例

地点	留地比例	地点	留地比例
长乐市	10%～15%	龙岩市	5%
佛山	8%～10%	广州	8%～10%
花都	10%	珠海市	生产用地 40 平方米/人,生活用地 120 平方米/户
深圳市	特区内 4%～5%,特区外 6%		

资料来源:参考文献[33],第 58 页。

表 8—7　各地留地处置方式对比

地点	处置方式
长乐市	不征用。如无力开发,由政府征用后出让,70%出让金返还。可以采用指标方式留地。
龙岩市	不征用。如征用,需带项目,50%出让金返还,有关税费减半。
佛山市	不征用。默许可以出租。
广州市	不征用。允许发展村镇企业、住宅和公益建设,允许作价入股或联营。转为国有后可以开发房地产,补交出让金。实际存在土地使用权出租转让。新法实施后,停止留地安置。
珠海市	留村集体生产用地 40 平方米/人,生活用地 120 平方米/户;乡和县各留生产用地 40 平方米/人。不征用,允许发展村镇企业、住宅和公益建设,允许作价入股或联营。转为国有后可以开发房地产,补交出让金。

资料来源:参考文献[33],第 59 页。

(6) 以高于法律规定的标准进行补偿。这种情况一般发生在城市郊区等经济发达区域,属合情合理但不合法。如在杭州市郊区,征地补偿费用已达 300～450 万元/公顷,远远超过法定标准最高限。山东政法管理干部学院 2000 年征用济南市历下区姚家镇姚家村4.45公顷土地,以264万元/公顷予以补偿,而按法定标准应为66万/公顷,实际补偿高于法定标准4倍。高于法定标准进行补偿的做法一般需要多种因素结合下才能实现:①地方政府必须要有一定的经济实力;②被征地农民具有很强的市场意识;③被征地块具有很高的市场价值。

由以上地方政府的制度供给可以看出,各个地方政府征地制度改革的程度和形式都存在很大差异。一些地方政府没有从根本上改革征地制度,仅仅是根据农民的不满程度和自身经济实力适当提高了补偿标准,同时在补偿金的分配和补偿方式上考虑了被征地块和被安置农民的具体情况以尽可能实现公平。从整体上来看,我国地方政府仅仅对征地制度进行了有限的改革。

(四)制度供给的阻滞

从总体上来说,征地制度在农民、中央政府和地方政府三者的利益博弈过程中开始向提高对农民的补偿标准,尊重农民土地权利的方向发展。但是,征地制度没有得到根本的改革,只是有限的改革。

中央政府虽然希望继续推进征地制度改革,但是随着地方政府谈判能力的提高和受现有管理体制的限制,在现有状态下强行推进征地制度改革需要付出更大的成本,而且由于地方政府财政自给能力的不足和地区经济发展的差异,强行推进征地制度变迁还可能带来地方政府的财政危机,影响地方政府的正常经济运作,这给进一步改革带来了潜在的风险。因此,中央政府在其他配套制度尚未改革的情况下,不得不默认地方政府有限的改革行为。

第四节 小 结

在我国,分权让利改革使地方政府具备了制度变迁的能力和独立的经济利益,成为我国的一个重要的制度变迁主体。我国的制度变迁是在中央政府、地方政府和非政府主体三者的共同博弈中发生的。中央政府、地方政府和非政府主体的目标差异导致了它们三者在制度变迁中存在着持久的冲突。制度服务需求的变化、交易费用的外生变化以及制度选择集的变化诱发了制度变迁的需求。在制度供给中,非政府主体希望推行能最大限度地获取经济和非经济收益的制度安排,但是由于"搭便车"问题,并且许多制度供给(如产权变更等)必须得到政府的认可,所以由非政府主体提供的制度供给将少于作为整体的社会最佳量。处于社会经济、政治权力中心的中央政府,其效用函数可以表示为:$U(X_2)=U(c,d,e,f)$,c 为社会总产出的影响;d 为垄断租金的影响;e 为国家稳定的影响;f 为各阶层满意程度的影响。中央政府的政治经济目标同社会整体目标之间的差异决定了中央政府的制度供给并不能保证有效的制度安排的产生。分权让利改革使地方政府具有了双重利益代表身份的特征,它既是国家宏观调控管理的一个层次,代表中央政府的整体利益对本地区的经济和社会发展进行调控,同时它们又是本地区特定的利益代表者,肩负着发展本地经济的任务,其效用可以表示为:$U(X_3)=U(g,h,i,j)$,g 为中央政府的满意程度;h 为政绩的因素;i 为地方政府的垄断租金;j 为微观主体的满意程度。为了获取足够的财政收入生产本地的公共物品,以提高本地微观主体的满意程度,并且满足上级政府的政绩考核要求,发展地方经济,提高财政收入,在分权让利改革后成为我国地方政府的首要目标。同中央政府一样,地方政府既要追求其垄断租金最大化,又要考虑降低交易费用促进本地区经济增长,因此地方政府的制度供给也不能保证有效制度安排的产生。制度供给可以表述为如下过程:非政府主体、中央政府和地方政府三个主体之一首先发现了制度变迁的潜在利润,并以自身的行动影响制度供给或者进行制度供给。由于非政府主体的制度供给受"搭便车"问题困扰,并且受到能力限制,因此非政府主体更多的时候是通过自身的行为影响中央政府和地方政府的制度供给。由于中央政府和地方政府能有效解决"搭便车"问题,并且具有社会资源调配的权利以及合法使用暴力的权力,所以它们的制度供给对制度变迁起决定性作用。地方政府和中央政府的目标冲突,使地方政府在制度变迁中的作用存在不确定性,可能会阻碍中央政府推行的制度变迁,也可能突破中央政府的限制而进行自发的制度创新。制度安排在非政府主体、中央政府和地方政府三者的共同博弈中不断变迁。

参考文献

[1] 周振华:"地方政府行为方式与地方经济自主发展",《学习与探索》,1999年第3期。

[2] 邢华等:"中国经济转型中地方政府的角色转换",《中国软科学》,2002年第6期。

[3] 郭小聪:"中国地方政府制度创新的理论:作用与地位",《政治学研究》,2000年第1期。

[4] 林毅夫:《再论制度、技术与中国农业发展》,北京大学出版社,2000年,

第 11～55 页。
- [5] 林红玲:"国家利益与产权制度的变迁",《辽宁大学学报》(哲学社会科学版),2001 年第 1 期。
- [6] 王国生:"过渡时期地方政府与中央政府的纵向博弈及其经济效应",《南京大学学报》,2001 年第 1 期。
- [7] 杨瑞龙:"论制度供给",《经济研究》,1993 年第 8 期。
- [8] 丁煌:《政策执行阻滞机制及其防治对策———一项基于行为和制度的分析》,人民出版社,2002 年,第 31～37 页。
- [9] 〔荷兰〕H. 布雷塞斯(Hans Bressers)、M. 霍尼赫(Mac Honigh):《政策效果解释的比较方法》中译文,载《国际社会科学杂志》(中文版)第 4 卷第 2 期。
- [10] 杨瑞龙:"中间扩散"的制度变迁方式与地方政府的创新行为——江苏昆山自费经济技术开发区案例分析,选自张曙光主编:《中国制度变迁的案例研究》第二集,中国财政经济出版社,1999 年。
- [11] 陈新民:《德国公法学基础理论》,山东人民出版社,2001 年。
- [12] 林纪东:《行政法》,三民书局,1993 年。
- [13] 陈泉生:"海峡两岸土地征用补偿之比较研究",《亚太经济》,1998 年第 3 期。
- [14] 朱林兴:"完善征地制度是控制耕地非农化的关键",《国土经济》,2002 年第 1 期。
- [15] 李元:《新土地管理法学习读本》,中国大地出版社,1998 年。
- [16] 曲福田、黄贤金:"地权效率理论与中国地权市场化政策取向",《江海学刊》,1997 年第 6 期。
- [17] 赵世义:"财产征用及其宪法约束",《法商研究》,1999 年第 4 期。
- [18] 闫振华:"我国集体土地征用制度之弊端",《河南商业高等专科学校学报》,2001 年第 2 期。
- [19] 俞文华:"浙江省小城镇建设中土地征用存在的问题及对策",《中国农村经济》,1996 年第 8 期。
- [20] 卢丽华:"加拿大土地征用制度及其借鉴",《中国土地》,2000 年第 8 期。
- [21] 林毅夫、蔡昉、李周:《中国的奇迹:发展战略与经济改革》,上海三联书店、上海人民出版社,1999 年,第 29 页。

[22] 尹冬华:"转型时期农民心理特征的变化以及思想政治工作的对策",《理论月刊》,2002年第4期。
[23] 马小勇:"理性农民所面临的制度约束及其改革",《中国软科学》,2003年第7期。
[24] 李成贵:《中国农业政策——理论框架与应用分析》,社会科学文献出版社,1999年,第87页。
[25] 蔡昉:"城乡收入差距与制度变革的临界点",《中国社会科学》,2003年第5期。
[26] 中国社会科学院农村发展研究所、国家统计局农村社会经济调查总队:《2002—2003年:中国农村经济分析与预测》,社会科学文献出版社,2003年,第16~17页。
[27] 中国社会科学院农村发展研究所、国家统计局农村社会经济调查总队:《2002—2003年:中国农村经济分析与预测》,社会科学文献出版社,2003年,第17页。
[28] 刘斌等:《中国三农问题报告》,中国发展出版社,2004年,第388~390页。
[29] 李海波、陶章华:"城市化—经济发展动力源",《经济体制改革》,2001年第3期。
[30] 郁建兴、徐越倩:"论作为政治问题的当前农村土地制度改革",《求索》,2003年第6期。
[31] 王雍君:"地方政府财政自给能力的比较分析",《中央财经大学学报》,2000年第5期。
[32] 邓大才:"农地征用制度安排的'两难分析'",《岭南学刊》,2004年第1期。
[33] 鹿心社:《研究征地问题 探索改革之路》(二),中国大地出版社,2003年。

第九章　区域土地非农化与制度响应的理论框架

土地非农化是经济发展中的一个必然过程。然而,我国在经济快速发展的同时还要完成经济体制的转型,地方政府逐步成为有相对独立利益的行政组织,并成为区域经济发展的主要推动力量。地方政府的一个主要任务是调动一切可以支配的资源来促进地方经济的发展,由于我国大部分土地非农化的途径是土地征用,在征用中农民并没有得到合理的补偿,大部分的土地增值收益由政府获得,这就产生了地方政府滥用征用权致使土地过度非农化的问题。

第一节　转型期地方政府行为与土地非农化

在经济体制的转型中,地方政府逐渐成为推动经济增长的行为主体。而且由于区域经济利益的相对独立性使得地方政府具有微观经济人理性的特征。由于农地保护具有公共产品特性,这种经济人的理性特征决定了其在农地保护行为上存在着搭便车的动机,具有促进土地非农化发展地方经济的理性。

一、转型期地方政府的行为目标

在高度集中的计划经济时代,各级地方政府受中央政府的控制,是中央政府计划的执行者,各级政府在行为目标和利益上相对一致。在计划经济体制向市场经济体制过渡的转型时期,转型的基本目标是使政府从计划的制定者和监督执行者,逐渐变为宏观经济的调控者,政府对资源的配置逐渐让位于市场机制[1]。由于我国经济转轨的方式是渐进式的,并且由于企业改革和政府改革的相对滞后,转轨过程中,弱化的只是中央政府的权利,地方政府的权利则在财政分权等其他分权化改革中得到强化,拥有了前所未有的经济权利,从而成为区域经济发展的主要推动力量。地方政府推动经济发展的目标主要有两个,一是通过加快发展速度缓解各种经济压力,地方政府的经济压力包括就业压力、收入水平和基础设施建设等,这些压力的缓解都取决于一个地区的经济发展水平;二是增加财政收入,目前地方政府不但要提供地方的公共产品,还要为本地区居民提供福利,同时要为市场化改革提供必要的保障[2]。根据有关部门的调查,转轨时期地方政府认为在其职能中提高经济的发展速度、增加地方财政收入是主要的(表9—1)。而在地方政府扩大投资规模的问卷调查中(表9—2),处于第一位的动机是提高地方的经济发展速度,第二位的是提高地方财政收入,第三位的是改善本地区的投资环境。此外,实现本届政府的政绩目标和发展地方薄弱产业也是主要的激励因素。

表9—1 地方政府职能(问卷调查结果)

地方政府职能	排序(前三位)	综合得分
A. 提高经济发展速度	1	7.71
B. 增加地方财政收入	2	5.38
C. 完成国家各项计划		0.90
D. 领导和管理企业		0.33
E. 维护市场秩序		0.19
F. 提高就业水平		0.29
G. 完善区内社会保障		0.10
H. 完善投资环境	3	4.86
I. 保护本地区生态环境		0.19
J. 其他		0.05

资料来源:参考文献[1],第117页。

表9—2 地方政府扩大投资规模的动机(问卷调查结果)

地方政府扩大投资规模的动机	排序(前三位)	综合得分
A. 提高地方财政收入	2	4.47
B. 发展地方薄弱产业	5	1.78
C. 实现本届政府的政绩目标	4	2.40
D. 提高地方经济发展速度	1	6.92
E. 完善本地区投资环境	3	4.28
F. 提高本地区就业水平	6	0.19

资料来源:参考文献[1],第118页。

在当前的政治制度下,一种倾向表明地方政府官员的提升机会与其任期内当地经济的发展水平、城市面貌等成正比,因此地方政府无论是与地方的"社会契约"还是与中央政府的"行政契约",其中经济成分是首位的。在这种背景下,与中央政府理性的以全社会公共福利最大化相比,地方官员或地方政府在某种程度上正成为以成本—收益分析为导向、追求自身利益最大化的"经济人"[3]。当前推动中国经济增长的主要因素是生产要素投入,尤其是资本要素投入的增加。为了吸引足够的资本在本地投资,地方政府将会调动本地区的一切可能的资源来服务于这个目的。优惠的税收政策和良好的基础设施是地方政府吸引外资的主要手段,而良好的基础设施需要政府有足够的财政投入能力,城市面貌的改善也需要有足够的财力。在当前财政普遍吃紧的情况下,地方政府必须尽快寻找其他能够增加财政收入的财源,土地资源作为地方政府可以掌握的生产要素,自然而然成了地方政府达到其行为目标的重要砝码。

二、地方政府收益与土地非农化

上面的分析表明,中央和地方财政分权以来,地方政府有迫切发展地方经济的愿望,因此,尽快完成地方的资本原始积累过程,以实现区域的工业化和城市化等现代化目标,是财政分权以后地方政府重要的行为特征。地方政府,特别是乡镇级地方政府不可能像中央政府一样通过占有农业剩余来形成足够的积累。因此,计划经济时代遗留下来的"土地不得买卖"(征地制)和"国家工业化"(超低补偿),结合20世纪80年代后期形成的"香港经验"(批租制)成为了地方政府资本原始积累最为简便、有效的方法[4]。

(一) 土地非农化的收益形成

土地非农化的收益包括农地非农转用过程中税费、农地出让的净收益以及经济发展带来的税收增加和就业机会增多等。其中土地非农化的直接收益包括税费和农地出让净收益,非农化的税

第九章 区域土地非农化与制度响应的理论框架

费收益主要包括土地征用补偿费、劳动力安置补助费、青苗补偿费、主要附着物补偿费、新增建设用地有偿使用费、耕地开垦费、耕地占用税、用途变更费、农业重点发展基金、土地管理费、新菜地建设费等。下面以我们2002年在江苏省苏南某市城郊一个房地产开发项目土地征用情况的调查为例来说明土地非农化过程中的直接收益。

该项目总共征用耕地13.41公顷,表9—3是该项目征用过程中每公顷土地支付的费用。土地的征用费用由两部分组成:征地补偿费用和征地税费。该项目每公顷的总征费用为131.57万元,其中支付给农民集体的费用为84.55万元/公顷,占64.26%,政府收取的各项费用为47.02万元/公顷,占35.74%。从表9—3可以看出,在土地征用过程中,政府取得的收益也是非常可观的。

表9—3 某开发项目的土地征用收入 （单位:万元/公顷）

项目	费用
土地征用总价格	131.57
支付给村集体和农民的费用	84.55
其中:土地补偿费	24.75
安置补助费	51.90
地上附着物及青苗补偿费	7.90
支付给政府的总费用	47.02
其中:耕地占用税	8.81
耕地开垦费	9.00
新增建设用地有偿使用费	17.08
农业重点开发基金	3.60
征(拨、使)用地管理费	6.40
用途变更费	2.13

当地的土地管理部门征用土地后进行了土地的七通一平,平均的开发成本为105万元/公顷,随后将该地块挂牌出让,最终该地块的平均出让价格为600万元/公顷。在出让过程中,地方政府还收取出让金额的2%作为出让业务费,计12万元/公顷。根据以上的数据可以得出土地非农化的总收益＝土地出让金－土地开发成本,在本案例中,每公顷的总收益为495万元/公顷。

除了直接的经济收益外,土地非农化还有大量的间接收益。包括改善城市面貌、城市居民的居住条件、增加税收来源、增加就业机会等。这些都是地方政府政绩考核的重要指标。根据我们在江苏南京市江宁科学园区的调查,该园区目前实际开发面积10平方公里,进驻的企业有37家,2002年企业纳税总额为1 967.82万元,雇佣的职工人数为5 003人,其经济效益远大于农用地。

(二) 地方政府收益与土地非农化

由于我国现存的特殊土地所有关系和土地管理方式,产生了多个主体对土地非农化收益的利益要求,这些主体包括中央政府、地方政府、农村集体以及农民。在一定的体制下,这种利益要求所决定的分配关系结构是产生土地非农化的动力和形成诱导机制的重要因素。由于不同主体的社会经济地位不同,他们在参与土地价格收益分配时,所获得的收益也就有所不同。

根据表9—4的分配标准,计算得出在本案例中,各个分配主体的分成情况,具体见表9—5所示。由于参与收益分配各利益主体实力的不同,在实际分配中产生了以政府利益为主导的分配关系,在本案例中,82.98%的土地非农化收益是由政府获得,而市县以下的地方政府在利益分配中是主要获利者,占到总收益的

第九章 区域土地非农化与制度响应的理论框架

表9—4 江苏省土地非农化过程中各级政府收益分配模式

项目名称	文件依据	分配比例
1. 耕地开垦费	新《土地管理法》及苏政发[1999]8号	省收取2%的业务费,市(县)98%
2. 耕地占用税	《耕地占用税条例》	中央15%[①],省35%,市(县)50%
3. 农业重点开发建设资金	苏政发[1991]148号 苏政办发[1995]62号	省60%,市(县)40%
4. 征(拨、使)用地管理费	苏土计[1995]63号 苏价涉[1995]第155号	省3%,市(县)97%
5. 出让业务费	苏土计[1995]63号 苏价涉[1995]第155号	省10%,90%
6. 出让金省集中部分	苏政办发[1995]121号 苏发[1997]8号	苏中、苏南2元/平方米 苏北1.5元/平方米 荒山、荒滩1元/平方米
7. 用途变更费	苏价涉[1995]第155号 苏价房函[1997]157号	省10%,市90%
8. 新增建设用地土地有偿使用费	中华人民共和国主席令[1998]第8号, 苏财综[2000]196号	国家30%,省10%,市60%

注:①耕地占用税中央、省和市都有分成,其中中央和省占50%,实际操作中,江苏省政府每年固定交给中央4 122万元即可,1999~2001年江苏省平均每年收取耕地占用税2.86亿元,中央收入份额为14.3%,所以中央分成比例按15%计算。

表9—5 中央、省、市、农民集体的收益分配情况

	中央	省	市[*]	农民集体
金额	6.45万元	8.97万元	395.03万元	84.55万元
比例	1.31%	1.81%	79.80%	17.08%

注:* 包括地级市及其以下的县、县级市、区和乡镇。

79.80%。以上的数据是根据我们调查的案例计算出来的,不同地区、不同用地类型在具体数据上可能会有差别,但是在土地非农化收益及分配结构,以及由此所导致的问题是一样的。图9—1是我们在江苏省江阴市典型调查的结果,该市农村集体及农民所得的农地征用价格大概为出让价格的1/10,通过土地征用促进土地非农化过程中,地方政府可以得到总收益的35%~40%。根据在浙江经济发达地区的典型调查,在绍兴市区农用地的征用价格大约是5 393万元/平方公里,如果征用后转为非农建设用地,则价值增至38 674万元,用途转换的价格增值倍数为7.17倍,扣除基础设施和公共设施建设成本后,地方政府在土地非农化过程中可以获得0.65亿元/平方公里的纯收益,占到农地非农转用纯收益的63.79%。据调查,一些市、县、区的土地出让金收入已经占到财政收入的35%左右,有的甚至高达60%[5]。有学者研究认为改革开放20年间,通过对农地的征用,从农民那里集中的资金超过2万亿元[6],而这部分资金绝大部分都被地方政府截取作为预算外资金。除了直接收益外,地方政府在土地非农化过程中还有税收、就业、提高城市竞争力等间接收益。为了达到招商引资发展经济的目的,地方政府也可以通过较低的地价降低初始投资成本来吸引

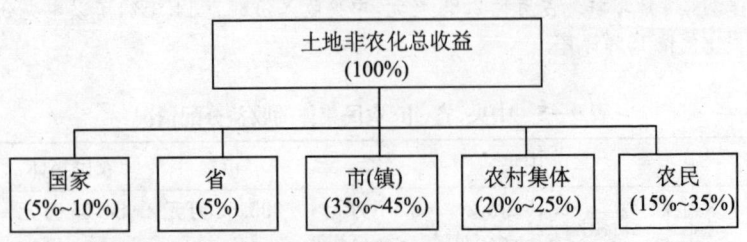

图9—1 江阴市土地非农化收益在各主体间的分配

外部资金,牺牲当前的土地收益换取较长期的税收收入和就业保证。所以从收益分配的角度来看,地方政府具有最直接的供给冲动,通过农地征用,大量攫取土地资本增值收益,完成地方的资本原始积累。

正是通过低价土地征用与高价出让相结合的运作模式使地方政府获取高额的利润,而且由于有了独立的区域利益,地方政府与中央政府在控制土地非农化、耕地保护行为上开始出现了偏差。尽管中央政府三令五申要控制土地非农化,保护耕地,保证粮食安全。但由于粮食安全具有公共产品的特性,保护的成本由行为者承担,而收益却是外溢的。耕地保护具有明显的地区外部性,耕地保护的一大部分效益被周边地区乃至全社会享有,而本地区并未得到补偿。因此,地方政府作为具有"经济人"特性的微观经济主体,在市场力量的作用下,所提供的耕地保护量将低于社会最优量。而土地非农化所产生的外部性主要是向未来延伸的,即土地非农化的效益主要是由前行为人享用,而成本却主要由后来者承担。如在目前的土地体制下,在任政府官员将土地出卖,卖地的收益都由在任的官员支配,可以用于本期的建设投资和政绩的形成;而下一任的地方政府官员,则需要负担土地卖出之后开发的配套投入、乃至提供一些征地的补偿费,等等。在卖地的收益和成本分配上,在任地方官员获得的基本上都是收益,接任的地方官员几乎承担的都是成本。这种激励约束制度,地方政府通过推动土地非农化,大量卖地是一种理性的选择。

综上所述,作为土地非农化主要收益主体的地方政府面临着发展地方经济的巨大压力,它们可能会凭借行政权力扭曲土地市场价格关系,充分发挥土地资本积累的功能,而在一定程度上忽视降低土地利收的社会成本,从而加速了土地的非农化。从上面的分析可以看出,我国目前的土地征用制度仍然具有资本原始积累的特征,而且土地征收的权利主要掌握在地方政府手中。当前地方政府是区域经济发展的主要推动者,推动区域经济的发展需要有足够的投资,而在当前财政普遍吃紧的情况下,地方政府必须尽快寻找其他能够增加财政收入的来源。在当前的土地制度下,计划经济时代遗留下来的"土地不得买卖"(征地制)和"国家工业化"(超低补偿),结合 20 世纪 80 年代后期形成的"香港经验"(批租制)成了地方政府获取财政收入最为简便、有效的方法[4]。由于农民缺乏有效的利益保障机制,土地征用价格与土地出让价格的巨大差距,以及土地增值收益分配偏向地方政府,使得作为区域经济发展推动者的地方政府有动力通过大规模的土地征收—出让行为获取经济发展的资本原始积累,这成为了我国土地过速非农化的制度渊源。

第二节 土地非农化的调控

在发展经济学文献上,文森特·奥斯特罗姆等注意到了过去经济学家不能充分解释经济增长的原因,对以资源、技术和人的偏好来解释经济增长的传统理论框架提出了挑战,将制度因素纳入发展经济理论的分析视野[7]①。所以,应用制度经济理论来解释

---

① 他们的努力改变了当时的研究现状,即制度经济理论不重视发展中国家情况分析,而发展经济理论又忽视经济增长中的制度因素的分析。

经济发展中地方政府在土地非农化中的行为特征,将是一个有意义的理论尝试,因此,本节构建一个分析框架来解释土地非农化调控中制度与政策响应的机理与绩效。

一、土地非农化的制度响应——我国耕地保护制度变迁回顾

1980年代初,随着经济快速增长,"一要吃饭,二要建设"的矛盾突出,我国提出了"十分珍惜和合理利用每寸土地,切实保护耕地"的基本国策;靠要素投入推动国民经济发展的外延式增长模式浪费了大量的耕地,1986年成立国家土地管理局,颁布《土地管理法》,加大对耕地保护的管理力度;伴随着1992年经济过热,房地产开发和开发区遍地"开而不发"、严重浪费土地现象,为加大耕地保护工作的力度,1994年实施《基本农田保护条例》[①],取得了一定的效果,在此基础上1996年原国家土地管理局提出耕地总量动态平衡政策目标,当时只有政策号召效果;但是人增地减的严重失衡形势仍然十分严峻,1997年中央以中发[1997]11号文件下达了《中共中央、国务院关于进一步加强土地管理切实保护耕地的通知》,要求各地实行耕地冻结和土地用途管制,1998年修订通过了新土地管理法,确立了包括土地用途管制、耕地占补平衡制度、基本农田保护制度等在内最严格的耕地保护制度,开始全面实施土地用途管制和耕地总量动态平衡。以上制度变迁的过程见表9—6

---

① 早在1989年就在湖北荆州召开耕地保护工作会议,1992年2月国务院以国发[1992]6号文下达了《国务院批转国家土地管理局、农业部关于在全国开展基本农田保护工作请示的通知》,准备建立基本农田保护制度,但由于1992年、1993年国民经济过热,这项制度拖到1994年《基本农田保护条例》出台才真正落实。

所示。

表9—6 我国耕地保护政策的制度变迁

时期	重要事件	制度与政策变量
1986年以前	土地基本国策提出	土地基本国策
1986~1993年	1986年成立国家土地管理局,颁布《土地管理法》	土地基本国策、笼统的耕地保护政策
1994~1996年	颁布《基本农田保护条例》,1996年耕地总量动态平衡政策目标提出	土地基本国策、基本农田保护制度、耕地总量动态平衡政策（弱作用）
1997年以后	中发[1997]11号文件要求冻结建设占用耕地；1998年修订通过《土地管理法》	土地基本国策、基本农田保护制度、耕地总量动态平衡制度（强作用）、土地用途管制

经济快速发展地区的区域经济发展在继续诉诸大量地征用土地或滥用征用权以满足要素扩张方式推动经济增长的需要时,也遇到了耕地保护的正式制度安排的约束,碰到了比以前更大的制度障碍和困难。在耕地保护制度的制约下,经济快速发展地区为满足经济发展的需要,就产生了制度创新的需求,一个方向朝着土地集约利用方式的变革,或是城市土地挖潜,或是集体非农建设用地流转[①]；另一个方向对正式的耕地保护制度安排作出适合当地实际的非正式的制度安排和创新。例如,江苏省作为经济快速发展地区的典型,该省苏南地区的市县政府在经济发展的非农化偏好受到耕地保护制度的限制时,已经创新出土地置换、土地整理指

---

① 在集体非农建设用地流转中,存量流转是主要内容,还有一种情况就是符合规划的农地经用途转用审批直接入市流转,这是土地非农化的又一种方式,为在经济发展中研究土地非农化问题增加了一个变量。

标折抵建设占用耕地指标等非正式制度安排；该省还在苏南与苏北或苏中地区之间调剂土地整理指标，实行耕地占补指标定额交易制度。总之，当正式的耕地保护制度安排限制了地方政府经济发展的动机，与区域经济发展的要求发生冲突时，地方政府在耕地保护制度与政策实施时必然作出响应经济发展的要求非正式的制度创新。这也带来了人们关注的一个问题：地方政府在处理经济发展与耕地保护关系时，通过非正式的耕地保护制度安排和创新在响应经济发展要求的同时，必然使正式的和非正式的制度安排的绩效出现偏差，地方进行的土地制度创新就更值得关注。

二、基本假设

对土地非农化调控的制度与政策响应及绩效研究的理论框架有以下几个基本假设。

（1）土地非农化是经济发展的响应，它受到宏观因素和区域因素的共同影响。

宏观上，我国处于工业化中期、城市化加速期，土地非农化是这个时期鲜明的特征。由于城市扩展和非农投资在这个时期增长较快，一些地区处于经济快速增长阶段，财政分权、资源禀赋、固定资产投资等发展因素刺激了土地过度非农化，从而影响到粮食安全与农业可持续发展，这为国家调控土地过度非农化提供了政策干预的理由。

（2）假设正式制度安排与非正式制度创新对土地非农化调控的影响与作用方向不同。

文森特·奥斯特罗姆等认为创新具有"混合物品"特征，基于此观点本研究认为，"制度安排"与"制度创新"有微妙的差别，制度安排是国家提供的公共物品;制度创新是地方政府提供的混合物品,有为地方利益服务的自利性或私利性[7]。

由于粮食安全问题,国家为调控土地非农化制订了一系列制度与政策,从 1994 年以后相继建立了基本农田保护制度(1994年)、耕地总量动态平衡政策(1996 年)、土地用途管制(1997 年)、耕地占补平衡政策(1999 年),并于 1999 年上收了农地转用审批权、征地审批权。这些正式制度的响应,在东南亚金融危机之后限制了因扩大内需而进行基本建设的用地需求。而经济快速发展地区的地方政府也作出了一系列有可能是针锋相对的反应,土地非农化是对经济发展的响应,于是出现了土地整理指标折抵政策、土地置换政策、建设占用耕地定额指标交易等非正式制度创新。从制度分析角度,地方政府在经济与权力效用最大化的驱动下,在耕地非农化中起着关键作用,具有强烈的供给意愿[8],这与曲福田等[9,10]实证研究的结论基本一致,即"大头在下"的土地收益分配格局驱使地方政府利用行政权力推动土地非农化。也就是说,国家作出正式制度安排,提供相应的公共物品;而地方作出非正式制度创新,具有自利性,且有可能是对正式制度安排对土地非农化矫枉过正响应的纠正。

(3) 地方所进行的非正式制度创新是符合其非农化偏好的理性选择。

地方政府的非农化偏好具体表现为:在产值上追求非农产值最大化;在产业结构调整上,偏好于第二、三产业;在投资结构和比例安排上,偏好于非农投资;在资源配置上尽量低成本地满足经济快速发展对建设用地的需求。由于土地用途管制加强了对农地转用和土地征用的限制,并相应地提高了征地成本,地方政府取得经济发展所需生产要素的传统行为方式受到了限制,地方政府的上述非农化偏好受到了抑制。

地方经济发展的压力,使土地非农化制度创新成为可能。制度创新通过提供更有效率的组织经济活动的途径而对发展作出贡献,而这些途径通常导致经济基础性的调整。通过提供更有效率的制度创新是符合地方政府非农化偏好的理性选择。制度影响人类选择是通过影响信息和资源的可获得性,通过塑造动力,以及通过建立社会交易的基本规则而实现的[7]。这时,江苏省等经济快速发展地区就创新出更有效率的非农化制度——省内建设占用耕地定额交易,以及进行了土地整理指标折抵、土地置换等政策调整①。

三、理论模型

上述正式制度安排与非正式制度创新等制度变迁过程,以及制度与政策响应的机理见图9—2所示。

在快速城市化和工业化从农业生产中转移出更多的土地,威胁到中国粮食自给政策的同时,工业化和粮食自给两种政策目标也发生了冲突[11]。从构建的分析框架中可以看出,土地非农化的制度与政策响应的过程与机理是,在工业化中期、城市化加速期等宏观因素的影响下,出现了耕地过速非农化的现象,影响到农业可持续发展与国家的粮食安全,此时,就会在国家层面上作出响应,供给一些正式制度安排,如土地用途管制、农地转用审批以及征用

---

① 这些制度创新与政策调整也可以看作是地方与中央之间交易规则的改变,突破了土地用途管制的制约。

236　经济发展与中国土地非农化

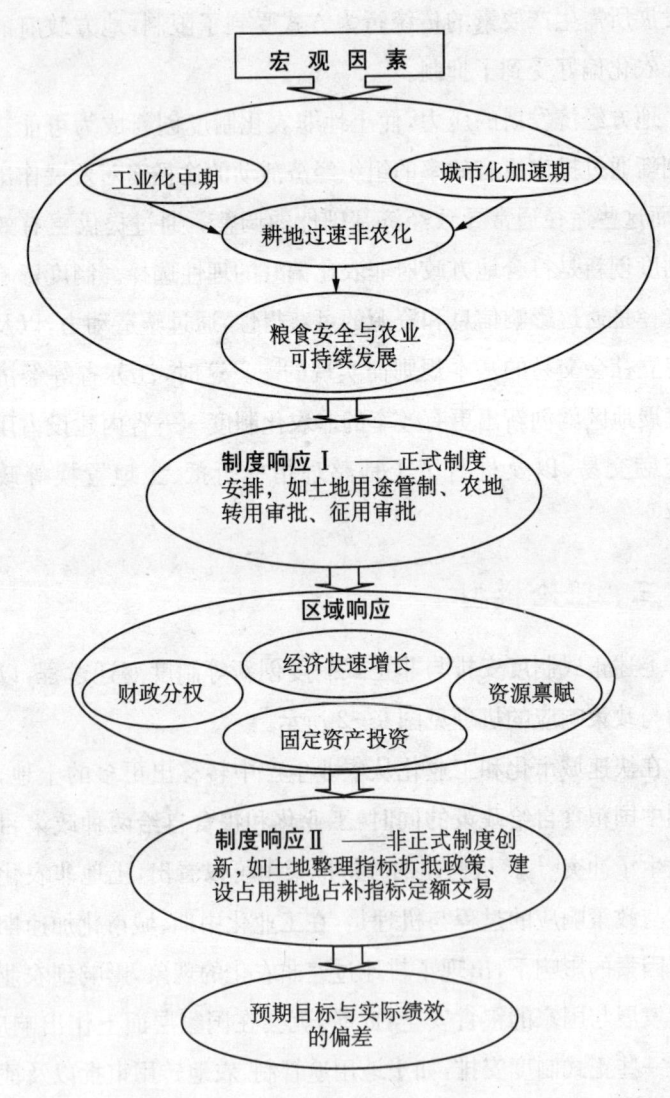

```
宏观因素
  ├─ 工业化中期 ──┐
  │              ├─→ 耕地过速非农化
  城市化加速期 ──┘         │
                          ↓
                   粮食安全与农业
                   可持续发展
                          ↓
          制度响应 I ——正式制度
          安排，如土地用途管制、农地
          转用审批、征用审批
                          ↓
          区域响应
            经济快速增长
            财政分权      资源禀赋
            固定资产投资
                          ↓
          制度响应 II ——非正式制度创
          新，如土地整理指标折抵政策、建
          设占用耕地占补指标定额交易
                          ↓
                   预期目标与实际绩效
                        的偏差
```

图 9—2　基于土地非农化的制度与政策响应机理及绩效的分析框架

权审批等。国家将耕地保护的责任落实到省一级人民政府,1998年《土地管理法》规定"省、自治区、直辖市人民政府……采取措施,确保本行政区域内耕地总量不减少",而省级政府又将耕地保护目标责任层层分解,于是就出现了地方政府面临正式制度的约束与经济发展要求之间的矛盾以及相应的区域响应。当这些正式制度安排束缚了地方快速经济增长的动力,加大了地方政府发展经济的成本,地方政府在财政分权体制下就会根据当地资源禀赋等条件,突破正式制度对固定资产投资的约束,作出一些非正式制度创新来响应经济发展的要求,如在经济快速发展地区就出现了土地整理指标折抵政策、土地置换政策以及建设占用耕地指标定额交易。在土地非农化与耕地保护问题方面出现了一些制度安排,无论是正式还是非正式的,均反映出中央政府与地方政府的角力或博弈,这种角力可以归结为经济发展与耕地保护关系如何平衡,既有中央政府保持耕地总量动态平衡和保证粮食安全的政策意图,又有地方政府在经济发展的压力下寻求经济发展与耕地保护的关系平衡的努力。这可以解释国家在土地非农化调控与耕地保护等制度安排的预期目标与实际绩效之间为什么会出现偏差。

从理论上讲,土地非农化调控与耕地保护等制度安排的预期目标与实际绩效之间出现偏差,是制度变化的供给与需求之间形成制度均衡的结果(如果存在中央政府与地方政府之间博弈的话,也包含博弈均衡的结果),是正式制度安排与非正式制度创新在不同方向上影响耕地数量变化的均衡结果。国家基于保障粮食安全与食物获得权所作出的正式制度安排,是力图实现耕地总量动态平衡的;地方政府基于经济发展和政绩需要所作出的非正式制度创新,是极力将正式制度安排的约束作用最小化,满足快速经济增长的土地需求。

在制度变迁的整个时期内,一些耕地保护制度与政策有一个明显的路径依赖,即假设当地是一个相对封闭的自给自足的经济实体(非开放经济),地方政府出台的一些落实耕地保护目标责任的措施都基于耕地总量动态平衡(在提出耕地总量平衡政策目标之前的制度与政策也是如此)。所以衡量耕地保护制度绩效的一个比较好的指标就是,当年年末耕地面积/年初耕地面积(环比)。用这个指标可以大致反映中央政府与地方政府在土地非农化与耕地保护问题的角力。中央政府以当年年初(或上一年年末)耕地面积作为耕地总量动态平衡政策的目标要求,从年初到年末的耕地面积变化可以反映出耕地保护等制度与政策实施力度[1];这个变化也可以反映出地方政府基于经济发展的非农化偏好对耕地非农化的影响。因此,用当年年末耕地面积/年初耕地面积,既可以反映出中央政府保持耕地总量动态平衡和保证粮食安全的政策意图,又可以反映出地方政府在经济发展的压力下寻求经济发展与耕地保护的关系平衡的努力。当年年末耕地面积/年初耕地面积从总体上可以反映出正式制度安排与非正式制度创新对土地非农化调控与耕地保护的绩效差异,耕地保护制度变迁及绩效的影响等信息均能在其中得到反映,我们将该环比命名为耕地总量平衡度。

根据市场——政府经济学二分法将影响和调控土地非农化因素分为体现市场经济、利益驱动的经济社会因素以及体现政府管制、

---

[1] 国土资源部从2000年开始的每年中国国土资源公报中公布各省耕地总量动态平衡实施情况。

第九章 区域土地非农化与制度响应的理论框架

规则制订的制度政策因素,二者相互结合、相互驱动,而它们所构成的函数就能够解释经济发展压力下的地方政府在土地非农化中的作用以及中央政府与地方政府在土地非农化调控与耕地保护问题上的博弈,能够解释土地非农化调控与耕地保护等制度安排的预期目标与实际绩效之间为什么会出现偏差。因此,构造这样一个函数,即由耕地非农化率(建设占用耕地量/年初耕地面积的百分比)作为被解释变量,以及由经济增长等经济社会因素,粮食安全与食物获得权、财政分权、包括耕地总量平衡度在内的耕地保护制度绩效等制度与政策因素作为解释变量。可以用下列理论模型将土地非农化的制度与政策响应的过程与机理模拟出来:

$$耕地非农化率 = F(经济增长,粮食安全与食物获取权, 财政分权,耕地保护制度) \qquad (9-1)$$

式(9-1)中,经济增长可以用经济增长速度、工业化与城市化、固定资产投资表示,一般地讲工业化、城市化等经济社会因素必然导致土地非农化,但在不同工业化与城市化发展阶段这些经济社会因素对用地外延式增长或集约利用的要求不同,对土地非农化需求的力度也会发生差异,但无论如何这些经济社会因素对研究土地非农化都是必不可少的变量。粮食安全与食物获得权可以用人均粮食产量、粮食价格表示;农业结构调整能够反映出人们在粮食安全与食物获取权得到满足后追求更多更大经济利益的行为变化,它有可能作为市场调控力量来制约土地非农化;一般认为,财政分权体制对土地非农化具有重要影响,土地非农化收益是地方财政的重要来源,当一个地区从其他社会财富集中地方财政的能力能得到满足,就可能减少对土地非农化的依赖,所以,用地方财政收入占 GDP 的百分比所反映出的地方财政集中能力,可以衡量财政分权体制对土地非农化的影响;耕地保护制度的约束作用量化比较困难,耕地总量平衡度就是其中的一个相对理想的指标,考虑到在耕地保护制度变迁的不同时期,耕地保护制度与政策变量侧重不同,政策工具的多寡不同,对土地非农化调控的力度也不同,而且对工业化、城市化、固定资产投资、财政收入以及农业结构调整都有直接的重要影响,可以用虚拟变量表示。因此可以将式(9—1)进一步具体化:

耕地非农化率 = $(1+\delta_t)f$(农业结构调整,工业化,城市化,
　　　　　　固定资产投资,人均粮食产量,粮食价格,
　　　　　财政集中度,耕地总量平衡度,……) 　(9-2)

式(9—2)中,δ_t 是耕地保护制度与政策虚拟变量。式(9—2)在式(9—1)的基础上,进一步细化模拟了土地非农化的制度与政策响应的过程与机理。这也进一步从理论上表明,耕地非农化是否过度,土地非农化调控与耕地保护等制度安排的预期目标与实际绩效之间为什么会出现偏差,其实是中央政府与地方政府在耕地保护与经济发展关系平衡问题上角力的结果。中央政府所作出的正式制度安排,以及省级政府层层分解目标责任,将地方政府耕地非农化偏好及行为限制在耕地总量动态平衡的许可范围内,同时,粮食安全责任也下移至地方政府。地方政府若保护耕地,需要从粮食安全角度考虑本行政区域的基本农田数量,从而有可能陷于不利于市场经济发展的相对封闭的、自给自足的地方政治经济实体中;地方政府若不保护耕地,各地相互攀比,都一味发展经济,就会面临粮食安全压力。在经济快速发展地区一些聪明的地方政府就创新出一系列非正式制度,引入市场因素来保护耕地(如建设占用耕地定额指标交易),根据各自资源禀赋和比较优势发展经

济,从而避免了陷入自给自足经济的怪圈。总之,在非农化和城市化驱动下,正式制度安排与非正式制度创新的作用方向不尽相同,这些不同驱动方向的因素相互作用形成合力,结果是有可能出现预期目标与实际绩效之间的偏差。

第三节 待验证的研究假说

基于以上分析框架对有关问题的解释,本节提出以下几个待验证的研究假说。

假说 Ⅰ 土地非农化是对经济发展的响应,中央政府与地方政府分别从正式制度安排与非正式制度创新调控土地非农化、平衡经济发展与耕地保护的关系,中央政府与地方政府在耕地保护与经济发展关系平衡问题上角力的结果是,制度安排与制度创新对土地非农化调控的影响与作用方向可能不相同,预期目标与实际绩效之间出现偏差。

土地非农化是我国工业化中期、城市化加速期比较鲜明的特征,在城乡交错区尤为突出的土地利用/覆被变化特征,造成了大量城乡交错区优质农田非农化流失。但就土地非农化调控而言,国家基于粮食安全考量所作出的正式制度安排,与地方基于经济快速发展考量和非农化偏好所作出的非正式制度创新,对土地非农化调控的方向不一致,尤其在经济发展导致土地过度非农化的情况下更是如此。如前所述,用耕地总量平衡度,即当年年末耕地面积/年初耕地面积(环比),从总体上可以大致反映中央政府与地方政府在土地非农化与耕地保护问题上的角力,可以反映出正式制度安排与非正式制度创新对土地非农化调控与耕地保护的绩效差异。

假说Ⅱ 土地非农化是农业结构调整、工业化、城市化、固定资产投资等经济社会变量与粮食安全政策、耕地保护制度、财政分权等制度政策变量在深层次上不同方向上驱动的结果。

一般地,工业化、城市化、固定资产投资是直接导致土地非农化以及耕地减少的主要驱动力;农业结构调整由于与土地非农化之间存在用地竞争关系,它有可能是制约土地非农化的经济因素。人均粮食产量下降若危及食物获取权等粮食安全保障政策的话,有利于中央政府采取措施保护耕地并严格约束地方政府利用土地非农化发展经济的行为;同样的道理,粮食价格上涨若危及食物获取权,也有利于从数量上保护耕地,从而在某种程度上抑制土地非农化,而下降则相反;耕地保护制度与政策而言,耕地总量平衡度,即当年年末耕地面积/年初耕地面积(环比)反映了中央政府保护耕地与地方政府发展经济的角力,随着制度变迁和耕地保护措施的不断加强,该环比指标能够反映出它对抑制土地非农化以及耕地减少的作用也在不断加强。由于土地非农化能够给地方政府带来财政收入,直接提供地方政府发展经济所需原始资本积累,在财政分权体制下地方政府有强烈的土地非农化偏好;但当地方政府从其他社会财富中集中地方财政的能力比较稳定或加强,就可以减少对土地非农化的依赖。

参考文献

[1] 沈坤荣:《体制转型期的中国经济增长》,南京大学出版社,1999年。

[2] 洪银兴、曹勇:"经济体制转轨时期的地方政府职能",《经济研究》,1996

年第 5 期。
[3] 毛传新:"转轨中的地方政府行为主体:一种分析框架",《上海经济研究》,2001 年第 12 期。
[4] 周其红:"农地征用垄断不经济",《中国改革》,2001 年第 12 期。
[5] 巴曙松:"'经营土地'热潮背后的制度诱因",http://www.china.com.cn,2003-7-17。
[6] 陈锡文:"关于我国农村的村民自治制度和土地制度的几个问题",《经济社会体制比较》,2001 年第 5 期。
[7] 文森特·奥斯特罗姆等著,王诚等译:《制度分析与发展的反思——问题与抉择》,商务印书馆,2002 年。
[8] 蔡运龙、霍雅勤:"耕地非农化的供给驱动",《中国土地》,2002 年第 7 期。
[9] 曲福田、陈江龙:"两岸经济成长阶段土地非农化比较研究",《中国土地科学》,2001 年第 6 期。
[10] 曲福田、冯淑怡、俞红:"土地价格及分配关系与土地非农化经济机制研究",《中国农村经济》,2001 年第 12 期。
[11] Xiaobo Zhang et al. 2000. *Industrialization, Urbanization and Land Use in China*. EPTD Discussion Paper No. 58, International Food Policy Research Institute, U.S.A.

第十章 区域土地非农化与制度响应的实证研究

第一节 研究区域、数据说明与实证模型选择

本节主要交代研究区域概况,说明数据的来源,对数据初步地统计描述,定义相关变量,选择实证计量模型,概括出相应的理论预期,进一步细化研究假说。

一、研究区域

本研究选择江苏省常州市、安徽省马鞍山市作为研究区域。

常州市概况。常州,位于北纬 31°09′至 32°04′,东经 119°08′至 120°12′之间,与上海、南京两大都市等距相望,与苏州、无锡联袂成片,构成了苏锡常都市圈,区位条件和水陆空交通条件优越,属长江三角洲沿海经济开放区和经济发达地区。现辖金坛、溧阳两个县级市和武进、新北、天宁、钟楼、戚墅堰五个市区,全市总面积 4 375 平方公里,2002 年全市总人口 343.24 万人,其中非农业人口 157.82 万人。

马鞍山市概况。马鞍山市,地处北纬 31°46′至 31°17′与东经 118°21′至 118°52′之间,东与江苏溧水、高淳县交界,西濒长江,南

与芜湖市接壤,北与南京市江宁区毗连,紧靠经济发达的长江三角洲,地理位置优越。全市总面积1 686平方公里,辖花山区、雨山区、金家庄区和当涂县。2002年末全市国内生产总值突破150亿元,人口122.12万人,其中非农业人口54.18万人。

二、数据的来源、变量选择与统计描述

(一)常州市的数据来源及说明

由于2002年常州市进行行政区划调整,武进撤市改区,2002年及以后各年在《常州统计年鉴》就没有单列。在实证研究中选取时段是1990年到2001年,仍将武进作为研究区域,以扩大样本容量。

检验土地非农化的制度响应模型所需经济社会数据,除非特别说明,均来自1990~2003年历年《常州统计年鉴》。农业结构调整数据、粮食产量和粮食价格指数数据来源于1989~1996年历年《江苏农村经济统计资料》、1998~2002年历年《江苏农村统计年鉴》。土地数据来自历年《常州统计年鉴》、1989~1996年历年《江苏农村经济统计资料》、1998~2002年历年《江苏农村统计年鉴》、1989~1995历年《全国土地统计资料》以及常州市国土资源局提供的土地统计台帐。

(二)马鞍山市的数据来源

马鞍山市数据,除非特别说明,均来自1991年、1992年、1995年、1996年《马鞍山国民经济统计资料》,1998~2003年历年《马鞍山统计年鉴》。马鞍山市1990年、1993年以及1994年数据来自

《安徽统计年鉴》(1991,1994,1995)。土地数据来自历年《马鞍山国民经济统计资料》、《马鞍山统计年鉴》、1989~1995年历年《全国土地统计资料》以及马鞍山市国土资源局提供的数据。

对检验政府征用绩效的假说而言,马鞍山市是国土资源部国有土地资本运营的试点城市,国有土地使用权收回和集体土地征用直接纳入土地发展中心的土地储备库,自2000年实行国有土地资本运营以来积累了大量国有土地使用权收回和集体土地征用案例,可以满足本研究所设定的土地征收征用定量研究对数据资料的需要。研究政府征用绩效所需的有关数据资料均由马鞍山市土地发展中心提供。

(三) 变量选择与统计描述

本研究以常州市为例,通过统计描述发现该市整体上耕地数量变化与人口、GDP、固定资产投资等人文社会经济因素之间的定性关系,下文模拟土地非农化的制度响应及绩效研究的变量选择与统计描述的一个实证性依据。表10—1反映了常州市耕地数量变化与人口、GDP、固定资产投资等人文社会经济因素的总体情况。

(1) 常州市近20年耕地数量变化与年递减率。研究中用近20年的年末耕地面积来反映耕地数量变化总体情况,用年净减少量比上年初耕地面积来表示年递减率[1]。由于1996年及以后的土

---

[1] 由于统计口径不同,1996年是突变点,以1995年为基准按同比递减对1996年及以后的数据进行指数平滑修正的一组数据;考虑到详查数据比过去更精确,以1996年为基准按同比递增对1995年及以前的数据修正的一组数据,然后两组数据与对应原始数据"年末耕地面积1"求平均值,即得"年末耕地面积2";再按公式求得相应的"年均递减率1"和"年均递减率2"。

表10—1 常州市耕地数量变化动力分析

年份	总人口	人均GDP	固定资产投资占GDP的比重	农业结构调整	农副产品价格指数	城市建设用地	年末耕地面积1	年末耕地面积2
1984	305.48	190.4	15.56	45.63	103.9	4 457.53	206 790	209 497.3
1985	306.87	232.7	21.12	47.14	119	4 679.49	206 570	209 079.4
1986	309.74	244.8	29.57	53.53	108.5	4 912.5	206 160	208 535.9
1987	313.22	281.7	30.37	60.48	112.9	5 157.11	206 050	208 193.5
1988	317.06	307.9	31.6	71.63	130.2	5 413.9	205 310	207 432
1989	321.65	287.9	24.36	66.59	112.9	5 683.48	204 970	206 938.2
1990	324.85	306.6	23.94	76.97	102.3	5 966.48	204 540	206 385.5
1991	326.87	326.2	30.33	91.42	111.3	6 129.3	204 270	205 940.4
1992	328.57	437.2	30.74	96.59	109.9	6 391.19	203 600	205 229.7
1993	329.33	583.2	39.27	70.68	123	7 883.18	203 230	204 719.9
1994	331.44	677.1	30.63	80.8	131.1	8 276.46	202 420	203 917.9
1995	333.65	763.7	31.12	81.58	117.9	8 795.43	200 880	202 630.1
1996	337.54	838.6	28.81	94.93	108.9	9 417.82	205 350	203 698.4
1997	339.23	907.4	28.07	62.03	98.7	9 732.2	204 990	203 297.2
1998	340.75	1000.8	27.77	64.76	97.8	9 995	204 700	202 943
1999	339.71	1 101.09	26.9	59.37	94	10 254	204 810	202 855.9
2000	341.48	1 222	27.21	63.27	95.5	10 489	204 250	202 322.5
2001	341.52	1 365	28.34	87.7	97.4	11 285	202 630	201 082.9
2002	343.24	1 530.2	32.87	101.87	97.8	11 222	199 970	199 150.3

资料来源:1990~2003年历年《常州统计年鉴》。注:人均GDP为1990年不变价格,农副产品价格指数1978年=100;1996年及以后的土地数据均采用农业普查即详查的统计口径,年末耕地面积2是修正后的结果。第二列单位为万人,第三列单位为元/人,第四至第六列单位为%,第七至第九列单位为公顷。

地数据均采用农业普查即详查的统计口径,进行指数平滑修正得"年末耕地面积2"。从图10—1中可以看出常州市耕地年均递减率基本上呈上升趋势,而且在1988年、1992年、1995年、2002年出现用地高峰,1996年发生的变化与统计口径变化有关,也与1996年我国开始实行耕地总量动态平衡战略有关。而一般都是在高峰过后采取一些土地管理措施,这在时间上与耕地保护制度发生变迁的时间基本一致。

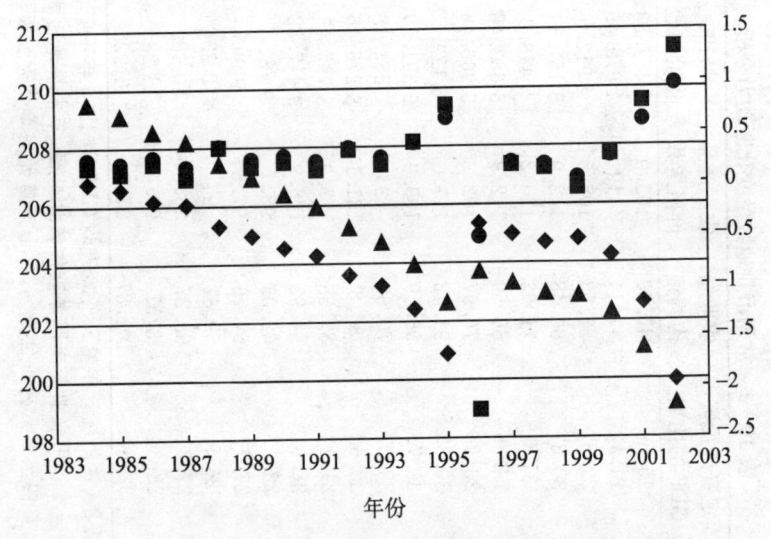

图10—1 常州市近20年耕地数量变化

（2）常州市人口增长、经济发展水平、城市建设用地规模与耕地数量变化。图10—2显示了人口增长、经济发展、城市用地扩展与耕地数量变化的关系,它们与耕地数量之间呈"剪刀差"状,且与耕地数量的相关系数分别为-0.957、-0.947、-0.963,显著性水

第十章 区域土地非农化与制度响应的实证研究

平为 0.01,说明它们与耕地数量之间存在明显的线性相关关系。

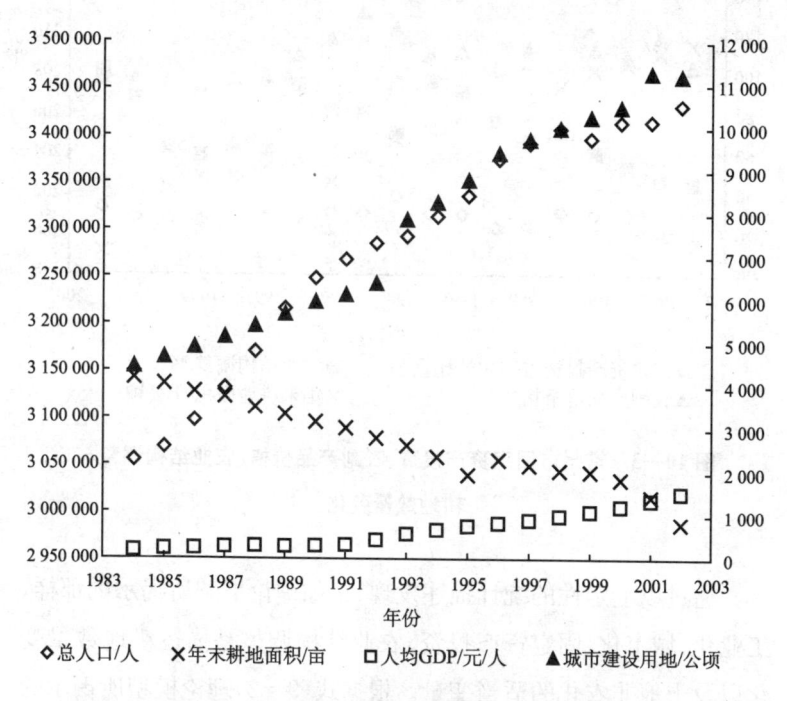

图 10—2 常州市人口增长、经济发展、城市用地扩展与耕地数量变化

（3）常州市固定资产投资、农副产品价格、农业结构调整与耕地数量变化。图 10—3 中固定资产投资、农业结构调整与耕地数量之间基本上呈"剪刀差"的关系,它们与耕地数量的相关系数分别为－0.437、－0.597,其中农业结构调整与耕地数量变化相关的显著性水平为 0.01。比较图 10—1、图 10—3 中的耕地年均递减率和农副产品价格指数变化趋势发现：当粮价上涨时耕地净减少速度就下降,当谷贱伤农时耕地净减少就加速。

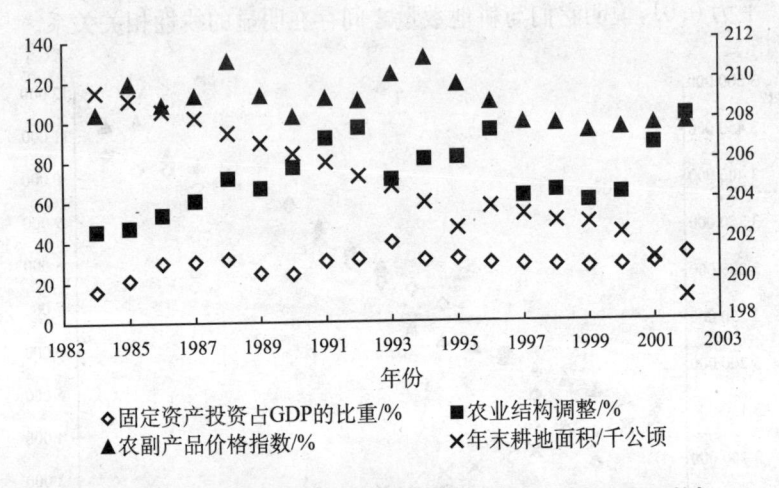

图 10—3　常州市固定资产投资、农副产品价格、农业结构调整与耕地数量变化

　　通过以上定性的统计描述发现,正如理论框架所揭示的那样,工业化、城市化、固定资产投资、农业结构调整是描述耕地数量变化以及土地非农化的适当变量。根据式(9—2)理论模型所揭示的信息,我们选取农业结构调整、经济非农化率、城市化率、资本密度、财政集中度、耕地总量平衡度以及耕地保护制度变迁虚拟变量和城乡交错区虚拟变量,将农业结构调整、经济非农化率、城市化率、资本密度作为经济社会变量,将财政集中度、耕地总量平衡度、耕地保护制度变迁虚拟变量作为制度政策变量,考察这些经济社会因素和制度政策因素对土地非农化绩效的影响。这些变量的定义见表10—2所示。

表10—2　影响土地非农化调控的经济社会及制度与政策因素的变量定义

被解释变量	含义
耕地非农化率	当年非农建设占用耕地/年初耕地面积，非农建设包括国家建设用地、集体建设用地和农民建房用地

解释变量	含义
经济社会变量：	
农业结构调整	当年林牧渔业总产值/当年农业总产值，均按1990年不变价格计算
经济非农化率	当年第二、三产业增加值之和/当年国内生产总值
城市化率	当年非农人口/当年总人口
资本密度	当年全社会完成固定资产投资/土地总面积，按可比价格修正
制度政策变量：	
人均粮食产量	上一年粮食总产量/上一年总人口（以滞后变量形式出现）；以常州或马鞍山全市的平均代替市区的人均粮食产量，因为它的粮食安全和食物获取权能从全市范围内得到保障
粮食价格指数	上一年集贸市场粮食成交指数（以1980年为可比价格），以滞后变量形式出现
财政集中度	当年地方财政预算内收入/当年国内生产总值
耕地总量平衡度	当年年末耕地面积/当年年初耕地面积
耕地保护制度变迁虚拟变量	对应所反映的制度变迁时期进行0～1变量赋值
其他虚拟变量：	
是否城乡交错区	按是否城乡交错区进行0～1变量赋值

下面将利用上述定义的经济社会变量和部分制度政策变量来描述研究区域的样本特征,见表 10—3 所示。

表 10—3 研究区域的样本特征

期望值 标准差	常州市				马鞍山市	
	市区	溧阳市	金坛市	武进市	市区	当涂县
农业结构调整 (%)	51.38 (1.28)	39.02 (1.11)	49.82 (1.79)	40.63 (2.09)	39.22 (1.41)	47.10 (2.72)
经济非农化率 (%)	97.80 (0.11)	79.65 (1.89)	77.68 (2.11)	87.22 (1.63)	98.23 (0.13)	58.77 (1.82)
城市化率(%)	90.89 (1.75)	32.21 (3.10)	16.62 (1.61)	11.54 (0.81)	77.03 (0.63)	13.61 (0.22)
资本密度(万元/ 平方公里)	1950.19 (290.77)	80.50 (14.30)	93.20 (17.00)	165.09 (24.79)	390.30 (42.54)	3.06 (0.35)
财政集中度(%)	16.31 (0.48)	5.40 (0.28)	5.86 (0.26)	6.91 (0.54)	11.66 (1.44)	4.52 (0.17)
耕地总量平衡度	1.035 (0.062)	1.006 (0.007)	1.006 (0.007)	0.988 (0.006)	0.983 (0.004)	0.999 (0.001)

注:括号内数字是标准差。

从表 10—3 可以看出,研究区域中农业结构调整速率比较稳定,但县域农业结构调整在时间序列上所表现出的调整力度变化趋势比市区大(其中武进市的农业结构调整的变动幅度最大),这与县域耕地资源禀赋相对富裕、农业结构调整的余地较大有关;同时市区城乡交错区靠近市中心、靠近市场,已经形成了具有比较优势的、相对稳定的农业结构,再加上城乡交错区土地非农化非常频繁,农业结构调整对农民来说不能形成稳定的预期,所以市区农业结构调整的变幅较小。从经济非农化率指标变动趋势看,市区的均值较县域大,这与城市的规模经济和集聚效应有关,一些资源,特别第二产业和第三产业的资源大多配置在市区,但县域的变幅比市区大(其中金坛市的变幅最大),这说明县域经济发展也步入了快速发展阶段。从城市化率指标的变动趋势看,县域的变幅比市区大(其中溧阳市的城市化发展速度变化最明显),这可能与市区非农人口的基数较高有关,此种情况下非农人口增加对市区城市化水平影响的边际"效用"就较小了。一般地,由于县域总人口基数较大,它们的城市化整体平均水平不高。从资本密度指标看,市区的均值和变幅较县域大,这与市区的投资机会较多、资本密集程度也大有关联。从财政集中度指标的变动趋势看,研究区域的财政收入比较稳定,变幅较小,但市区的均值和变幅较县域大,这可能与市管县体制有关,地市级政府掌握着更多的资源配置和再分配的权力,它的财政集中能力较县市大得多。从耕地总量平衡度看,总体上表现出各市县基本能实现耕地总量平衡,但县域的平衡能力好于市区。除常州市区的变幅较大、耕地总量平衡能力较差外,其他各研究区域的标准差都低于0.026,耕地总量平衡能力比较稳定,尤其是溧阳市、金坛后备可耕资源较多,耕地总量平衡能力较强。

三、实证模型的选择及说明

在第九章理论框架和理论模型的基础上,推导出实证计量模型用以检验研究假说,是本节的主要目的。

本研究的假定仍然可以按照传统的习惯将地方区域看作是相对封闭的自给自足的政治经济实体。它的意义在于,①在这个实体中人均粮食产量和粮食价格指数是反映粮食安全和食物获取权较好的指标,但作为政策决策变量有滞后性,一般将上一年的人均粮食产量和粮食价格作为决策依据;②用非农产值占GDP的百分比表示工业化水平,可以反映作为相对封闭政治经济实体的地方政府非农化偏好对土地非农化的影响;③用非农人口占总人口的比重,表示城市化水平,它可以考察由于非农人口的增加所引致的衣食住行的需求能直接增加对土地非农化的需求,也可以反映在一个相对封闭的政治经济实体中(包括国家)优先考虑城市人口的食物获取权的保障程度[2][1];④用固定资产投资与土地总面积的比重来反映资本投资集约程度(资本密度)以及在一个相对封闭的政治经济实体中地方政府对非农投资偏好,从而影响土地非农化的程度;⑤用财政收入占GDP的比重来反映地方政府在财政分权体制下追求土地非农化收益的行为偏好。

将上述影响因素的分析考虑进去,对式(9-2)两边取自然对数,可以用式(10-1)双对数线性模型估计这些社会经济驱动因子对土地非农化的影响。这样,就由理论模型得实证计量模型为:

$$\text{Ln 耕地非农化率}_{it} = a_1 + a_2 \text{Ln 农业结构调整}_{it}$$
$$+ a_3 \text{Ln 经济非农化率}_{it} + a_4 \text{Ln 城市化率}_{it}$$
$$+ a_5 \text{Ln 资本密度}_{it} + a_6 \text{Ln 人均粮食产量}_{i,t-1}$$
$$+ a_7 \text{Ln 粮食价格}_{i,t-1} + a_8 \text{Ln 财政收入}_{it}$$
$$+ a_9 \text{Ln 耕地总量平衡度}_{it} + a_{10} \text{Ln}(1+\delta_{it}^n) + a_{11} UR + \varepsilon_{it}$$

$$(10-1)$$

---

[1] 林毅夫的研究曾以一省农村人口的比例代表了该省中食物获取权未受保护的人口比例,代表该省城市偏向程度,从而检验食物获取权对中国1959~1961年饥荒所造成非正常死亡的影响。政策的城市偏向在一个假定的自给自足的政治经济实体中是适用的,即使目前在政策制订者头脑中也许存在。

这个基本模型是对假说Ⅰ和假说Ⅱ的检验可能用到的模型，式中 α_i 表示模型的待估参数，其中 α_i 表示截距项，$i=1$ 代表常州市市区，$i=2$ 代表溧阳市，$i=3$ 代表金坛市，$i=4$ 代表武进区，$i=5$ 代表马鞍山市市区，$i=6$ 代表当涂县；ε_{it} 表示随机误差项，是与其他解释变量相独立的随机变量，并且假定它服从零期望、同方差的正态分布，$t=1,2,\cdots,12$。

Ln 耕地非农化率为被解释变量，解释变量 Ln 农业结构调整$_{it}$ 表示研究区 i 第 t 年农业结构调整的对数；Ln 经济非农化率$_{it}$表示研究区 i 第 t 年非农产值占 GDP 百分比的对数；Ln 城市化率$_{it}$表示研究区 i 第 t 年非农人口占总人口百分比的对数；Ln 资本密度$_{it}$表示研究区 i 第 t 年全社会固定资产投资与土地总面积比重的对数；Ln 人均粮食产量$_{i,t-1}$表示研究区 i 第 $t-1$ 年人均粮食产量的对数；Ln 粮食价格$_{i,t-1}$表示研究区 i 第 $t-1$ 年粮食价格指数；Ln 财政收入$_{it}$表示研究区 i 第 t 年财政收入占 GDP 比值的对数；Ln 耕地总量平衡度$_{it}$表示研究区 i 第 $t+1$ 年初耕地面积与第 t 年年初耕地面积的对数(第 $t+1$ 年初耕地面积作为第 t 年末耕地面积，确实二者是一回事，但方便表达)。

考虑到耕地保护制度与政策的影响，在研究中引入耕地保护制度虚拟变量。前面的理论框架中把耕地保护制度变迁划分为 1986 年以前、1986～1993 年、1994～1996 年、1997 至今共 4 个时间段，而本研究的时间从 1990～2001 年，只对应上述制度变迁时期的三个时间段，所以研究中引入 2 个虚拟变量($n=1,2$)，δ_{it}^n 的含义为：

$$\delta_{it}^1 = \begin{cases} 1, t=5,6,7, \text{即在 1994～1996 年间制度虚拟变量为 1} \\ 0, \text{其他时间内制度虚拟变量为 0} \end{cases}$$

$$\delta_{it}^2 = \begin{cases} 1, t = 8,9,10,11, \text{即在} 1997 \sim 2001 \text{ 年间制度虚拟变量为} 1 \\ 0, \text{其他时间内制度虚拟变量为} 0 \end{cases}$$

(10-2)

这样定义基本上反映了:随着制度的变迁,耕地保护的政策工具与变量不断增多,耕地保护也在不断严格。

由于研究区域中有两个市区不同于相对完整的县域,它们具有城乡交错区土地非农化的普遍特性。为了区分城乡交错区和相对完整的县域土地非农化的差异,按市区和非市区分类标准,将引入1个虚拟因素。具体定义如下:

$$UR = \begin{cases} 1, \text{是市区的} \\ 0, \text{非市区的} \end{cases} \quad (10-3)$$

第二节 经济社会及制度与政策因素对土地非农化影响的理论预期

研究假说具有一定的猜测性,有待于实证检验。在理论框架、数据分析与统计描述基础上,区分经济社会变量与制度政策变量对土地非农化的不同影响,进一步深化上章待验证的研究假说的认识,在理论上形成如下预期,见表10—4所示。在这里,理论预期是前面研究假说的具体化,有助于从经济学理论上对实证检验结果进行进一步分析与讨论。

通过所构建的理论框架对影响土地非农化调控的经济社会及制度与政策因素的理论分析,以及相关数据统计分析与描述,为预测有关经济社会变量与制度政策变量的预期影响方向提供了基础。一般认为,农业结构调整与建设占用耕地之间存在用途竞争的关系,它也有可能对土地非农化的绩效产生相反方向的影响,但根据目前我们对常州市的实证研究发现,农业结构调整与建设占用耕地是导致耕地数量减少的主要因素,因此,对农业结构调整的基本理论预期是它与耕地非农化之间有可能是负相关关系,但也可能与土地(耕地)非农化是同方向变动的正相关关系。

经济非农化率、城市化率与资本密度等经济社会因素,引起了用地需求,一般从正向显著影响土地非农化的绩效。但是城市化率也可以作为衡量一个相对封闭的政治经济实体中(包括国家)优先保障城市人口的食物获取权的程度指标,因此,城市化水平越高,有可能从相反方向制约耕地非农化;另一方面,城市化水平越高,对土地集约利用程度也会提高,从而有可能节约建设占用耕地。

对是否是城乡交错区这个虚拟变量而言,一般地认为,土地非农化是城乡交错区的普遍景观,所以该虚拟变量可能与土地非农化显著相关。

如前面理论框架的分析,粮食安全政策、耕地保护制度是约束土地非农化的关键政策变量。粮食安全政策,是根据前期的人均粮食产量和粮食价格的形势严峻性来制订政策以调控影响土地非农化的速度,如果前期的人均粮食产量比较高,就可以为耕地非农化创造一个相对宽松的政策环境,所以人均粮食产量可能与土地非农化同向变动;如果前期的粮食价格比较高,有可能影响到当前人们的食物获取权,这时相应的政策工具就会控制土地非农化的速度。耕地总量平衡度可以衡量一个地区执行耕地总量动态平衡政策和建设占用耕地的占补平衡政策的力度,当然一个地区平衡耕地总量的能力越强,它的耕地非农化指标就越多,或者说,它的非农化需求就越能得到满足和保障。随着耕地保护制度变迁,耕地保护制度与政策工具不断增多,对耕地非农化的调控力度就会不断加强。在财政分权体制下土地非农化收益是地方财政收入的重要来源,一些理论与实证研究认为财政分权刺激了地方政府加速土地非农化的欲望[3~6],因而,地方财政收入与土地非农化是同向变动的,但用一个地区地方财政收入占 GDP 的百分比所表示的地方财政集中度,反映与土地非农化的相互影响,就可能与地方财政收入变动不一致,因为一个地区从其他社会财富中集中地方财政收入的能力越强,对土地非农化收益依赖就会减弱。例如,地方政府基于培养税源的招商引资,结果是土地虽非农化了,但是低价甚至零地价供地,这时就不能再说土地非农化收益是地方财政收入的主要来源;当一个地区集中地方财政收入的主要资财来源很单一,甚至主要的资财来源就是土地,只能做土地文章,那么地方财政集中度就与土地非农化又成为同向变动关系了。本研究中研究区域的财政集中度比较稳定,可能意味着对耕地非农化的依赖性较小,理论上与耕地非农化可能是负向变动关系,但是,我们还是审慎地认为,财政集中度的符号或是正相关或是负相关。以上理论预期的具体成果见表 10—4 所示。

表 10—4 影响土地非农化调控的经济社会及制度与
政策因素和预期影响方向

影响因素	预期的可能影响方向
经济社会变量：	
农业结构调整	−/+
经济非农化率	++
城市化率	++/−
资本密度	++
制度政策变量：	
人均粮食产量	+
粮食价格指数	−
财政集中度	−/+
耕地总量平衡度	+
耕地保护制度变迁虚拟变量	−
其他虚拟变量：	
是否城乡交错区	++

注："+"表示正相关关系，"++"表示显著正相关关系，"−"表示负相关关系，"+/−"表示或者是正相关，或者是负相关。下表同。

第三节 结果与讨论

计量方法的使用，在于检验理论预期和经验事实的相关程度。根据前面的分析，本节利用社会经济统计分析软件 SPSS11.5 对两种模型进行计量检验，并对它们的计量结果展开分析与讨论。

一、土地非农化的制度响应及绩效的检验结果

本节首先检验土地非农化调控的制度响应及绩效的有关研究假说与理论预期。利用研究区 6 个区、市、县从 1990 年至 2001 年

12年的混合截面数据对上述等式(10—1)经济计量模型进行估计,计量结果见表10—5所示。

表10—5 模型Ⅰ回归估计结果

解释变量	非标准化系数 B	标准化系数 Beta	t值	显著性水平
截距	−17.954		−1.876	0.066
经济社会变量				
Ln农业结构调整	1.457	0.284	3.435	0.001
Ln经济非农化率	4.396	0.508	2.305	0.025
Ln城市化率	−0.82	−0.427	−2.483	0.016
Ln资本密度	0.173	0.221	0.702	0.485
制度与政策变量				
Ln人均粮食产量	0.569	0.08	0.633	0.529
Ln粮食价格指数	−0.274	−0.095	−0.525	0.601
Ln财政集中度	−1.467	−0.441	−2.494	0.015
Ln耕地总量平衡度	1.831	0.076	1.126	0.265
Ln耕地保护制度变迁虚拟变量 i	0.396	0.072	0.648	0.519
Ln耕地保护制度变迁虚拟变量 ii	−1.976	−0.411	−4.105	0.000
其他虚拟变量				
城乡交错区虚拟变量	3.008	0.863	2.653	0.01
R^2	0.755	$D-W$	1.991	
调整 R^2	0.711			
F值	16.845			0.000

被解释变量:耕地非农化率。

计量模型Ⅰ的 R^2 和 F 检验结果表明,回归方程线性显著。t 统计值检验结果表明,经济社会变量对被解释变量的线性影响非常显著,估计系数的符号基本上和理论预期一致,除资本密度的估计系数的显著性水平较差外,农业结构调整、经济非农化率、城市化率的估计系数都达到了5%的显著水平,也就是说这些变量的估计系数显著不为零,估计系数为零的概率只有 0.001、0.025、

0.016;制度政策变量的估计系数的符号基本上和理论预期一致,其中财政集中度和耕地保护制度变迁虚拟变量 ii(1997年以后的耕地保护制度)估计系数都达到了5%的显著水平,也就是说这些变量的估计系数显著不为零,估计系数为零的概率只有0.015、0.000。城乡交错区虚拟变量的估计系数达到了1%的显著水平,估计系数为零的概率只有0.01。$D—W$ 检验值为1.991,说明样本误差基本不存在序列相关。

资本密度的估计系数显著性水平只有0.485,多重共线性检验结果表明它的容忍度小于一般常规容忍度0.1,与经济非农化率之间存在明显的共线性。这说明地方政府的非农化偏好,表现为追求非农产值在GDP中所占比重,表现为追求固定资产投资来扩张非农产值。因此,在回归方程中应该删除该变量以消除共线性,回归结果如表10—6所示。

表10—6 消除共线性后模型Ⅰ回归估计结果

解释变量	非标准化系数 B	标准化系数 Beta	t值	显著性水平
截距	−22.409		−3.140	0.003
经济社会变量				
Ln 农业结构调整	1.559	0.304	3.929	0.000
Ln 经济非农化率	5.399	0.625	4.296	0.000
Ln 城市化率	−0.848	−0.442	−2.597	0.012
制度与政策变量				
Ln 人均粮食产量	0.499	0.070	0.561	0.577
Ln 粮食价格指数	−0.048	−0.017	−0.118	0.906
Ln 财政集中度	−1.470	−0.442	−2.510	0.015
Ln 耕地总量平衡度	1.722	0.071	1.068	0.290
Ln 耕地保护制度变迁虚拟变量 i	0.386	0.071	0.636	0.527

续表

解释变量	非标准化系数 B	标准化系数 Beta	t值	显著性水平
Ln 耕地保护制度变迁虚拟变量 ii	−1.808	−0.376	−4.348	0.000
其他虚拟变量				
城乡交错区虚拟变量	3.350	0.961	3.288	0.002
R^2	0.753	$D-W$值	1.958	
调整 R^2	0.713			
F值	18.636			0.000

被解释变量：耕地非农化率。

消除共线性后的回归结果中调整后 R^2 有所改进，F 检验结果表明，删除资本密度变量后回归方程线性更显著，根据李子奈提供的 R^2 检验值与 F 统计量之间的关系式计算[7]，在满足 F 值显著水平条件下只要 $R^2>0.749$ 即可通过拟合优度检验①；$D-W$ 检验值为 1.958，说明样本误差基本不存在序列相关。

二、对检验结果的进一步讨论

下面分经济社会因素和制度政策变量分别讨论计量检验的结果。

(一) 影响耕地非农化的经济社会因素

1. 农业结构调整对耕地非农化的影响

本研究的最初目的是考察农业结构调整作为经济社会因素中

---

① 当样本容量较大时，拟合优度可以低些，只要 R^2 检验值与 F 统计量之间的关系满足：$R^2 \geq 1 - \dfrac{n-1}{n-k-1+k \cdot F}$

市场调控因子之一,它与耕地非农化之间的用地竞争关系有没有对耕地非农化形成制约作用。表10—6的计量结果表明,农业结构调整的系数符号为正,说明它与耕地非农化率同向变动之间存在用途竞争关系,导致符号相反的预期结果还没有出现。但无论如何,计量结果还是支持了我们的第二个预期,即农业结构调整与耕地非农化之间有可能是正相关。计量结果表明,它们之间的对数线性关系非常显著,估计系数为零的概率近乎为0,而且农业结构调整每增加1个百分点,耕地非农化就增加1.559个百分点。这说明,农业与其他产业的比较利益相差非常大,地方政府有发展非农产业的机会就促进土地非农化;发展非农产业因用地受到严格耕地保护制度的制约或发展非农产业的机会较少,就鼓励进行农业结构调整,因而出现了农业结构调整与土地非农化同步进行的局面,只有当农业结构调整的利益足够大,它与耕地非农化的比较利益差距较小时,就有可能出现负向变动关系。还有一种可能的解释是,农业结构调整后的用途转变不受耕地保护制度的制约,耕地非农化就非常容易了,但本研究没有将农业结构调整作为滞后变量来考察它对耕地非农化的影响,这种解释的科学性还有待于进一步验证。

2. 经济非农化水平对耕地非农化的影响

经济非农化率与耕地非农化率的符号相同,估计系数 t 检验非常显著,系数为零的概率近乎为0。经济非农化率对耕地非农化的贡献最大,它每增加1个百分点能引起耕地非农化增加5.399个百分点。经济非农化率体现了经济发展水平,而经济发展对包括耕地非农化在内的生产要素配置,对其有必然合理的要求。但从地方政府非农化偏好来看,地方政府追求经济非农化率对耕地非农化也带来了重大的影响。由于 GDP 作为政绩考核的指标,地方政府领导的"时间贴现率一般高于全社会,他们需要在自己相对较短的任期内作出尽可能多的政绩,以便升迁或建立令后人景仰的功勋"[8]。在这种情况下,地方政府作为本区域经济发展的主要推动者,通过耕地非农化来推动经济发展或为经济发展提供用地,是满足其非农化偏好和政绩需要的理性选择。国家基于粮食安全考量所作出的正式制度安排,与地方基于经济快速发展考量和非农化偏好所作出的非正式制度创新对土地非农化调控的方向不一致,根本原因也许在于此。在此意义上,实现耕地总量动态平衡,只是中央政府一厢情愿的政策目标。

3. 城市化水平对耕地非农化的影响

从计量结果看,城市化率与耕地非农化率的符号相反,这没有支持我们关于它与耕地非农化是显著正相关的预期,而验证了我们的第二个判断。从标准化系数看出,城市化每增加 1 个百分点,可以减少建设占用耕地 0.848 个百分点。这说明在一些经济快速发展地区,城市化并没有带来大规模的耕地非农化。同时,城市化人口的食物获取权也会受到政策关注,有利于从政策层面上采取措施保护耕地。尤其是在经济发达地区,达到一定水平后的城市化是有利于土地集约利用的。在这些地区通过采取撤乡并镇发展小城镇、中心村建设等集约用地的措施,以及中心村建设后的旧村土地整理与复垦后新增耕地折抵建设占用耕地指标,为城市化的用地需求提供保障,从某种程度上缓解了经济快速发展中土地资源稀缺的矛盾。这可能意味着,经济发达地区地方政府在追求非农化的目标、推动城市化战略时,也做了一件好事:城市化朝着有利于土地集约利用的方向发展。上述结果的出现,可能与本研究选择的样本是经济快速发展且发达的地区有关。当然,还需要在其他类似地区进一步验证我们的理论预期。

总的来说,不同的计量结果基本上符合理论预期,验证了假说Ⅱ,表明农业结构调整、工业化、城市化、固定资产投资等经济社会因素从不同方向对耕地非农化有重要的影响,有的变量是直接导致土地非农化以及耕地减少的主要驱动力,有的变量(如城市化)是制约耕地非农化的主要因素。

(二)影响耕地非农化的制度政策因素

1. 人均粮食产量对耕地非农化调控的影响

人均粮食产量作为粮食安全政策考虑的核心目标,它对耕地非农化的影响是作为滞后的政策变量出现的。表10—6中计量结果表明,它的符号为正,说明上一年(末)的人均粮食水平的高低可以从正向上影响耕地非农化率的大小,如果上一年(末)人均粮食产量很高,就为当前耕地非农化创造了一个比较宽松的政策环境,相反,如果它很低并危及食物获取权等粮食安全保障政策的话,有利于中央政府采取更为严格的耕地保护政策约束地方政府利用耕地非农化发展经济的行为,耕地非农化行为就面临着压力。但它在统计上对耕地非农化的调控绩效并不显著(表10—5中 t 值显著性水平稍为高一点)。这说明,必须放松将各个研究区域作为一个相对封闭的自给自足的政治经济实体的假定,各区域显然是可以通过国内贸易甚至国际贸易来解决自己的粮食安全问题,甚至可以说,只有国家的粮食安全问题,而没有地方的粮食安全问题。必须对有关政策制订的"非开放经济"假设进行反思和重新评估。

2. 粮食价格指数对耕地非农化调控的影响

粮食价格政策作为粮食安全政策的调控工具,粮食价格上涨若危及食物获取权,也有利于政府重视从数量上保护耕地,从而在某种程度上抑制土地非农化,而下降则相反;它在微观上可以引导农户是否决定将耕地投入生产,从而在微观经济利益机制上抑制或促进耕地非农化。但粮食价格指数在统计上不显著,粮食价格指数对耕地非农化调控的绩效不明显的主要原因是,粮食生产的比较利益低下,而该地区农民的非农就业机会较多,弱化了粮食价格政策在微观经济利益机制上引导农民保护耕地的绩效,从而影响了粮食安全政策的宏观效果。

3. 财政集中度对耕地非农化的影响

表 10—6 中财政集中度估计系数为负,而且 t 检验非常显著,而且显著性水平接近 1%,计量结果验证了我们的一个理论预期,即如果财政集中过分依赖土地非农化收益,那么就会出现土地非农化过速或过度的现象;若从其他社会财富集中财政的能力比较稳定或很强,那么就不会出现土地非农化过速或过度现象。这说明,在经济快速发展地区如果财政集中度很稳定,或从其他社会财富中集中地方财政收入的能力有保障,就会减弱对耕地非农化收益的依赖。而计量结果没有支持那些理论假说,即财政分权体制刺激了地方政府加速土地非农化的欲望,地方政府有强烈的土地非农化偏好,这些理论假说,在经济欠发达地区和某些经济快速发展地区,或经济快速发展地区的某一个阶段,可能是适用的,但需要进一步的检验。

4. 耕地总量平衡度对耕地非农化的影响

就耕地保护制度与政策而言,耕地总量动态平衡是其主要的政策目标。当年年末耕地面积/年初耕地面积(环比)所表示的耕地总量平衡度,可以从总体上反映中央政府保护耕地与地方政府发展经济的角力或博弈,中央政府要耕地总量平衡,地方政府要经济发展用地。如果地方的可耕后备资源等资源禀赋丰裕,能够充分实现建设占用耕地占补平衡,那么,它的耕地非农化需求就能得到满足。地方政府为满足经济发展用地要求所进行的制度创新,如撤乡并镇发展小城镇、将中心村建设等旧址土地整理成耕地,并将新增耕地折抵建设占用耕地指标,等等,这些制度创新对满足经济发展对耕地非农化的需求以及耕地总量动态平衡还是有效果的。就计量结果而言,耕地总量平衡度的系数符号为正,统计上 t 值不够显著,这验证了我们的理论预期。t 检验的显著水平为0.290,说明目前的耕地总量动态平衡政策对保护耕地的绩效虽不是很明显,但仍是既有利于保障经济发展对耕地非农化的需求又有利于从数量上保护耕地、实现耕地总量动态平衡的。如果 t 检验值越不显著,就越有可能说明:地方的可耕后备资源已不足以支持占补平衡目标的实现,如果继续追求耕地总量动态平衡目标,就会影响到经济发展对农地转用的需求。

5. 耕地保护制度变迁对耕地非农化的影响

表 10—5、表 10—6 计量结果表明,耕地保护制度变迁虚拟变量 i 的系数符号为正,也就是说,1994~1996 年的基本农田保护制度等耕地保护制度,没有起到制约耕地非农化的作用,但耕地保护制度放任耕地非农化管制的效果在 $t-$ 检验统计上非常不显著;而耕地保护制度变迁虚拟变量 ii 的系数符号为负,对抑制耕地非农化和耕地保护的绩效非常显著,这说明 1997 年以后实行的土地用途管制、建设占用耕地占补平衡等制度与政策加大了耕地

保护的力度,比1997年之前的基本农田保护制度更有效果。

6. 城乡交错区虚拟变量

计量结果表明了城乡交错区虚拟变量的符号为正,而且在统计上非常显著,t—检验值的显著水平超过了1‰,证实了城乡交错区耕地非农化是非常普遍的景观。

总之,耕地非农化是上述经济社会变量与制度政策变量从不同方向上驱动的结果。迄今为止,中央政府从正式制度安排调控耕地非农化、保护耕地所作的努力,被地方政府在耕地保护与经济发展关系平衡问题上所作的制度创新抵消了,或者说,它们对耕地非农化调控的影响与作用方向可能不相同,预期目标与实际绩效之间出现偏差。以上实证计量检验的结果基本上验证了我们的理论假说Ⅰ和假说Ⅱ以及相关预期。

参考文献

[1] Motohiro Adachi et al. 1999. Agricultural Land Conversion and Inheritance Tax in Japan. *Review of Urban & Regional Development Studies*, Vol. 11, No. 2.
[2] 林毅夫:《再论制度、技术与中国农业发展》,北京大学出版社,2000年。
[3] 温铁军、朱守银:"政府资本原始积累与土地'农转非'",《管理世界》,1996年第5期。
[4] 曲福田、陈江龙:"两岸经济成长阶段土地非农化比较研究",《中国土地科学》,2001年第6期。
[5] 曲福田、冯淑怡、俞红:"土地价格及分配关系与土地非农化经济机制研究",《中国农村经济》,2001年第12期。
[6] 陈利根、陈会广:"土地征用制度改革与创新:一个经济学分析框架",《中国农村观察》,2003年第6期。
[7] 李子奈:《计量经济学——方法和应用》,清华大学出版社,1992年。

[8] 胡书东:《经济发展中的中央与地方关系——中国财政制度变迁研究》,上海三联书店、上海人民出版社,2001年。
[9] 濮励杰、周峰、彭补拙:"长江三角洲地区县域耕地变化驱动要素研究——以原锡山市为例",《南京大学学报》(自然科学版),2002年第6期。

第十一章 土地非农化效率的空间差异分析

资源配置是经济学永恒的研究主题,以提高资源的配置效率为中心,将土地资源可持续利用归结为土地资源配置效率的改善问题,并在配置效率中融入可持续发展理念,全面看待土地资源的利用问题,成为研究土地资源可持续利用一个很好的研究视角。

第一节 土地资源空间配置效率与可持续利用

土地资源可持续利用的实质是处理好资源在代内和代际之间以及区域和部门之间合理配置的问题。可持续发展理论出发点首先要满足当代人的需要,在此基础上再考虑到资源的利用不至于减少后代人的福利水平。从这一点上看,代内配置是代际配置问题解决的前提和基础。农地资源的保护是土地资源的代际配置问题,然而在人地关系紧张,经济发展与耕地保护矛盾突出的背景下,农地资源的保护依赖于当前土地资源配置效率的提高,也就是要以最小的土地占用实现最大的经济增长。

土地资源均衡配置包括土地资源在部门间均衡配置和土地资

源在区域间均衡配置。如何使有限的土地资源最有效地促进国民经济发展和其他社会目标的实现是土地资源配置要解决的重要任务。土地资源合理配置必须达到两个相互关联的目标:一是合理地在各种竞争性用途之间分配土地资源;二是提高土地资源的利用效益[1]。在市场经济中,决定资源合理配置的依据是资源的边际产出率。在部门之间,土地资源配置效率实现的条件是土地在各个部门之间利用的边际收益相等,即 $MR_1 = MR_2 = \cdots = MR_j$($1,2,\cdots,j$ 代表不同的部门)。在现有的土地资源可持续利用的研究中,学者更多地关注于部门间的资源配置效率[2,3],忽视了空间差异的存在。我国幅员辽阔,区域间经济发展水平和资源禀赋的差异较大,各个区域不同部门在土地利用效益上具有较大的空间差异性,也就是说各个地区具有不同的土地利用比较优势。比较优势原理告诉我们,在国际贸易中,各国应该根据各自的资源禀赋状况,按照比较优势原则安排国内生产和贸易可以实现资源的最优配置,增进社会福利。对于一个国家来说,按照比较优势实现生产的地域分工和合理布局,也是提高资源配置效率,增加社会产出的重要手段。在土地利用上,空间差异性的存在意味着具有按照比较优势配置资源,提高土地利用福利水平的可能。从一个国家的角度来讲,这就要求按照区域间土地利用的比较优势来进行土地利用的合理分区,也就是实现土地资源配置的空间效率,达到资源配置的空间均衡。土地资源的空间配置效率是指土地资源功能性指标向其利用效益最大的区域流动,以实现土地资源整体的最佳产出效益。而土地资源配置的空间均衡意味着一种空间上的"帕累托效率"状态。我们以土地非农化来推导土地资源配置空间均衡的要求,用数学公式表示为:

$$F = f(\mathrm{Lna}_1, \mathrm{Lna}_2, \cdots, \mathrm{Lna}_j; Y; K)$$

s.t.

$$\mathrm{Lna}_1 + \mathrm{Lna}_2 + \cdots + \mathrm{Lna}_j = \mathrm{Lna}$$

$$\mathrm{Lna}_j \geqslant 0, j = 1, 2, \cdots, n$$

其中,F 是国民经济生产函数,Lna_j 是不同区域建设占用耕地的数量,Lna 是一定时期国家建设占用耕地的总计划数,Y 是其他可变投入,K 是其他所有不变投入的总和。构建拉哥朗日函数:

$$Z = f(\mathrm{Lna}_1, \mathrm{Lna}_2, \cdots, \mathrm{Lna}_j; Y; K) \\ + \lambda(\mathrm{Lna} - \mathrm{Lna}_1 - \mathrm{Lna}_2 - \cdots - \mathrm{Lna}_j)$$

其一阶条件满足 $\partial f / \partial \mathrm{Lna}_1 = \partial f / \partial \mathrm{Lna}_2 = \cdots = \partial f / \partial \mathrm{Lna}_j = \lambda$,二阶导数等于零。也就是土地非农化配置空间均衡的条件是各个区域新增建设用地的边际产出相等。在现实中,如果存在 $\mathrm{Lna}_i > \mathrm{Lna}_j$ 的现象,则通过调整区域间建设占用耕地的指标分配能够提高国民经济的总产出,实现土地资源可持续利用的代内优化配置。上面的分析过程对于农用地也同样适用,结论是一致的。

第二节 土地非农化在不同区域、不同部门配置的数量比较

由于我国区域的不均衡发展,土地非农化在区域间存在着一定的差异,考察这种差异有助于我们把握经济发展与土地非农化的关系。

一、区域的划分

我国幅员辽阔,各地区之间在地理条件、资源禀赋、经济和社会发展水平上表现出极大的差异。由于发展阶段不同,各个区域间的土地利用也表现出不同的变化趋势。将条件相近的省份归类,以便得出关于不同经济发展水平下土地非农化的特征和趋势。按照行政区划,中国大陆目前有31个省一级的单位[1],习惯上把它们分成三类地区,即东部地区、中部地区和西部地区。本文的地区分类参考蔡昉的研究[4],具体分区情况如下:

东部地区为沿海的11个省、自治区和直辖市,包括北京、天津、河北、辽宁、上海、江苏、浙江、福建、山东、广东、海南;西部地区为西北和西南的9个省和自治区,包括贵州、云南、西藏、陕西、甘肃、青海、宁夏、新疆和广西;中部地区为上述地区以外的11个省、自治区和直辖市,包括四川、重庆、山西、内蒙古、吉林、黑龙江、安徽、河南、江西、湖北和湖南。

根据中国地理学家的考察,从黑龙江的黑河至云南的腾冲画一条线,大约有90%以上的人口居住在这条线以东地区,包括东部地区和中部地区;只有不到10%的人居住在这条线以西地区,即大部分西部地区。东部地区靠近沿海,由于地理和历史条件的原因,这一地区是我国经济最发达,也是人口密度最高的地区(383人/平方公里),比全国平均人口密度(126人/平方公里)高两倍。西部地区地处内陆,经济相对较落后,人口密度为54人/平方公里,仅为全国平均水平的43%。中部地区的地理位置和经济发展

---

[1] 不包括台湾省、香港和澳门特别行政区,全文同。

水平介于东部和西部之间,人口密度为149人/平方公里。这种主要依据地理位置划分的区域基本上反应了我国经济发展水平的地区差距。2004年现价人均GDP东部地区为19 351元,中部地区为8 738元,西部地区为7 728元。

二、不同区域土地非农化差异的数量比较

从图11—1可以发现,从总量上看,我国的土地非农化具有明显的地域差距,存在着从西部向东部递增的趋势。1988~1996年以及1999~2004年的15年时间,东部地区总共有112.43万公顷的耕地转为建设用地,占全国总量的51.19%;中部地区有77.22万公顷,占全国总量的35.16%;西部地区有29.97万公顷,占全

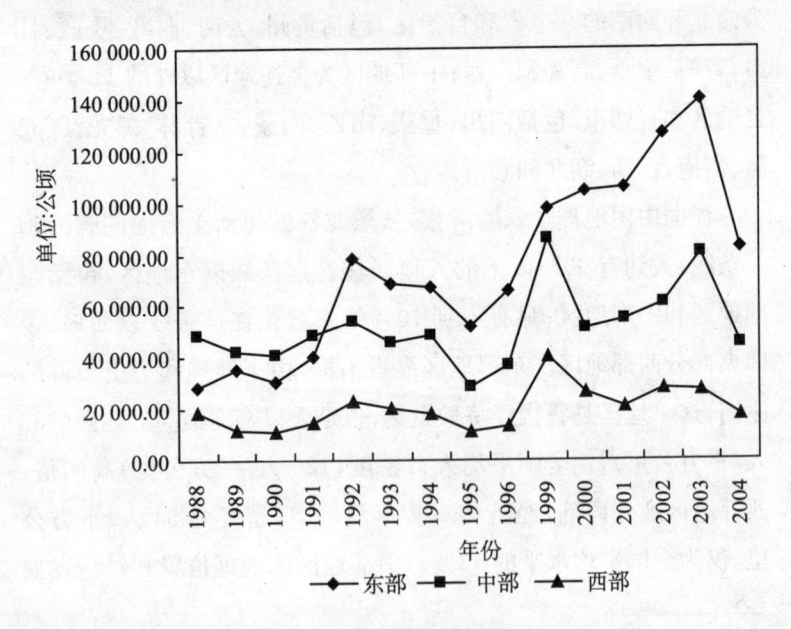

图11—1 1988~2004年东中西部土地非农化比较

国总量的13.65%;东部地区总量是中部地区的1.46倍,是西部地区的3.75倍。从图形上看,东中西部土地非农化具有明显的波动性,与经济发展周期基本一致,而且土地非农化具有加速的趋势。

根据经济发展的阶段特征,将1988～2004年分为三个阶段,第一阶段为1988～1991年,第二阶段为1992～1996年,第三阶段为1999～2004年。从全国范围来看,第一阶段年均建设占用耕地量为9.91万公顷,第二阶段年均建设占用耕地量为12.62万公顷,第三阶段年均建设占用耕地量为19.92万公顷,第二阶段是第一阶段的1.27倍,第三阶段是第二阶段的1.58倍。

从区域内部看,东部地区的耕地非农转用数量增长最快,1999～2004年年均建设占用耕地量是1988～1991年的3.26倍。其中,第二阶段是东部地区经济发展最快的时期,其建设占用耕地量是第一阶段的1.97倍,1999～2004年东部地区经济发展进入稳步发展的阶段,但土地需求量依然很大,其用地量是第二阶段的1.65倍。从数量上看,中部地区在建设占用耕地的变化趋势呈先减少后加速状态,第二阶段的年均建设占用耕地数量是第一阶段的0.95倍,第三阶段是第二阶段的1.48倍。西部地区建设占用耕地的趋势与中部地区相似,但幅度较小。在西部大开发的背景下,西部地区的用地量明显增多,第三阶段是第二阶段的1.55倍。

从区域间的发展趋势来看,由于经济发展水平的差异,区域间土地非农化数量的差距正在扩大。1988～1991年东部地区的不变价的GDP总量是中部地区的1.45倍,是西部地区的4.30倍,而建设占用耕地量东部地区是中部地区的75.81%,西部地区的3.23倍。1992～1996年东部地区的GDP总量是中部地区的

1.66倍,是西部地区的4.91倍,而建设占用耕地量东部地区是中部地区1.55倍,是西部地区的3.90倍。1998～2004年东部地区的GDP总量是中部地区的1.83倍,是西部地区的5.72倍,而建设占用耕地量东部地区是中部地区的1.74倍,西部地区的4.14倍。东中西部不同时间段用地比较见表11—1所示。

表11—1　东中西部不同时间段用地比较　（单位：公顷）

	1988～1991年年均用地(A)	1992～1996年年均用地(B)	1999～2004年年均用地(C)	B/A	C/B	C/A
东部	33 634.74	66 393.65	109 628.2	1.97	1.65	3.26
中部	44 963.11	42 746.59	63 102.43	0.95	1.48	1.40
西部	13 937.36	17 030.94	26 467.27	1.22	1.55	1.90
全国	92 535.21	126 171.2	199 197.9	1.36	1.58	2.15

注:1997～1998年省建设占用耕地的数据没有公布。

由于经济发展是土地非农化的主要推动力量,从东部地区的发展趋势来看,随着中部地区经济发展向工业化中期转变,西部大开发政策的实施,可以预期,中西部地区的土地非农化速度将会加快。

三、土地非农化部门配置的区域差异

以1988～1995年国家土地管理局主编的《全国土地管理统计资料》中建设占用耕地的统计数据为基础,以省、自治区和直辖市为单位,分析东中西部农地非农转用的部门配置。在年度统计资料中,农地的非农转用分为三大类型,国家建设用地、集体建设用地和农村个人建房用地。其中,国家建设用地又分为7小类,即城市、建制镇、独立工矿、铁路、公路、水利工程和其他;集体建设用地

第十一章 土地非农化效率的空间差异分析

分为4小类,即农村道路、农田水利、乡镇企业和其他。本节主要研究不同区域不同经济发展阶段土地非农化的规律性问题。为了研究和分析的方便,将用地类型进行了相应的归并,归并后的用地类型包括城镇用地,交通用地(包括公路、铁路),水利工程用地,工业用地(包括独立工矿用地和乡镇企业用地),农村居民用地和其他6小类。其中,城镇用地包括城市和建制镇,交通用地中的公路包括原国家建设用地中的公路和集体建设用地中的农村道路,水利工程包括原国家建设用地中的水利工程和集体建设用地中的农田水利,农村居民用地指农民个人建房用地,其他将国家建设用地和集体建设用地两类中的其他项合并。

从图11—2我们可以看出,东部地区土地非农化的主要流向是城镇、工业用地、交通用地和水利工程用地,其比例为东部地区建设用地占用耕地量的82.93%。转为城镇用地的占27.51%;转为工业用地的占25.55%,其中独立工矿占15.16%,乡镇企业占

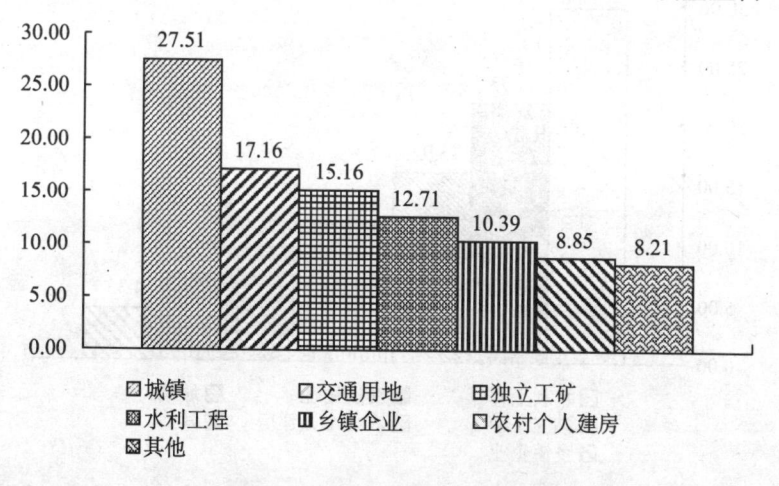

图11—2 东部地区土地非农化流向

10.39%;转为交通用地的占 17.16%;转为水利工程用地的占 12.71%。邓世文对珠江三角洲城镇建设用地增长的分析研究已表明,经济发达地区土地非农化的部门配置主要集中在工业和住宅业[5],这个结论与东部地区整体的区域基本一致。东部地区耕地转为农民居住用地的并不多,只占 8.85%,其他用地占 8.21%。

图 11—3 表明中部地区土地非农化的主要流向是水利工程用地、交通用地、城镇用地和工业用地,其比例为中部地区建设用地占用耕地量的 83.27%。其中转为水利工程用地的占 29.79%;转为交通用地的占 21.73%,比东部地区多 4.57%;转为城镇用地的占 15.92%;转为工业用地的占 18.83%,其中独立工矿占 11.48%,比东部地区少 1.23%,乡镇企业占 4.35%,比东部地区少 6.04%。中部地区耕地转为农村居民用地的比东部地区多

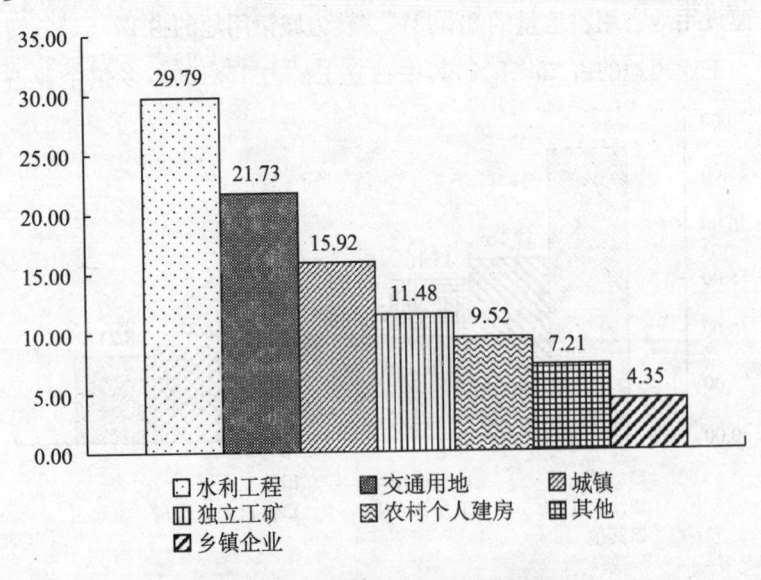

图 11—3 中部地区土地非农化流向

0.67%,占9.52%。转为其他用地的占4.35%。

图11—4表明西部地区土地非农化的主要流向是农村居民用地、城镇、交通用地和水利工程用地,其比例为西部地区建设用地占用耕地量的74.03%。其中转为农民个人建房用地的占20.78%,转为交通用地的占19.75%,转为城镇用地的占18.46%,转为水利工程用地的占15.04%,转为其他用地的占12.98%。相比东中部地区而言,西部地区耕地转为独立工矿用地的比例较少,占9.39%。西部地区转为乡镇企业用地的只占3.64%,比中部地区少0.71%,比东部地区少6.75%。

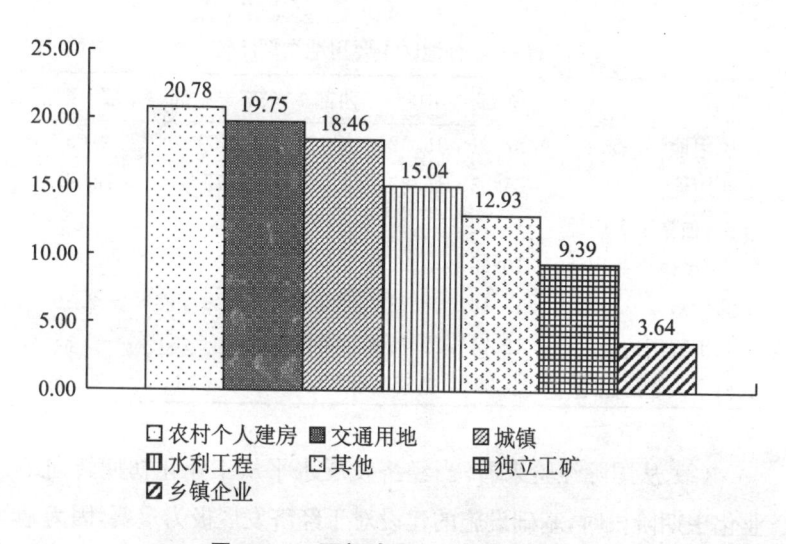

图11—4 西部地区土地非农化流向

根据东中西地区土地非农化流向的分析,可以发现随着经济发展水平的提高,土地的非农化流向呈现一定的规律性。

(1)随着经济发展水平的提高,城镇用地和工业用地将成为耕地非农转用的主要占地对象,也就是说城市化和工业化将成为土地非农化的主要推动力量。从用地比例上来看,城镇用地在东部地区用地最多,占东部地区占用耕地量的27.51%,比中部地区高11.59%,比西部地区高9.05%。工业用地的变化趋势最为明显,东部地区工业用地的比重为25.55%,比中部地区高9.72%,比西部地区高12.52%;从具体构成上看独立工矿用地和乡镇企业用地占用耕地的比例分别为15.16%和10.39%,分别比中部地区多3.68%和6.04%,比西部地区多5.77%和6.75%。见表11—2所示。

表11—2 分地区主要用地类型比较 (单位:%)

	东部	中部	西部	东部—中部	东部—西部
城镇用地	27.51	15.92	18.46	11.59	9.05
工业用地	25.55	15.83	13.03	9.72	12.52
其中:独立工矿用地	15.16	11.48	9.39	3.68	5.77
乡镇企业用地	10.39	4.35	3.64	6.04	6.75
交通用地	17.16	21.73	19.75	−4.57	−2.59
水利工程用地	12.71	29.79	15.04	−17.08	−2.33
农村个人建房用地	8.85	9.52	20.78	−0.67	−11.93

(2)从国际经验来看,当经济发展水平从工业化初期转向工业化中期阶段时,基础设施的建设对于经济发展极为重要,因为基础设施的先行是工业起飞的基础。20世纪70年代初,在韩国开始从工业化初期向工业化中期过渡时,韩国政府制定了第一个"国土综合开发计划",将交通运输、邮电通讯作为政府重点投资部门。台湾在1966~1973年经济起飞阶段,政府也开展以交通运输为重点建设的基础设施建设,如台湾列岛改造计划、十大建设等。从总

体上讲,我国的工业化水平处于工业化中期阶段,其中中西部地区处于工业化的初期阶段,而东部地区已经处于工业化的中后期阶段。从用地结构上看,我国目前的基础设施建设也与该地区的发展阶段相适应,中西部地区的基础设施用地远大于东部地区,中部地区的交通用地占地比例比东部高4.57%,西部地区比东部地区高2.59%;中部地区的水利工程用地占地比例比东部高17.08%,西部地区比东部地区高2.33%。可以看出处于工业化初期向中期转移的中部地区的基础设施用地量在三个地区中最大。

(3)随着经济的发展,纯农村因素在土地非农化中的作用总体上呈减弱的趋势。Niclai V. Kuminoff 和 Dniel A. Sumner 的研究中也验证了这种趋势[6]。从西部到东部,农民个人建房占用耕地的比重依次递减,西部地区的比重为20.78%,中部地区为9.52%,东部地区为8.85%。

第三节 我国土地利用比较优势和土地非农化配置的空间差异分析

由于中国正处于快速土地非农化时期,1978～2004年,共有497.78万公顷的耕地转化为建设用地,年均18.44万公顷,而且非农化的趋势正在加快,短期内可能无法逆转。布朗提出了"21世纪谁来养活中国"的命题,引起了全球对中国粮食安全及其土地利用问题的广泛关注。土地非农化可能危及粮食安全问题更是引起了中国政府的关注,中国试图采用世界上最严格的耕地保护政策来抑制耕地快速减少。耕地总量动态平衡、土地用途管制、建设用地的年度供应计划是耕地保护政策的重要组成部分。然而,由于忽视了区域发展的非均衡性和特定经济发展阶段土地非农化内在的合理性,耕地保护政策的效力与预期目标尚存在一定的差距,主要表现为耕地总量平衡难以实现,特别是在东部经济发达地区,而且耕地质量更难以达到动态平衡,新开垦的耕地质量总是差于已占用的耕地。为了达到名义上土地用途管制的要求,修改土地利用总体规划特别是其中的基本农田保护规划成了地方国土资源管理部门的一项主要工作,其最终结果是基本农田"划远不划近,划劣不划优"。年度建设占用耕地指标分配的后果是区域之间苦乐不均,经济发达地区指标不够用,从而导致大量的非法用地;欠发达地区建设占用耕地指标用不完而年年结转。造成以上农地保护政策效力低下的原因在于政策的制定没有考虑到区域经济发展和自然资源禀赋的非均衡性,没有按照空间效率均衡和比较优势的原则进行土地资源利用的空间配置。

因此,从空间效率均衡的角度来制定或实施区域差异化的农地保护政策,发挥区域的比较优势,可能是解决经济发展与农地保护矛盾的有效途径,也是实现土地资源可持续利用的保证。本文通过计算经济发展水平不同的区域土地利用的比较优势以及建设用地对经济发展的边际贡献,反映土地非农化的空间效率差异,据此提出土地利用政策改革的思路。

一、土地利用比较优势的度量

中国经济发展与耕地保护矛盾的解决是实现可持续发展的基础。从目前发展趋势来看,经济的发展始终是首要的问题,因此这个矛盾的解决依赖于土地利用效率特别是非农建设用地效率的提高,在发展过程中尽量少占耕地。由于我国幅员辽阔,各地的资源禀赋和发展水平不尽相同,土地利用效率差距较大,根据土地利用的空间效率,按照比较优势的原则来配置土地资源,将是解决这一矛盾的关键。为此,我们以农地和非农地的产出效益来衡量土地利用的空间比较优势,并选用柯布-道格拉斯生产函数来测算不同区域建设用地对经济发展的贡献,以此来衡量土地非农化的空间效率差异,据此提出我国土地利用空间调整的方向。

(一) 基本方法

土地利用比较优势的度量方法有很多,包括成本法、效益法、指标综合法等。在本研究中我们应用土地产出效益来衡量土地利用的空间比较优势,这与李嘉图应用劳动生产率来衡量比较优势的思路是一致的。我们主要研究土地在农业和非农业用途之间的空间比较优势,农业土地利用效益用单位耕地的种植业增加值来衡量,非农业土地利用效益用单位居民点工矿用地的二、三产业增加值来衡量,土地利用比较优势的计算公式为:

$$\text{LUCA}_i = \frac{\text{NALUB}_i}{\text{ALUB}_i}$$

式中,LUCA_i 为 i 地区非农业土地利用相对农业土地利用的比较优势,NALUB_i 为 i 地区非农业土地利用的效益,ALUB_i 为 i 地区农业土地利用的效益。将所得的数值进行排序就可以得出区域土地比较优势顺序。

(二) 数据来源和估计结果

限于资料的可获取性,在本文中用1999~2001年的平均数据

表 11-3　区域土地利用的效益与比较优势

地区	建设用地产出 (元/公顷)	耕地产出 (元/公顷)	比较 优势	地区	建设用地产出 (元/公顷)	耕地产出 (元/公顷)	比较 优势
北京	388 098.98	5 358.80	72.42	湖北	169 637.41	3 640.58	46.60
天津	303 334.79	3 452.05	87.87	湖南	123 796.95	4 761.77	26.00
河北	155 176.65	3 550.98	43.70	广东	356 806.27	6 870.70	51.93
山西	95 728.19	1 141.55	83.86	广西	117 436.76	3 438.01	34.16
内蒙古	44 073.25	1 087.14	40.54	海南	73 083.46	5 183.22	14.10
辽宁	180 670.23	2 945.75	61.33	重庆	146 015.59	3 409.00	42.83
吉林	89 752.97	2 164.58	41.46	四川	110 794.17	3 783.43	29.28
黑龙江	122 296.53	1 206.48	101.37	贵州	77 467.45	1 569.63	49.35
上海	854 411.25	5 505.89	155.18	云南	120 966.88	1 722.27	70.24
江苏	268 302.37	4 613.22	58.16	西藏	96 763.23	1 737.26	55.70
浙江	427 618.73	6 972.11	61.33	陕西	93 282.67	1 639.21	56.91
安徽	87 334.43	3 174.79	27.51	甘肃	43 149.39	1 226.69	35.18
福建	391 605.45	8 622.39	45.42	青海	44 138.36	820.57	53.79
江西	127 478.96	3 707.80	34.38	宁夏	61 957.03	1 128.77	54.89
山东	184 926.47	4 769.61	38.77	新疆	52 210.36	2 078.60	25.12
河南	113 630.75	4 561.75	24.91				

资料来源:作者整理。

来计算31个省区(不包括台湾、香港和澳门)土地利用的比较优势。其中,第二、三产业增加值来自于相应年份的国家统计年鉴;种植业增加值根据农业增加值来推算,具体办法是根据相应年份农业总产值中种植业所占比例×农业增加值,数据来自相应年份的中国农业统计年鉴;耕地和居民点工矿用地的数据来自国土资源部编制的国土资源综合统计年报。所有年份的产值都换算成1990年的不变价格。

根据表11—3的数据,分别对建设用地产出、耕地产出和比较优势进行聚类分析,将研究的31个省级行政单位分为3级,并将

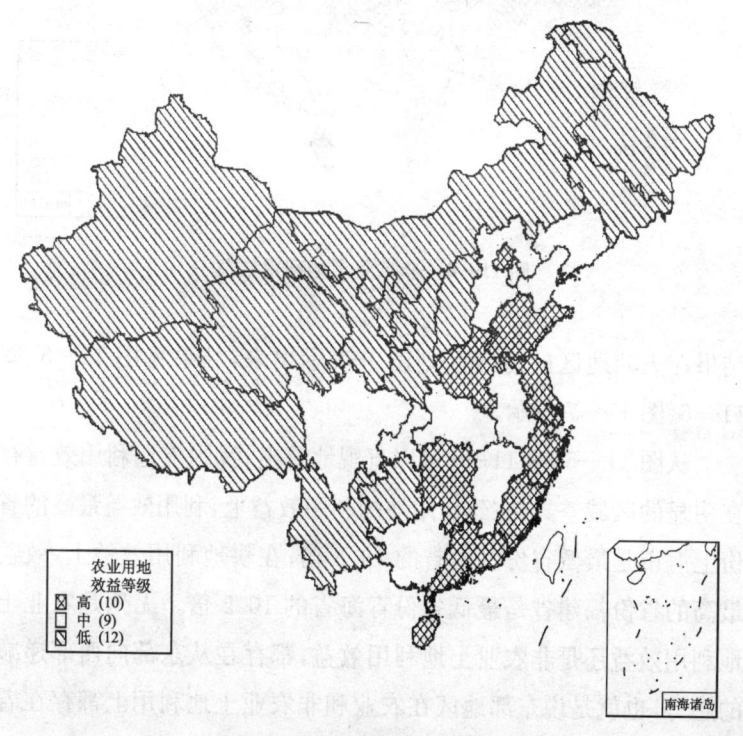

图11—5 农业土地利用效益

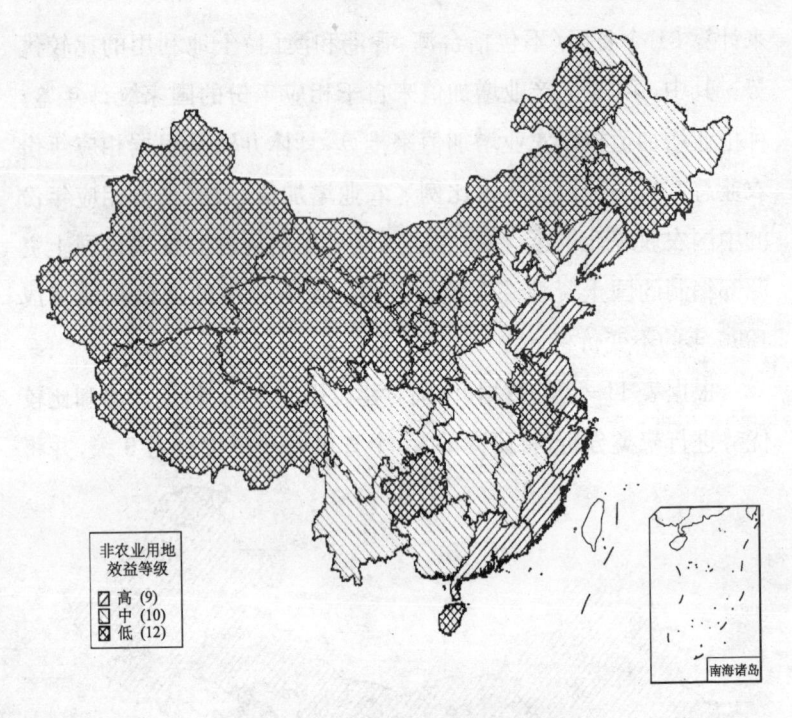

图 11—6 非农业土地利用效益

结果在大陆地区的行政区划图上表示出来,结果见图 11—5、图 11—6、图 11—7 所示。

从图 11—5、图 11—6 可以直观地看出,我国土地利用效益存在明显的区域差异,在建设用地的利用效益上,利用效益最高的省份上海市是最低省份甘肃省的 19.8 倍;在耕地利用效益上,效益最高的省份福建省是最低省份青海省的 10.5 倍。无论是农业土地利用效益还是非农业土地利用效益,都存在从东部向西部递减的趋势,也就是说东部地区在农业和非农业土地利用上都存在着绝对优势。从比较优势上看,比较优势最高的省份有黑龙江、辽

第十一章 土地非农化效率的空间差异分析

省级区域土地
利用比较优势
- 高 (9)
- 中 (13)
- 低 (9)

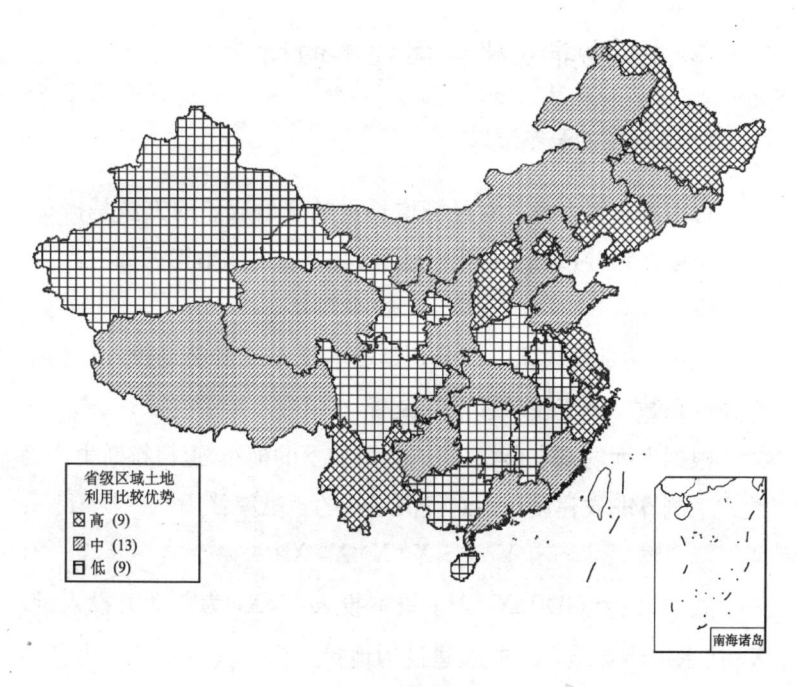

图 11—7 土地利用比较优势

宁、北京、天津、山西、江苏、上海、浙江和云南；比较优势中等的省份有吉林、内蒙古、河北、山东、宁夏、陕西、湖北、青海、西藏、贵州、广东和福建；比较优势较低的省份有新疆、甘肃、四川、重庆、湖南、河南、安徽、江西、广西和海南。从总体上看，东部和西部地区的非农业土地利用相对于农业土地利用更具有比较优势。单纯从静态比较优势的角度来评价区域土地利用的空间格局，可以得出中部地区主要从事农业生产而东西部地区从事非农业开发能优化我国土地资源配置效率的结论，但如果考虑到区域的生态环境要素，可能这种配置格局会有所变化。

二、土地非农化空间效率的衡量

(一) 模型的基本形式

目前测算要素投入对经济增长贡献率最成熟的方法是柯布-道格拉斯(Cobb-Douglas)生产函数,其基本的函数形式如下:

$$Y = AK^{\alpha}L^{\beta} \qquad (11-1)$$

式中,A是常数项,α、β分别是资本投入K和劳动投入L的生产弹性系数。由于技术水平的提高,A值在不断变化。

根据上面的基本公式,我们选用如下的柯布-道格拉斯生产函数式来测算非农建设用地对经济增长的贡献率:

$$Y = a_0 X_1^{a_1} X_2^{a_2} X_3^{a_3} X_4^{a_4} \qquad (11-2)$$

式中,Y为 GDP,X_1表示资本投入额,X_2为劳动力投入量,X_3技术进步贡献,X_4非农建设用地投入量,a_1、a_2、a_3、a_4为各要素的产出弹性系数。

(二) 数据来源和估计结果

根据公式(11-2)我们在东部、中部和西部地区各选取三个典型省份来测算不同区域土地非农化对经济增长的空间差异。其中东部地区包括浙江省、江苏省和山东省,中部地区包括四川省、山西省和湖南省,西部地区包括云南省、贵州省和陕西省。公式(11-2)中的资本用资本存量表示,数据引自叶裕民估算的数据[7];劳动力用当年绝对量来表示,不考虑人力资本的因素,数据来源于相应年份的全国统计年鉴;技术进步用时间代替。

为了能够利用样本数据对该生产函数进行回归分析,本模型

采用直接估计方法,得到线性回归方程,并推算出建设用地增长对经济增长的贡献率。具体步骤如下:

(1) 对公式(11—2)两边取自然对数,得:

$LnY = Lna_0 + a_1 LnX_1 + a_2 LnX_2 + a_3 T + a_4 LnX_4$。

(2) 利用样本数据,通过回归,估算出相应的系数 a_1、a_2、a_3、a_4。

根据回归得出的建设用地对 GDP 增长的弹性系数(表 11—4),分别算出不同省份建设用地对 1989～2001 年经济增长的贡献率和平均边际产出。计算公式如下:

建设用地贡献率 = 建设用地增长的百分比

×弹性系数/经济增长的百分比　　(11—3)

平均边际产出 = 弹性系数×研究期间平均 GDP

/研究期间平均建设用地数量　　(11—4)

表 11—4　不同省份建设用地的产出弹性

区域	省份	弹性系数	T值
东部	浙江省	0.754 9	7.81
	江苏省	2.131 7	4.35
	山东省	1.278 3	3.00
中部	四川省	0.699 2	2.25
	山西省	1.037	2.54
	湖南省	0.602 1	3.32
西部	云南省	0.856 7	3.63
	贵州省	0.186 1	2.25
	陕西省	0.615 1	1.51

从表11—5数据可以看出,东部地区三个省平均非农建设用地对GDP增长的贡献率大于中西部地区,分别是中部地区的1.25倍和1.39倍,贡献率由东向西递减。东部三个省份平均单位建设用地面积增加边际产出是中部三个省份平均值的3.85倍,西部三个省份平均值的4.68倍。其中产值最高江苏省是产值最低的贵州省的9.52倍,也就是说同样的GDP产值的增量,江苏省只要用贵州省10.5%的建设用地量,土地利用的空间效率在区域间有很大的差别。总体上看,东部地区建设用地的利用效率要比中西部地区高。陈福军的研究也表明,东部地区城市建成区面积增加所产生的效益要高于中西部地区[8]。

表11—5 不同省份建设用地对GDP增长贡献的测算(1989~2001年)

区域	省份	贡献率(%)	平均值(%)	平均边际产出(万元/公顷)	平均值(万元/公顷)
东部	浙江省	14.70		59.53	
	江苏省	10.96	10.85	92.21	63.63
	山东省	6.89		39.15	
中部	四川省	10.18		14.13	
	山西省	9.03	8.75	18.52	16.50
	湖南省	7.03		16.85	
西部	云南省	13.62		19.36	
	贵州省	5.96	7.79	9.69	13.60
	陕西省	3.79		11.75	

资料来源:根据公式(11-3)和(11-4)计算。

从模型回归结果来看,我国建设用地的利用并没有达到空间效率的均衡,通过调控土地利用的空间配置[①],能够提高土地利用的效益,达到资源配置的帕累托改进或最优。

三、当前土地利用政策的反思及调整方向

自 1997 年以来我国开始实行更严格的农地保护政策,曾经一度有效地抑制了耕地快速减少的势头,然而由于政策的制定没有充分地考虑到区域经济和自然资源禀赋的差异性,耕地资源保护的政策效率并没有充分体现。经济发达地区在巨大的经济发展冲动下,囿于建设占用耕地指标的限制,违法用地频频出现,2000 年东部地区违法占用耕地的面积占全国总数的 42.26%。经济落后地区利用建设占用耕地指标充裕的优势,盲目设立开发区,但却大多圈而未用。总体上,耕地保护的政策目标并没有实现,而经济发展的交易成本却大大增加。因此,需要对我国的农地保护政策进行深刻的反思,并根据比较优势的原则提出新的思路。

(一) 耕地总量动态平衡与区域资源禀赋的矛盾

耕地总量动态平衡要求"在今后一定时期内,做到我国耕地面积不再减少,并略有增加,用中国的地养活中国人,同时保证当前建设对土地的需求。"耕地总量动态平衡思想贯穿上一轮土地利用规划体系,在实际的规划编制中,往往将指标层层分解,最终耕地总量动态平衡战略变成了以县甚至以乡为单位的小区域平衡。

[①] 从目前我国土地管理的制度来看,就是改变建设占用耕地指标分配的空间分布。

保持耕地总量动态平衡的两条必然途径,一是控制非农建设占用耕地,二是开发耕地后备资源。耕地总量动态平衡政策目标非常明确,但这个政策的实施却是有违比较优势原则的,经济发达地区一般都是处于自然条件比较好,土地利用率高的区域,土地的后备资源已十分有限,而且经济发展对土地的非农需求旺盛。前面的研究表明,经济发达地区非农建设用地的产出效率远大于欠发达地区。因此,要求经济发达地区实现耕地总量动态平衡可能会带来两种不良的效果,一是经济发展受到一定程度的限制,违背我国当前经济发展是硬道理的指导思想。二是造成生态环境的破坏,为了达到占一补一的要求,许多边际土地被开垦为耕地,而在经济发达地区,由于非农就业机会多,务农的机会成本高,现有耕地抛荒或低效利用的现象已十分普遍,新开垦的耕地往往很快抛荒,水土流失严重,造成区域生态环境的恶化。因此,耕地总量动态平衡政策在经济发达地区的实施可能会适得其反。

(二) 规划指标分解与区域发展差异的矛盾

上一轮土地利用总体规划采取自上而下的指标控制规划模式,包括建设占用耕地指标、补充耕地指标和净增耕地指标,其基本的核心思想是实现耕地总量动态平衡。指标的分解更多的是一种行政划分的结果,并没有过多地考虑到区域经济发展和资源禀赋的差异。如建设占用耕地指标分解的依据一般是各地区既有的经济总量、人口总数和耕地数量,这种划分的办法是一种静态的思维,没有考虑到区域间发展潜力和人口的动态变化。我国的东部地区正处于工业化的中后期,这是经济发展最快的时候,由于就业机会多,吸引了大量的劳动力在本区域就业,因而也是城市化速度最快的时候。实际上经济发达地区承担着更大的经济发展和人口压力,采用上述指标分解的办法实际上变相缩小了经济发达地区的建设占用耕地的指标,进一步加剧土地供给和需求的矛盾。而补充耕地和净增耕地指标的分解更是违背比较优势的原则,在经济发达地区实现耕地净增的经济代价是昂贵的,基本没有实现的可能和必要。

(三) 土地利用政策思路的调整

原有的农地资源保护政策忽视了经济发展水平和自然资源禀赋的区域差异,忽视了土地利用的空间效率差异,从而弱化了政策的实施效力。因此,我们认为我国土地利用政策调整的思路,应根据土地利用效率的空间差异,发挥区域的比较优势。

1. **建设占用耕地指标分解的区域差异化**

东部地区无论在绝对优势和相对优势上的排序都是靠前的,按照王万茂[9]提出土地资源最优配置的评价标准,即国民经济折算费用最小,增大土地因素对国民收入的贡献,减少土地尤其是农业土地的非农业占用量和国民收入的土地占用率最低。根据这个标准,东部地区单位建设用地面积增加对 GDP 的贡献最大,也就是单位 GDP 增量的土地占用率最低。因此,从资源配置效率的角度出发,在保障经济发展的前提下,应该赋予经济发达地区更多的非农建设用地占用耕地指标,这样能在耗用耕地最少的前提下保障最大的 GDP 增长量,从而协调好经济发展与耕地保护的关系,促进土地资源的可持续利用。

2. **基本农田布局和耕地总量动态平衡的区域调整**

与此相适应,我国基本农田保护区的调整也应该遵循比较优势的原则,将东部地区的基本农田指标转移到中西部地区[①]去。而在实施耕地总量动态平衡的政策上也应该具有区域差异。总体思路是全国实现耕地总量动态平衡,但东部地区不用实现耕地总量动态平衡,由在农业土地利用上具有比较优势的中西部地区耕地数量的增加和质量的改善来实现耕地总量的平衡。

第四节 小 结

不同经济发展阶段土地非农化的部门配置规律对于制定科学合理的用地计划具有重要意义。土地利用配置的空间均衡是实现土地资源可持续利用的基础。我国区域间经济发展水平、自然资源禀赋的差异决定我们的土地管理政策必须体现区域特征。我国目前农地保护政策效力低下的原因之一是忽视区域土地利用空间效率的差距,没有发挥区域的比较优势。实证研究表明土地非农化效率存在巨大的空间差异,通过调整建设占用耕地指标的空间分配格局和耕地资源保护区域的空间分布将有利于解决我国经济发展与耕地保护的矛盾。具体的思路是东部地区增加建设占用耕地指标;同时调整基本农田保护的空间格局,将基本农田调整到具有农业土地利用比较优势的中西部地区;耕地总量动态平衡也要调整空间格局,由中西部地区数量增加和质量改善来实现全国的

---

① 西部地区虽然从静态比较优势指标上看具有一定的非农开发优势,但如果考虑生态敏感性的因素,就可以发现西部地区进行大量的土地非农开发是不合适的,因为农业具有一定的生态功能。因此,西部地区也可以当作农地利用具有比较优势的区域。

平衡。在土地利用思路调整的过程中,相适应的配套政策改革也要同步,包括不同区域的干部考核指标、财政转移支付机制等。

参考文献

[1] 王万茂:"土地资源部门间分配与耕地保护",《中国土地科学》,1997年第2期。
[2] 曲福田、陈江龙:"两岸经济成长阶段土地非农化比较研究",《中国土地科学》,2001年第6期。
[3] 石晓平:《土地资源可持续利用的经济学分析》,中国大地出版社,2001年。
[4] 蔡昉、都阳:"区域差距、趋同与西部开发",《中国工业经济》,2001年第2期。
[5] 邓世文、阎小培:"珠江三角洲城镇建设用地增长分析",《经济地理》,1999年第4期。
[6] Nicolai V. Kuminoff et al. 2001. *Modeling Farmland Conversion with New GIS Data*. Paper Prepared for the Annual Meeting of the American Agricultural Economics Association, Chicago, August 5-8, 2001.
[7] 叶裕民:"全国及各省区市全要素生产率的计算和分析",《经济学家》,2002年第3期。
[8] 陈福军:"我国城市生产函数的初步研究",《东北财经大学学报》,2001年第1期。
[9] 王万茂:"市场经济条件下土地资源配置的目标、原则和评价标准",《资源科学》,1996年第1期。

第十二章 区域经济发展与土地非农化需求

本章首先构建一个区域经济增长与建设用地扩展机制分析的理论框架，分析土地利用结构变化的主要社会经济因素。其次在理论分析基础上对江苏省建设用地与耕地数量变化进行实证分析，建立建设用地需求预测模型，通过经验修正，在全省与分区两个层次上分别对2006~2010年、2011~2020年江苏省建设用地需求与耕地资源数量变化进行预测。然后，结合江苏省粮食安全需要与耕地后备资源空间分布情况，进行土地资源分区供需平衡分析。最后，在土地资源需求预测与供需平衡分析基础上，提出符合江苏省省情的基于高效利用和保护双重目标的土地资源管理机制建设思路与对策。

第一节 区域经济增长与建设用地扩展机制分析

经济增长是指一个国家(地区)总产出或人均产出的增加。资本积累、技术进步以及政府、制度、观念、宗教、文化等与经济增长具有内在一致性[1]，经济增长也是人口、产业、资本等要素的变化过程[2]。因此,除了(人均)产出水平,还可以选择信息负载相对具体的人口、产业、投资等对经济增长进行综合测度。

有限的土地是经济活动的基本载体,经济增长使土地利用的结构、强度与效率发生变化。影响因素的多样性使这些变化具有显著的综合性与区域性特征[3]。经济增长作用于土地的机制在于改变土地的需求、(经济)供给与价格。由于经济增长具有动态非均衡性,经济结构非对称发展。内生于经济增长的技术与制度变迁既是对资源稀缺性的适应,同时也改变着资源相对价格及其利用,经济增长中的土地资源配置也总是处于从非均衡向均衡状态接近,新的不均衡又不断出现的动态之中。从屠能和阿朗索时代以来,竞租曲线就经常被用来解释中观或微观尺度的土地利用变化[4~6],我们也用它来解析宏观层面的土地利用结构演变(图12—1)。

将土地划分为两种基本类型:建设用地与其他用地。在完全竞争条件下,时期 t 的土地利用结构以建设用地占土地总量的比重 r_t ($0<r_t<1$),或非建设用地的比重 $(1-r_t)$ 表示。均衡点的位置决定于不同土地价值的相对大小①。由于地块的异质性,土地利用结构的演变在空间上可能存在建设用地跳跃式扩展的情形。但是在考察宏观区域不同时期土地利用变化时,将土地单元分类并按照价值排序构造竞租曲线,这样横轴不再与空间严格对应,曲

---

① 这里指广义经济价值,只有在完全市场竞争能够有效内化各种土地价值的假设下,土地净收益或地租才能成为其代名词。同时必须承认,狭义经济价值(地租)在现实的土地利用中往往起着决定性作用。在土地利用边际上,预期土地净收益应扣除从现状到其他利用方式的转变成本。任何地块在不同时期均可能分布在均衡点的任意一侧,关键在于比较效益与转换成本的大小。

线变化也表现出更强的连续性。在两分法下,我们发展了一个三阶段模型来描述经济增长对土地利用结构的动态影响。在第一阶段,经济增长推动(线性或非线性的)土地需求曲线上移,结构均衡点也将发生移动[①]。经济增长对不同土地需求的影响强度可能不同,基于较高的生产率与较高的产品需求收入弹性,建设用地需求的增长速度可能显著高于其他土地。反映在图12—1中,同一经济增长背景下,建设用地竞租曲线从D_{b1}移动到D_{b2},非建设用地竞租曲线从D_{n1}移动到D_{n2}。需求变动的结果使建设用地比例从r_1上升为r_2,而非建设用地比例从$(1-r_1)$下降到$(1-r_2)$。在第二阶段,技术进步、投资增长将改变土地经济供给,缓解经济增长

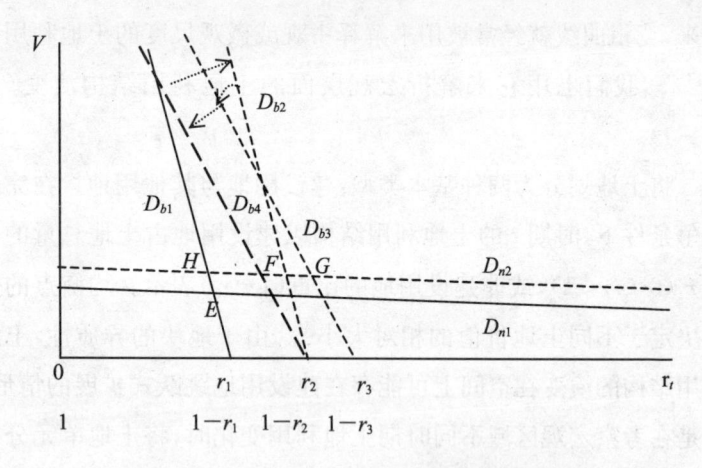

图12—1 土地价值与土地利用结构变化

[①] 将土地类型进一步细分时,该假设的现实性可能受到挑战,如舒尔茨[16]对技术进步导致土地在农产品供给中的重要性下降的论述。但是在两分法下,经济增长对土地生态与其他价值重视程度的上升,两类土地需求都不同程度上升的假设就具有较强的现实性。

带来的土地供需压力。图12-1中,交通运输技术进步或基础设施完善可能使曲线D_{b2}旋转至D_{b3},更多的土地变得适宜开发,导致建设用地比例从r_2上升到r_3,而非建设用地进一步减少到($1-r_3$)。在第三阶段,社会可能对土地整体稀缺性加大作出响应:替代性资本投资增加、土地节约型技术的发明和建设用地配置效率改善等,都可能在边际上缓解经济增长带来的建设用地需求与供给压力,最终使土地利用结构均衡点落在r_1与r_3之间。而政府干预与相关制度安排很可能在后两个阶段的土地结构变动产生正向或逆向的影响。

作为自然资源与空间载体的土地,其利用变化取决于区域自然与经济增长过程。但是从动态角度而言,由于自然条件相对稳定与可及性(或区位)在建设用地价值中的决定性作用,与其他用地比较而言,经济增长与建设用地扩展具有更好的一致性。经济增长是一个非常复杂的过程,各种因素在很大程度上是不可分的,因此土地利用结构变化事实上也难以简单划分为若干阶段。三阶段模型的目的仅在于便于分析各种经济增长因素与建设用地扩展的关系。(人的)经济活动、知识增进以及资本增加是经济增长的三个直接原因[1],必然对土地利用结构产生显著影响;同时,与土地利用直接相关的政府组织与制度安排也应在建设用地扩展机制分析中得到重视,对此需要进一步论述。

(一) 人口增长与迁移

通过克服"马尔萨斯陷阱",人口增长是最重大的经济增长内容之一;人口增长带来的劳动力供给增加又成为经济增长的重要源泉。作为消费者与生产者,人口增长与人均收入上升不仅带来服务性用地需求增加,同时对生产性用地也产生更大的需求[①]。但人口对土地资源的影响还取决于其他经济因素:在土地总体利用率上升同时,产品需求收入弹性较低的土地需求反而会下降;而对于那些具有较高收入弹性或能够更好地满足社会新需求的产品(休闲及各种服务),人口增长将导致其用地扩张。以美国为例,1975~1995年家庭消费结构中,食品的长期收入弹性为0.2,住所为0.7,而保健、教育、休闲等均大于1[7]。一般地,进入工业化或后工业化阶段,技术进步使人口分布逐渐摆脱农业生产水平的束缚,与工商业和建设用地的关系越来越紧密[8]。

生产与生活方式的差异使人口迁移(城市化或非农化)也会对建设用地扩展产生影响。农村住宅一般兼有生产性功能,如仓储、饲养等,房屋建筑密度小、容积率低;而城市用地功能边界相对清晰,人口密度大,集约水平高。因此,长期以来理论研究与土地管理实际中存在一种认识:大中城市的发展应有利于提升建设用地利用效率,缓解人口增长带来的土地资源压力,因此必须加快城市化进程。从集聚经济(或规模经济)角度出发,这无疑是合理的。但人口城市化对土地利用结构的实际影响还受制于其他经济、文化与制度因素,而不能局限于城市与乡村人均建设用地数量的简单比较。在发展中国家,严格的城乡隔离政策可能导致人口城市化以农民兼业化为主,而经济机会的缺乏与文化习俗根深蒂固的

---

① Alig and Healey对美国中心城市及其郊区的研究表明,城市人口(规模)分布对建设用地数量存在影响,表现为城市总人口达到一定水平后,等量人口增长的土地消耗将有所降低。相似的理论认识广泛体现于我国现行土地利用总体规划中,即国家根据城镇人口规模统一制订城市与农村人均建设用地最高规划标准,地方则结合人口预测设计城镇用地规划指标。

影响使农民普遍更注重住房而不是生产性投资的积累,这将使经济增长、人口城市化(或非农化)与城乡建设用地扩展同步发生:农民进城导致城镇生产与服务用地需求扩张,而农村居住用地消费也持续增长。

(二) 产业结构演进

一般地,随着人均产出(或收入)增长,劳动力将顺次从第一产业向第二、三产业转移,各产业相对于国民收入的比重也相应变动。产业结构调整是经济增长过程中不同产品或服务的需求—收入弹性与产业平均劳动生产率存在差别的结果,它同样会使土地资源的部门配置发生变化。比较而言(整体而非单个的),工业品与其他服务的收入弹性较高,经济增长对其用地需求产生巨大的拉动作用。因此,非农经济总量的比重将持续上升,其建设用地的经济价值也将增大,在土地总价值中的比重提高。

由于土地与其他要素的配置关系在不同产业中存在差异,主导产业的转移使建设用地扩展也呈现阶段性与区域性特征。例如,进入20世纪90年代,工业用地在苏南大城市用地扩张中的地位已经让位于居住、公共建筑与道路用地,但是在小城镇用地扩展中仍居于主导地位[9,10]。一般而言,初级产业(农业、林业)的产品比次级和第三级的产品和服务更依赖于土地,但美国的经济增长仍然降低了农业土地服务的供给价格[8]。据此可以推断长远的产业结构演进将降低建设用地在经济增长中的重要性。那些更加集约地利用土地的产业(如大部分服务业)的比重提升,无疑会促进这一发展。但同样需要强调的是,产业结构演进对建设用地规模的影响也依赖于其他社会经济因素。虽然产业结构的长期演进可能会降低建设用地扩展的压力,但是在其快速发展初期,产业之间的用地竞争很可能出现第三产业发展对其他用地产生"挤出效应",例如因不愿意放弃原有工业而经常出现的城镇用地"退二进三"现象。

(三) 资本积累

新古典经济学将资本积累看作经济增长的基石。它既是经济增长的必要条件,也是人口、产业、技术与制度等因素作用于土地利用的关键途径。各种形式的资本积累(包括人力资本)都会对土地利用产生影响,但最直接的还是固定投资,它是这里讨论的重点。一般地,固定资本投资分为基本建设、更新改造与房地产开发等。固定资本形成对建设用地扩展的影响非常复杂,但是长期以来我们关于它对土地利用作用的认识可能存在偏见。

一般的认识是,固定资产形成将加剧建设用地扩张与土地非农化[3,11~13]。单从土地开发过程来讲,这无疑是事实:随着人口与产业变化,对厂房、交通、住房等用地的需求膨胀,它们的供给增加则需要通过固定投资得以实现。前面的分析也曾提及,建设用地竞租曲线的旋转很大程度上是固定资产投资增加与基础设施改善的结果。但是,大多数分析忽略了不同土地资源与其他资本之间的替代关系:固定资本存量越大,资本/土地比率越高,土地产出率也越高,经济增长对建设用地的依赖将下降。当然,(非土地)资本对建设用地的替代能力同时受制于知识技术水平与边际报酬递减规律,并随经济增长而变化。Arnott and Lewis 的研究表明,在加拿大1975年和1976年的住房开发中,资本对土地价值的平均替代弹性为0.36[13]。考虑不同产业土地依赖程度的差异,对于整个经济而言,资本对土地的总体替代能力可能更大。因此,固定资本形成完全可能在促进建设用地开发的同时,降低建设用地在经济增长中的重要性,在满足经济增长更大的建设用地需求时降低建设用地扩展的压力。

(四) 技术进步与效率改进

长期以来,技术与效率在土地科学中受到的待遇远不如其在经济学中的地位。由于对经济增长的贡献突出,纳尔森认为技术进步应被看成经济增长的核心推动力量,而资源再配置则是生产率增长中的一个关键过程[14]。美国经验则表明,劳动力素质的提高和知识存量的增加使土地的经济重要性一直在下降[15]。显然,同样面积的现代城镇接纳人口与经济活动的能力也远远大于前工业化时代。因此,我们认为技术进步与效率改进则是建设用地增长速度低于经济增长速度的根本原因,并使建设用地数量变化与GDP增加、人口增长表现出阶段而非长期一致的相关性。俞勇军与陆玉麒在我国江阴市就观察到耕地数量变化的类似特征[12]。

一般地,技术进步与效率改进意味着等量产出下更少的资源投入或一定投入更大的经济产出,其长期影响在于缓解需求增长带来的各种资源需求压力,而不同地区在知识应用能力与经济激励方面的差异使地区间的建设用地利用效率存在差异。技术进步使土地资源的承载力提升,而效率改进则强调因激励完善、浪费减少、配置结构优化等增加的有效土地供给。值得注意的是,技术进步与效率改进也存在方向性问题:就整体经济而言,如果经济增长偏向于劳动或(非土地)资本节约型的技术进步,土地资源需求将持续上升;反之则相反。如果非建设用地的利用技术与效率改进更为显著,其他条件不变,将给建设用地扩展提供更大的空间;反之,偏向于建设用地的技术与效率改进则直接缓解由经济增长带来的新的土地开发压力,降低经济增长中的土地生态与农用价值代价。由于技术进步与效率改进更多地内生于经济增长[16],它们实质上体现着一国(或地区)在特定的自然条件与历史阶段下对土地利用的整体观念与影响。

(五) 政府行为与土地制度安排

在限制和刺激经济活动方面,政府与制度发挥着重要作用[1],并直接或间接影响着土地利用。这里简要地分析那些直接关系土地资源配置的政府行为与制度安排,并突出中国的实际情况。

1. 政府与土地资源配置机制

市场与计划都是土地资源配置的方式。随着经济市场化改革从农村转向城市,中国于20世纪80年代中后期启动城镇土地市场化改革,这无疑有助于优化建设用地配置[17]。但考虑土地征用权泛化、地方政府之间以及地方与中央政府的非合作博弈等因素[3、18、19],虽然有偿使用制度得到普及,但真正的市场价格机制仍然受到严重制约。

长期以来,经济增长(速度)是评价政府绩效的首要标准。这导致严重的地方保护主义以及地方政府对流动生产要素的激烈竞争。作为地方政府的重要可控资源,建设用地客观上成为政府完成资本原始积累与吸引流动生产要素的重要筹码。这一方面导致大量集体土地通过低成本征用转变为"国有"土地,同时地方政府之间的土地"价格战"使有偿使用价格更多地表现为政府定价。因此,很难简单地评价市场机制的应用在多大程度上改变了建设用地利用。考虑经济增长与(地方和中央)政府偏好的一致性,土地市场化改革与经济增长和建设用地扩展具有一致性:市场化改革降低了交易成本,加快了资本形成与经济增长,进而导致更大的新增建设用地需求。当然,以上主要关注于经济增长与建设用地扩展的速度侧面。从经济增长与建设用地扩展之间的数量与质量关系来看,因价格竞争机制的引入而导致的用地效率提升无疑有助于减缓建设用地扩展。因此,经济改革与土地资源配置机制对中国建设用地扩展的影响最终还取决于市场化的广度与深度。

2. 土地保护与规划管理

土地保护与规划管理的应用具有普遍性,没有哪个国家(或地区)的土地利用唯一地决定于经济因素[1]。问题的关键在于土地保护与规划管理制度的必要性与合理程度,以及对替代性资本积累的具体影响。同时,土地制度一般由国家(或中央)统一设计,但是其绩效很大程度上依赖于(地方)政府与其他经济主体的响应程度与方式。

在中国,粮食安全与生态质量显然是土地保护与规划管理的基本出发点。由于粮食安全与生态环境的公共物品属性,自发供给不足。同时,在经济增长是政府业绩考核主要依据的情形下,也很难相信地方政府会主动制订或认真实施可能约束本地区生产要素增加与经济增长(速度)的规划。但国家土地保护制度的潜在影响仍然不可忽视:如果说耕地占用税的税率过低,那么1996年以后耕地总量平衡政策则大大提高了耕地占用成本;中央与地方关于新增与存量建设用地出让收益分配关系的调整可能也是存量城镇用地再开发与土地储备兴起的重要原因。因此,考察国家土地保护与规划管理制度对建设用地扩展的影响,一方面要看制度设计的出发点与实施力度,同时还要考虑这些制度与社会经济宏观环境的一致性,以及地方政府与一般经济主体的具体响应。由于我们长期强调经济增长速度与产出规模,考察土地保护制度对我国建设用地扩展的真实影响需要格外慎重。

基于三阶段模型与上述分析,给出几个有待检验的关于快速工业化阶段(或地区)经济增长与建设用地扩展关系的假说:

假说一:一般地,人口增长与人均产出(或收入)增加将导致更大的建设用地需求。

假说二:固定资本积累将直接推动土地开发,但它与土地资本的替代关系也会产生抑制建设用地扩展的作用。

假说三:在我国特殊的城乡关系下,城市化对建设用地扩展的推动作用将强于其收敛作用。

假说四:工业化是建设用地扩展的重要动因,但土地资源节约型产业的比重越高,经济增长对建设用地的需求越低。

假说五:资源利用的技术效率越高,经济增长中的生态与农用土地代价将越低。

图12—2是以上假说的图形表达。这里,背景曲线再现了1978年以来我国国内生产总值(GDP)与人均国内生产总值(1978年=100)的实际变化。垂线右侧的深色矩形表示理论上将推动建设用地扩展的经济因素,矩形越长表示因素的潜在影响越大,而虚线表示因素作用同时显著地受制于其他社会经济因素;左侧浅色矩形则表示某因素在边际上有助于降低经济增长对建设用地的依赖程度,矩形长度与虚实的含义同前。

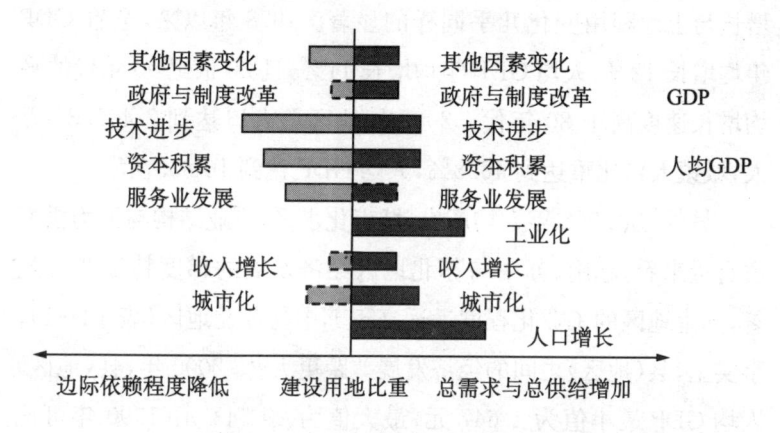

图 12—2 经济增长与建设用地扩展

第二节 区域经济增长与建设用地扩展实证分析

改革开放以来,随着经济社会快速发展,江苏省土地利用结构发生了重大转变,主要表现为以城镇工矿用地为主的建设用地大量扩张,农用地,尤其是耕地资源急剧减少。江苏省土地资源高度稀缺,但土地圈而不用等低效利用问题也很突出。选择江苏省作实证研究所得出的结论和政策含义,对存在显著东中西区域差异的全国将具有重要的典型意义,对其他经济发达地区也具有重要的参考意义。

一、江苏省经济增长与土地利用结构变化概况

本研究选择江苏省作为实证研究对象,是由于江苏省的经济

增长与土地利用变化几乎同样的显著。1978年以来,全省GDP年均增长12%,人均GDP年均增长11%,且20世纪90年代的平均增长速度高于80年代。2003年地区总人口达到7 405.82万人,城镇人口比重达到46.8%,人均GDP达到16 809元。

另外,从2002年人均产出、城市化水平、产业结构与人均投资占有量来看,苏南、苏中与苏北地区经济发展的梯度特征非常显著,苏南地区的工业化程度远远高于苏中与苏北地区(表12—1)。事实上,县(地区)之间的经济发展差距更大[①]。2000年,县(地区)人均GDP最小值为1 647元,最大值为20 543元(1990年可比价);第二、三产业增加值比重最小值为54%,最大值为99%;第三产业与第二产业增加值的比值,最小值为0.39,最大值为1.53。

表12—1 2002年江苏省不同区域经济发展情况

地区	人均GDP (元)	城市化水平(%)[d]	产业结构(%) 第一产业	第二产业	第三产业	人均投资占有量 当年固定资产投资完成额(元)	当年外商直接投资(美元)
苏南[a]	28 597	49	4.7	54.7	40.6	6 695	415
苏中[b]	11 235	30	14.5	49.3	36.2	2 189	39
苏北[c]	7 628	28	24.0	43.0	33.0	1 669	18
江苏省	14 968	35	10.9	51.1	38.0	3 344	145

a. 包括苏州、无锡、常州、南京、镇江5市;b. 包括扬州、泰州、南通3市;c. 包括徐州、连云港、淮安、盐城、宿迁5市;d. 指非农业人口比重。

资料来源:《江苏统计年鉴》(2003)。

---

① 在实证分析中,以县级数据为主。由于1990年至2000年江苏省进行了一系列行政区划调整,包括1996年新设地级市泰州市,以及历年统计年鉴中将(地级市)市区作为一个统计单元,在估计历年各县(地区)固定资本存量中,整合了部分县、区数据,最后1996年可获得的观测样本为76个,2000年为74个。

数据还表明,与1996年比较,2000年县(地区)之间的经济发展差距有所缩小。

伴随经济快速增长,"九五"与"十五"期间江苏省建设用地总量迅速增加。1996~2002年全省建设用地总量净增13.48万公顷,其中城市、工矿用地、建制镇的增长幅度最大,分别达到31.8%、29.4%、23.8%。同期,耕地累计减少12.74万公顷,园地减少2.67万公顷(表12—2)。近十年耕地存量变化趋势表明江苏省已经从耕地数量基本稳定阶段进入了耕地不断减少的新阶段。

表12—2 1996~2002年江苏省建设用地与农用地数量变化

	土地类型	1996年面积(万公顷)	2002年面积(万公顷)	净增(减)(万公顷)	增(减)率(%)
农用地	耕地	506.17	493.43	-12.74	-2.52
	园地	31.37	28.70	-2.67	-8.52
	林地	31.98	32.21	0.23	0.73
	牧草地	2.36	1.95	-0.42	-17.65
	其他农用地		130.50		
建设用地	城市	6.27	8.26	1.99	31.81
	建制镇	6.83	8.46	1.62	23.75
	农村居民点	91.09	94.68	3.59	3.94
	工矿用地	15.91	20.59	4.68	29.42
	交通用地[a]	27.67	29.27	1.60	5.59

a. 含农村道路。
资料来源:江苏省国土资源厅。

在江苏省,经济建设与资源保护的矛盾不断激化。建设用地迅速扩展对土地资源的冲击已经影响到江苏省的生态环境质量[①]。同时,资源浪费与低效利用现象依然严重。1996~2002年全省县域乡村人口减少1 086万人,但农村居民点用地仍然增加3.59万公顷,接近新增的城镇用地数量。另外,在现行土地非农化收益分配机制下,建设用地大量扩张对农民利益的侵犯所引发的社会问题也不断加剧[3,5]。

二、经济计量模型构建

在理论分析基础上,结合江苏实际构建快速工业化阶段(或地区)建设用地扩展的宏观经济模型:

$$\text{RBL}_{i,t} = F(\text{PD}_{i,t}, \text{PS}_{i,t}, \text{PGDP}_{i,t}, \text{IR}_{i,t}, \text{ISR}_{i,t},$$

$$\text{FIDTL}_{i,t}, \text{FIDBL}_{i,t}, \text{TE}_{i,t}, \text{LP}_{i,t}) \quad (12-1)$$

式中,RBL表示建设用地占全部土地的比重,PD表示人口密度,PS表示人口结构(城市化水平),PGDP表示人均产出,IR表示非农经济比重,ISR表示非农经济内部结构,FIDTL表示单位土地固定资本投资,FIDCL表示单位建设用地固定资本投资,TE表示地区技术效率水平,LP为期间土地保护政策虚拟变量。下标i、t分别代表不同的地区与时期。

为了减少混合截面(panel)数据可能导致的异方差问题,同时也为了使模型的含义更加直观,在回归分析中实际应用的方程为

$$\text{BLR}_{i,t} = \alpha_0 + \alpha_1 \text{Ln PD}_{i,t} + \alpha_2 \text{PS}_{i,t} + \alpha_3 \text{Ln PGDP}_{i,t} + \alpha_4 \text{IR}_{i,t}$$

[①] 除了农药、化肥,主要污染物均产生于建设用地上,其中包括乡镇企业在内的工业与城镇用地是最主要的污染源。另外,2002年江苏省人均粮食产量仅408公斤,降至1978年以来的历史最低水平,从粮食输出区彻底转变为净输入区。但我们认为,这主要是农业政策而非建设占用耕地的结果。

$$+ \alpha_5 \, ISR_{i,t} + \alpha_6 \, \mathrm{Ln} \, FIDTL_{i,t} + \alpha_7 \, \mathrm{Ln} \, FIDBL_{i,t}$$

$$+ \alpha_8 \, TE_{i,t} + \alpha_9 \, LP_{i,t} + \varepsilon_{i,t} \qquad (12-2)$$

和

$$BLR_{i,t} = \beta_0 + \beta_1 \, \mathrm{Ln} \, PD_{i,t} + \beta_2 \, PS_{i,t} + \beta_3 \, \mathrm{Ln} \, PGDP_{i,t} + \beta_4 \, IR_{i,t}$$

$$+ \beta_5 \, ISR_{i,t} + \beta_6 \, \mathrm{Ln} \, FIDTL_{i,t} + \beta_7 \, \mathrm{Ln} \, FIDBL_{i,t} + \beta_8 \, TE_{i,t}$$

$$+ \beta_9 \, \mathrm{Ln} \, FIDTL * LP_{i,t} + \beta_{10} \, \mathrm{Ln} \, FIDBL * LP_{i,t}$$

$$+ \beta_{11} \, TE * LP_{i,t} + \zeta_{i,t} \qquad (12-3)$$

这里，α 与 β 是需要估计的参数，ε 与 ζ 是误差项，并假设均满足正态分布要求。Ln PD、Ln PGDP、Ln FIDTL 与 Ln FIDBL 分别是人口密度、人均 GDP、单位土地固定投资与单位建设用地固定投资的自然对数项。方程(12-3)中，Ln FIDBL * LP 与 TE * LP 分别是 Ln FIDBL、TE 与土地政策变量的乘积，它们替代了方程(12-2)中的 LP，其隐含假设是 1996 年以后的建设用地调控政策的作用通过土地政策影响的经济活动得以实现。而固定投资、土地利用效率(如先进技术的应用、闲置土地的处置)在短期内显然比人口、城市化、产业结构更易受政策影响。方程(12-2)则试图直接估计土地政策的效果。

三、数据与变量说明

数据包括 1996 年江苏省 76 县(地区)与 2000 年全省 74 县(地区)。其中人口、产出、产业结构、(当年)固定资产投资额等数据主要来自历年江苏统计年鉴，部分数据来自《江苏五十年》，土地数据分别为 1996 年详查数与 2000 年变更调查数。

（一）建设用地比重

迄今,我国最为全面系统的土地利用数据是始于 1996 年的土地详查数据及历年变更调查数据。虽然可能存在一定程度的统计问题[4],但我们仍然认为这一数据是能够获取的满意度最高的数据,尤其是对于趋势分析而言。本研究选择建设用地占土地总面积的比重(%)作为分析对象,其中建设用地包括居民点及工矿用地、交通用地①。土地总面积指辖区面积,包括已利用地与未利用地,并且忽略期间因滩涂生长等原因造成的土地总面积变化。

（二）人口与产业结构

人口密度指总人口与土地总面积(详查数)的比值(人/km²),人均产出指人均地区生产总值(元;1990 年可比价)。由于统计上的原因,只能获得历年县级非农业人口与总人口统计数。在模型估计中,用非农业人口比重(%)替代城市化水平。非农经济比重指第二、三产业生产总值占 GDP 比重(%;以当年价格计算),非农经济内部结构指第三产业与第二产业生产总值比值(%;以当年价格计算)。

（三）固定资本投资

在张军等的研究基础上[20],我们使用永续盘存法估算了 1991

---

① 各类建设用地的具体含义参见全国农业区划委员会:《土地利用现状调查技术规程》,测绘出版社,1981 年。与国土资源部 2002 年颁布的《全国土地分类》有所不同。

年至2000年江苏省各县(地区)年末固定资本存量[①]。将固定资本存量与土地总面积相除,得到单位土地固定资本存量(万元/公顷;1990年可比价格),与年末建设用地面积相除得到单位建设用地固定资本存量(万元/公顷;1990年可比价格)。这里,我们使用单向递增的单位土地固定资本存量反映地区投资扩张,而用可增可减的单位建设用地固定资本存量衡量建设用地集约利用水平与资本对土地的替代程度。

(四) 技术效率

利用1996年与2000年江苏县级人口与国内生产总值(1990年可比价格)统计资料,以及上面推算的固定资本存量(1990年可比价格),应用经济计量软件FRONTIER4.1,估计出1996年与

---

① 根据张军等[20]对1990年江苏省固定资本存量估算结果(1 157亿元;1952年不变价)与1990年与1952年固定资产投资价格指数之比(1.66),计算出1990年江苏省固定资产存量为1 922亿元(当年价)。据此,推算出1990年江苏省资本产出比约为1.356 6(均按当年价计)。我们假定当年各县(地区)的资本产出比相近,据此推算出不同县(地区)1990年固定资本存量(当年价)。然后根据来自历年江苏统计年鉴的县(地区)全社会固定资产投资完成额统计数,延用张军等的思路,估算出1991~2000年各县(地区)的固定资本存量(1990年不变价)。其中需要特别说明:①由于只能获得1991年、1992年与1997年份地级市固定资产投资统计数据,我们根据前后相邻年份各地级市内固定资产投资的平均县(区)分布情况推算出这三年的县级固定资产投资完成额,其中1997年地级市固定资产投资数据来自《江苏五十年》;②1990~1996年县级固定资产投资统计数据均不完全,我们假定未统计的县级固定资产投资与已统计投资的地区分布规律相同,将各县(地区)已统计固定资产投资乘以全省统计数与全省县级统计数和的比值进行修正。对江苏省分县(地区)固定资本存量的估计有赖于推算所用假设的准确性,但考虑到1990年江苏省资本产出比(1.356 6)尚处于较低水平,除了1991与1993年县级固定投资未统计比例较高(分别为56%、39%),其他年份该比例均较低(1992年为22%,其他年份均低于15%),并且实证分析中只使用1996年与2000年的估计结果,我们认为固定资本存量估算误差对回归结果有效性的影响可以接受。

2000年江苏省各县(地区)的技术效率①。考虑到我国城镇土地制度变迁与经济体制改革的一致性,我们假设建设用地利用效率与经济活动总体技术效率的变化方向相同,将地区技术效率水平直接纳入模型。

(五) 土地管理制度

我国历来重视经济发展与资源保护,土地管理制度也经历了一个产生、发展、成熟的过程。1998年新《土地管理法》的出台以及主要地区土地利用总体规划的编制实施是我国土地资源管理制度,尤其是农地保护制度的重要变迁。模型中,虚拟变量LP(1996年=0,2000年=1)反映了期间土地管理制度的这一变化②。

---

① 首先,根据1996年与2000年江苏省各县(地区)人口与GDP(1990年可比价)以及固定资本存量(1990年不变价),借助于SPSS11.5对江苏省的C-D函数进行OLS估计,结果如下:

$$GDP = e^{2.088} L^{0.203} K^{0.760}$$

Adjusted $R^2 = 0.914$, $F = 793.572$, $D-W$ 值 = 1.849

其中,总人口(L)与固定资本存量(K)的系数估计均在1‰的水平上显著不为零。同时,我们发现期间江苏省的技术变化并不明显,纳入时间变量T(1996年=1,2000年=2)后模型并未发生显著变化,而且T的回归系数也不显著。利用经济计量软件FRONTIER4.1,对期间的随机前沿生产函数进行估计:

$$Ln(Q_{i,t}) = \beta_0 + \beta_1 Ln(K_{i,t}) + \beta_2 Ln(L_{i,t}) + (V_{i,t} - U_{i,t})$$

其中,$Q_{i,t}$为i地区t年的国内生产总值,K为固定资本存量,L为总人口;假设$V_{i,t}$为符合$N(0, \sigma_v^2)$分布的随机变量,并独立于$U_{i,t} = (U_i \exp(-\eta(t-T)))$,这里$U_{i,t}$是决定技术效率的非负随机变量,并假设符合正态分布$N(\mu, \sigma^2)$。

相应地,第i个地区在t时期的技术效率为:

$$EFF_{it} = E(Y_{it}^* | U_{i,t}, K_{i,t}, L_{i,t}) / E(Y_{it}^* | U_{it} = 0, K_{i,t}, L_{i,t})$$

这里$0 \leq EFF_{it} \leq 1$。同时,在运算中我们假设μ与η均可以不为0。

② 虽然我们重在考察土地管理制度变迁对建设用地扩展的影响,但是0/1虚拟变量的设置无法完全排除其他经济或制度因素变化的影响,如亚洲金融危机以及国家宏观经济政策变化。但是由于模型中同时考虑了投资、技术效率等变量,间接传递了宏观经济环境变化的影响,模型中的制度虚拟变量应该可以粗略反映期间土地制度的变化。

四、模型估计结果

经验估计结果见表12—3与表12—4所示。

回归结果均证实经济增长与建设用地扩展之间存在显著关系,我们提出的五个假说也基本得到证实,主要变量系数估计的符号与假说一致。需要强调的是,表12—3与表12—4中的(1)～(4)列均表明技术效率提升对减缓建设用地扩展起到显著作用。在表12—4的(5)～(7)列中,综合考虑人口、城市化、非农产业内部结构、单位建设用地固定资本存量等因素后,技术效率的显著性水平大大降低,这说明固定资本形成对土地资源的替代作用与技术效率对土地资源的作用方向一致,和其他技术进步一样,建设用地利用技术进步也需通过投资得以实现。同时,表12—4的(5)～(7)列中还证实了非农产业内部结构调整对建设用地扩展的作用:从长远来看,第三产业比重越高,经济增长的新增建设用地需求将有所降低。另外,虽然土地制度变量在多数模型中不显著,但其系数估计的符号基本为负,说明1996年以来的土地管理制度变革在建设用地控制方面并非完全无效。表12—3(6)列表明,如果从人口、投资扩张、技术效率角度考察经济增长与建设用地的关系,我国的土地管理制度在鼓励技术效率向有利于建设用地高效利用方向发展上可能产生了比较显著的影响。

表12-3 经济增长与建设用地扩展关系模型回归结果(一)

解释变量	(1)	(2)	(3)	(4)	(5)	(6)
常数项	−50.596***	−51.207***	−11.990	−15.718**	−12.658*	−11.854
	(−9.613)	(−9.764)	(−1.612)	(−2.190)	(−1.721)	(−1.613)
Ln PD	8.679***	8.688***	5.806***	6.231***	5.821***	5.701***
	(12.628)	(12.611)	(5.854)	(6.417)	(5.848)	(5.729)
Ln PGDP	3.625***	3.614***				
	(6.768)	(6.717)				
Ln FIDTL			2.830***	2.615***	2.823***	2.543***
			(6.748)	(5.606)	(6.702)	(5.493)
TE	−24.807***	−24.007***	−15.494***	−14.527***	−14.778***	−14.430***
	(−6.081)	(−6.021)	(−4.249)	(−3.998)	(−4.104)	(−4.013)
LP	−1.075	−1.322	−1.001			
	(−1.643)	(−1.535)	(−1.536)			
LNFIDTL*LP				−0.008		0.669
				(−0.024)		(1.434)
TE*LP					−1.231	−2.420**
					(−1436)	(−2.033)
Adjusted R^2	0.777	0.777	0.777	0.774	0.777	0.778
F	131.157	130.766	130.920	128.243	130.582	105.637

注：括号中的数值表示t检验值，***、**、*分别表示t值达到1%、5%和10%的统计显著水平；模型均通过自相关与共线性检验。

表 12—4 经济增长与建设用地扩展关系模型回归结果(二)

因变量:建设用地比重(%)

解释变量	(1)	(2)	(3)	(4)	(5)	(6)	(7)
常数项	-36.922***	-37.305***	-27.981***	-28.255***	-35.381***	-29.464***	-29.455***
	(-5.984)	(-6.085)	(-5.142)	(-5.238)	(-7.831)	(-5.139)	(-5.107)
Ln PD	8.663***	8.681***	7.123***	7.134***	8.335***	8.089***	8.084***
	(10.857)	(10.857)	(9.802)	(9.808)	(10.360)	(9.985)	(9.827)
PS			0.163***	0.162***	0.209***	0.197***	0.197***
			(8.454)	(8.426)	(8.910)	(8.064)	(8.026)
IR	0.148***	0.147***					
	(4.783)	(4.730)					
ISR	0.019	0.018			-0.033**	-0.035**	-0.035**
	(1.021)	(0.987)			(-2.059)	(-2.235)	(-2.179)
Ln FIDBL					-1.705***	-1.558**	-1.466**
					(-2.902)	(-2.461)	(-2.394)
TE	-19.233***	-18.772***	-7.353**	-7.125**		-5.644	-5.967
	(-4.700)	(-4.660)	(-2.146)	(-2.090)		(-1.572)	(-1.674)
LP	-0.616		-0.332		-0.563		
	(-0.875)		(-0.567)		(-0.889)		
LnFIDBL*LP						0.176	
						(0.940)	
TE*LP		-0.700		-0.331			0.636
		(-0.757)		(-0.431)			(0.757)
Adjusted R^2	0.750	0.750	0.804	0.804	0.808	0.811	0.810
F	90.626	90.467	153.675	153.498	126.323	107.276	106.992

注:括号中的数值表示 t 检验值,***、**、* 分别表示达到 1%、5%和 10%的统计显著水平;模型均通过自相关与共线性检验。

第三节 建设用地需求模型与不同时期江苏建设用地需求预测

本研究通过建立综合经济计量模型对近年江苏省建设用地[①]扩展机制进行模拟,揭示江苏省建设用地数量变化的主要影响因素及其作用强度,建立建设用地需求预测模型,在经验修正基础上初步预测2006~2010年、2011~2020年江苏省建设用地需求。

本研究将依据建设用地总量与第二、三产业增加值之和、非农业人口、国内生产总值的数量关系建立建设用地需求预测模型,并将把未来国家与江苏省土地宏观调控政策影响考虑在内,通过不同的适用假设或条件,结合2010年、2020年江苏省经济社会与制度主要方面发展预期,对不同时期建设用地需求规模进行预测。

一、建设用地需求模型体系

依据建设用地边际经济贡献概念与计量方法、生产要素(比例)优化配置理论及经济发展土地"代价"的库兹涅茨曲线模型分别建立建设用地需求预测的边际经济贡献模型、人地互动模型、土地—经济转换模型。

[①] 以新土地分类法为依据,包括城市、镇、农村居民点、独立工矿、盐田、特殊用地、交通用地。由于水利设施用地,尤其是水工建筑用地主要由地方水文地质条件决定,如未专门说明,本研究将暂不考虑水利设施用地。

(一) 边际经济贡献模型

$$\triangle CL = F(\triangle NAGDP; r; M) = r\triangle NAGDP/M$$

式中：$\triangle CL$ 为期间建设用地增量预测值；$\triangle NAGDP$ 为期间第二、三产业增加值增长预测值；r 为依据经验（观察）值修正后的建设用地增量对 NAGDP 增量的总贡献率；M 为依据经验（观察）值修正后的建设用地对 NAGDP 的边际贡献。

(二) 人地互动模型

$$\triangle CL = G(\triangle NAP; \alpha) = \alpha \triangle NAP$$

式中：$\triangle CL$ 为期间建设用地需求预测值；$\triangle NAP$ 为期间非农人口增长量预测值；α 为依据经验（观察）值修正后的预测期间建设用地与非农人口增量线性关系估计值。

(三) 土地-经济转换模型

$$\triangle CL = H(\triangle GDP; T) = \triangle GDP/T$$

式中：$\triangle GDP$ 为预测期间 GDP 增长量；T 为依据经验（观察）值修正后的 GDP 与建设用地的转换系数（增加单位 GDP 所带来的建设用地增长量）。

二、建设用地总需求预测

在严英龙等的研究基础上，结合江苏省全面建设小康社会与生态省建设战略安排，预测"十一五"期间与 2011~2020 年人口、GDP、产业结构变化。将相关经济社会预测值与修正后系数代入模型，预测不同时期江苏省建设用地需求。预测结果显示，要实现江苏省社会经济发展战略,如果2003~2010年江苏省GDP年均增长率保持在8.5%左右,2011~2020年保持在8%左右,2006~2010年、2011~2020年江苏省建设用地需求量将分别在120~180千公顷、280~450千公顷之间(表12—5)。

表12—5 江苏省建设用地总需求预测结果（单位：千公顷）

模型/状态预期	2006~2010年			2011~2020年		
	预期Ⅰ	预期Ⅱ	预期Ⅲ	预期Ⅰ	预期Ⅱ	预期Ⅲ
边际经济贡献模型	179	147	122	429	354	290
人地互动模型	170	149	128	423	353	282
土地—经济转换模型	172	147	122	450	356	284

1996~2002年江苏省建设用地总量增加134.8千公顷,年均增长22.5千公顷。比较预测结果与1996~2002年江苏省建设用地变化情况,"十一五"期间江苏省年均建设用地增长量将有所提高,约在24~35千公顷之间。值得强调的是,2002年江苏省GDP是1996年的1.8倍,而预测表明2010年江苏经济总量接近在2002年基础上再翻一番。尽管预测参数修正中不同程度地考虑了经济增长的土地代价的下降,但是较大的年均经济增长总量导致更大的建设用地的总需求。可见,"十一五"期间土地利用宏观调控,尤其是建设用地管理在江苏省的地位与作用将更加突出。

三、建设用地需求分区预测

在三种预测模型中,土地-经济转换模型具有较强的综合性,同时对政策制订的指导作用最强(如为制订区域产业用地门槛服务）。因此选取该模型作为不同地区建设用地需求预测的主要模型。

根据不同地区土地利用现状实际与所处发展阶段，分别对土地－经济转换系数进行修正，结合不同地区国内生产总值增长预测，对不同地区建设用地需求进行预测。结果表明，未来江苏省建设用地调控的重点区域是沿江地区。2006～2010年苏南地区建设用地需求在73～89千公顷之间，苏中在28～35千公顷之间，苏北在38～41千公顷之间。2011～2020年苏南地区建设用地需求在126～224千公顷之间，苏中在60～95千公顷之间，苏北在103～135千公顷之间(表12—6)。

表12—6　江苏省建设用地需求分区预测结果　（单位：千公顷）

地区/状态预期	2006～2010年			2011～2020年		
	预期I	预期II	预期III	预期I	预期II	预期III
苏南	89	81	73	224	168	126
苏中	35	31	28	95	77	60
苏北	47	41	38	135	119	103
江苏省	171	153	138	454	364	289

比较不同预期下的预测结果，2006～2010年苏南地区的政策调控空间约为16千公顷左右，苏中地区约为7千公顷；2011～2020年苏南地区的政策空间更大，在100千公顷左右，苏中地区在35千公顷左右。

第四节 江苏省经济增长与土地资源供需分析

建设用地需求预测表明,如果 2003~2010 年江苏省 GDP 年均增长率保持在 8.5%左右,2011~2020 年保持在 8%左右,2006~2010 年、2011~2020 年江苏省建设用地需求量将分别在 120~180 千公顷、280~450 千公顷之间。建设占用耕地预测结果显示,在建设占用耕地比例较高水平的 2006~2010 年、2011~2020 年,江苏省建设占用耕地数量分别在 99~123 千公顷、200~322 千公顷之间,即 2006~2020 年建设占用耕地数量在 299~445 千公顷之间。

2002 年江苏省耕地详查面积为 4 934 千公顷[①]。在完全自给的思路下,按照最保守的技术进步预期与最高的人均粮食需求水平,到 2020 年江苏省仍有 601 千公顷的耕地释放空间;在较乐观的技术进步预期与较高的人均需求水平预期下,到 2020 年江苏省的耕地释放空间为 1 082 千公顷左右;如果粮食自给率控制在 92.5%,耕地释放空间至少上升到 1 371 千公顷。粮食生产技术进步与粮食贸易将在不影响居民生活质量的前提下大大提高江苏省的耕地释放潜力。

从全省范围内来看,未来建设占用耕地数量显著低于江苏省的耕地释放潜力,可见建设占用耕地并不是江苏省粮食安全问题

---

① 统计数为 4 905 千公顷。

与耕地保护的唯一原因。但是,由于国家政策要求建设占用耕地实现"占一补一",江苏省耕地后备资源禀赋能否满足建设占用耕地补充需求成为经济社会发展另一个重要约束。

本节在江苏省耕地后备资源类型及潜力评价的基础上,在全省与分区层次上对江苏省耕地资源供需平衡能力进行分析,并提出符合江苏省省情的耕地资源补充策略。

一、江苏省耕地后备资源潜力分析

(一) 耕地后备资源长远潜力

耕地后备资源潜力(土地开发整理潜力)是指在一定时期、一定经济发展水平和技术水平条件下未利用地的数量和开发利用能力,以及已开发利用的土地资源经过改造、整理、结构调整等措施,提高土地利用率和产出率的潜在能力。根据目前土地开发整理工作的重点及江苏省土地利用类型、结构、布局,江苏省土地开发整理潜力主要包括耕地整理潜力、农村居民点整理潜力、土地复垦潜力及土地开发潜力。

在典型调查与地方上报数据的基础上,江苏省国土资源厅与南京农业大学土地管理学院测算了江苏省耕地后备资源长远潜力[1]。其中未利用土地开发潜力与土地复垦潜力以土地利用调查数据为主要依据,耕地整理潜力主要依据不同地区待(可)整理耕地面积与平均新增耕地系数测算,农村居民点整理潜力主要根据村镇居民点土地利用现状与国家相关标准(人均居住用地标准与

---

[1] 江苏省土地开发复垦整理规划专题报告,2002。

户均宅基地标准)推算得出。通过剔除2001~2005年江苏省土地开发复垦整理项目安排,计算出不同地区2005年以后的耕地补充长远潜力。数据表明,苏南地区通过农村居民点整理增加耕地的长远潜力最大,但是在农用地整理、土地复垦、未利用土地开发等方面,苏北地区则更具有优势。江苏省耕地补充长远潜力为454千公顷左右,其中苏南、苏中、苏北地区土地开发复垦整理补充耕地总量长远潜力分别为147、97、210千公顷左右(表12—7),分别占江苏省长远耕地补充潜力的32%、21%、46%。

表12—7 江苏省不同地区耕地补充长远潜力

地区	耕地补充长远来源(千公顷)				
	耕地整理	农村居民点整理	土地复垦	土地开发	小计
苏南	28	88	13	18	147
苏中	17	34	10	36	97
苏北	50	16	41	103	210
江苏省	95	138	64	157	454

(二) 耕地后备资源现实潜力

土地开发复垦整理不仅由自然条件与土地利用现状决定,还要受到技术与社会经济条件的制约。一定时期内农村居民点整理潜力的实现程度受到人口城市化、居民迁移与整理意愿的限制。虽然部分地区拆村并点的现实条件基本具备,但更多的地区由于居民生活习惯、高昂的迁移成本使村庄土地整理很难在近期内大规模进行。耕地整理则存在组织、产权等方面的困难。土地开发在很大程度上受到土地生态的约束。由于未利用土地往往分布在生态脆弱地带或过渡区,具有重要的生态价值与生物多样性保护价值,其开发经济价值低而生态保护价值高。土地过度开发利用是江苏省土地问题的一个重要方面,有限的未利用土地的开发更应该慎重,现实的未利用土地开发潜力应该剔除那些新垦耕地质量低劣或具有重要生态环境价值的区域。待复垦土地一般是人类破坏土地行为的结果。虽然大部分具有复垦为耕地的潜力,但是由于其土壤结构、水文地质条件往往已经被破坏到难以恢复的状况,复垦潜力的发挥受到土地破坏程度的限制。

根据不同类型耕地后备资源开发利用的难易程度、经济成本以及江苏省经济社会发展的发展趋势,估计各种耕地后备资源到2020年的可实现程度[①]。预计到2020年,耕地整理潜力基本可利用,约80%的土地复垦潜力可利用,约70%的未利用土地开发潜力可利用,约25%的农村居民点整理潜力可利用。据此可推算出不同地区的现实耕地后备资源数量。考虑不同类型耕地后备资源的实现可行性后,2006~2020年江苏省可实现耕地后备资源数量仅291千公顷,其中苏南73千公顷,苏中59千公顷,苏北159千公顷(表12—8)。

表12—8　2006~2020年江苏省不同地区耕地补充现实潜力

地区	耕地补充现实来源(千公顷)				
	耕地整理	农村居民点整理	土地复垦	土地开发	小计
苏南	28	22	10	13	73
苏中	17	9	8	25	59
苏北	50	4	33	72	159
江苏省	95	35	51	110	291

---

① 江苏省土地开发整理规划(2001~2010年)估计了到2010年不同类型后备资源潜力的实现程度。

二、江苏省耕地资源"占补平衡"能力分析

(一) 省域范围耕地"占补平衡"能力

比较建设占用耕地预测结果与全省耕地后备资源现实潜力，"十一五"期间江苏省基本具备耕地"占补平衡"的能力。但将时期延长到2020年时，只有在全部预期条件均最严格时，江苏省才能勉强实现省域内的耕地"占一补一"；即使在比较适中的预期条件下（经济社会发展与建设用地增长的关系得到更好的统筹，建设占用耕地比例适中），在"占一补一"制度下，2020年江苏省的耕地缺口仍达到23~75千公顷。

(二) 不同地区耕地"占补平衡"能力

由于建设占用耕地与耕地后备资源分布的地区差异，对不同地区的耕地"占补平衡"能力分别进行考察。比较不同地区、不同时期建设占用耕地预测结果与耕地补充现实潜力，可以发现苏南地区所面临的制度挑战极其严峻。如果耕地补充潜力在近期全部转换为现实的耕地资源，"十一五"期间苏南地区基本能够满足"占一补一"的政策要求。但这意味着2010年以后苏南地区将没有任何后备资源用于补充建设占用耕地，这一缺口至少在88千公顷以上，最高可接近179千公顷。而且，由于经济社会生态条件的限制，近期内也不可能将耕地后备资源潜力挖掘殆尽。因此，可以判断苏南地区基本不具备实现耕地"占一补一"的可能。

苏中地区在近期内能够满足其建设占用耕地的补充任务要

求。但是长期内也同样面临着苏南地区的资源困境,到2020年也同样不具备耕地"占补平衡"的能力。

苏北地区耕地后备资源相对富裕,能够满足自身不同时期、不同条件下的建设占用耕地补充要求。从长远来看,相对于苏北地区自身需求,其耕地后备资源富余量至少在68~89千公顷之间(表12—9)。

表12—9 江苏省不同地区耕地"占补平衡"能力比较

地区/时期	较低建设占用耕地比例 2006~2010年	较低建设占用耕地比例 2011~2020年	较高建设占用耕地比例 2006~2010年	较高建设占用耕地比例 2011~2020年	耕地补充现实潜力(2006~2020年)
苏南	51~62	88~157	58~71	101~179	73
苏中	19~25	42~66	22~28	48~76	59
苏北	15~19	41~54	19~23	51~68	159

三、主要结论

综合江苏省建设用地需求与建设占用耕地数量预测、江苏省耕地资源总量变化机制与供需平衡分析的研究结果,可以得出以下主要结论:

(1)"十一五"期间,江苏省整体上基本具备实现耕地资源"占一补一"的可能性;

(2) 2011~2020年,江苏省耕地后备资源将不足以支撑实现省域内的耕地"占一补一"要求;

(3) 考虑农业结构调整对耕地资源数量变化的影响,2006~2010年、2011~2020年江苏省都不可能实现省域范围内的"耕地总量平衡";

（4）由于不同地区建设占用耕地数量与耕地后备资源禀赋上的差异，近期内苏南地区的耕地"占补平衡"可以与苏中、苏北地区合作，在远期则超出了苏北地区的富余潜力。

概言之，要求江苏省在"十一五"期间与2011～2020年实现辖区内的耕地总量平衡既非区域粮食安全的必然选择，也不具备资源与经济上的可行性；耕地"占补平衡"在近期内有一定的空间，但是远期则超出江苏省合理的生态与经济条件。

参 考 文 献

[1] 阿瑟·刘易斯著，周师铭等译：《经济增长理论》，商务印书馆，1983年。
[2] 速水佑次郎：《发展经济学——从贫困到富裕》，社会科学文献出版社，2003年。
[3] Zhai, G. and S. Ikeda. 2000. An Empirical Model of Land Use Change in China. *RURDS*, Vol. 12, No. 1, pp. 161-169.
[4] Karen C. Seto and Robert K. Kaufmann 2003. Modeling the Drivers of Urban Land Use Change in the Pearl River Delta, China: Integrating Remote Sensing with Socioeconomic Data. *Land Economics*, Vol. 79, No. 1, pp. 106-121.
[5] Fischel, W. A. 1982. "The Urbanization of Agricultural Land: A Review of the National Agriculturual Lands Study". *Land Economic*, Vol. 58, No. 2, pp. 236-259.
[6] Mori, Hiroshi. 1998. Land Conversion at the Urban Fringe: A Comparative Study of Japan, Britain and the Netherlands. *Urban Studie*, Vol. 35, No. 9, pp. 1541-1549.
[7] 罗伯特·福格尔："经济学要与时俱进"，载吴敬琏：《比较》，中信出版社，2003年。
[8] 张善余：《人口地理学概论》，华东师范大学出版社，1999年。
[9] 傅小锋等：《苏南地区土地利用结构变化分析》，《地理科学进展》，1997年第4期。

[10] 姚士谋、帅江平：《城市用地与城市生长》，中国科技大学出版社，1995年。
[11] Lee, Linda. 1979. Factors Affecting Land Use Change at the Urban-Rural Fringe. *Growth & Change*, Vol. 10, No. 4, pp. 25-31.
[12] 俞勇军、陆玉麒：" 江阴市耕地变化驱动因素及耕地利用效率定量研究"，《经济地理》，2002年第4期。
[13] Arnott R. J. and F. D. Lewis. 1979. The Transition of Land to Urban Use. *Journal of Political Economy*, Vol. 87, No. 1, pp. 161-169.
[14] 理查德.R.纳尔森著，汤光华等译：《经济增长的源泉》，中国经济出版社，2001年。
[15] 〔美〕西奥多·W.舒尔茨著，姚志勇等译：《报酬递增的源泉》，北京大学出版社，2001年。
[16] 理查德·R.纳尔森著，汤光华等译：《经济增长的源泉》，中国经济出版社，2001年。
[17] Qu, F., N. Heerink and W. Wang 1995. Land Administration Reform in China: Its Impact on Land Allocation and Economic Development. *Land Use Policy*, Vol. 12, No. 3, pp. 193-203.
[18] 曲福田、石晓平：" 城市国有土地市场化配置的制度非均衡解释"，《管理世界》，2002年第6期。
[19] 吴旬：" 土地价格、地方政府竞争与政府失灵"，《中国土地科学》，2004年第2期。
[20] 张军、吴桂英、张吉鹏：" 中国省际物质资本存量估算：1952~2000"，《经济研究》，2004年第10期。

第十三章　中国土地非农化的政策体系改革

中国经历了 20 多年的持续高速经济增长,取得了世界瞩目的发展成就。但以上研究表明,随着人地关系日趋紧张,经济发展过程中的土地非农化问题日渐突出,对经济社会可持续发展关系重大,从而成为我国土地管理亟待解决的重大问题。当前和未来相当长时间内,我国土地资源管理的难点在于协调经济社会快速发展与农地资源保护的关系,重点在于如何合理地确定土地非农化的程度,即如何确定合理土地资源保护规模和相应的空间布局,以及在此基础上如何高效配置土地资源,尤其是建设用地资源,以逐步转变长期存在的依赖大量低成本土地消耗的经济增长方式。科学发展观的提出,为我们从根本上认识中国土地非农化过程中存在的问题、科学确定土地管理目标、实现土地管理机制的转变和土地集约利用的宗旨,提供了重要依据。

第一节　中国土地非农化政策调整的基本思路

综观我国目前的土地管理政策体系,一个核心的问题是耕地保护。然而实践证明,尽管我国实施了号称世界上最严格的土地管理制度,但建设大量占用耕地的问题依然成为中国经济社会发展中的焦点之一。耕地保护政策低效率的一个根本原因是就土地论土地,没有将土地公共政策的制定和实施纳入国民经济发展公共政策中整体考虑。

我国经济发展正处于工业化中期,东亚发达国家或地区的经验表明该阶段是土地非农化最快速的时期,耕地减少是经济发展的成本,是一种代价性的损失。而我国土地非农化的过度性损失特别突出,主要原因是由于政府的直接干预,使市场与价格失去了土地资源配置功能,导致土地配置效率损失。可见,土地的过速损失是政府失灵和市场失灵综合作用的结果,而政府失灵作用更为严重。以上分析告诉我们,中国土地非农化公共政策体系的目标是协调经济发展与耕地保护的矛盾,使经济增长和耕地保护的关系由"两难"转为"双赢"。政策工具调控的重点是解决政府失灵和市场失灵,提高土地资源的配置效率。解决市场失灵的主要途径是在科学编制土地利用规划的基础上,严格土地用途管制。而当前土地非农化过快不是因土地市场所引起,恰恰是因为土地市场发育不全,政府对市场的排斥和对价格控制的结果。调控土地非农化政策体系的首要任务就是要让市场发挥资源配置的基本作用。为此,中国土地非农化的公共政策在未来一段时期内,重点在于以科学发展观为指导,以减少土地的过速损失为主要目标,建立起"产权明晰、市场配置、管制有效、调控有序"的土地管理机制,切实提高土地资源配置效率。其主要思路包括以下几个方面。

一、以科学发展观统领经济与土地资源的协调发展

改革开放以来,我国国民经济保持着高速增长的势头。但如果继续以粗放的经济增长方式,片面追求经济总量最大化,资源与环境问题必然成为制约我国经济发展的瓶颈。科学发展观的提出为摆脱资源环境困境,实现经济与资源、环境协调发展提供了新思路与新方向。必须摒弃片面追求经济增长的传统理念,树立"绿色GDP"的新概念,统筹经济发展与资源保护的关系;通过增加单位土地面积投资和降低单位GDP土地资源消耗,提高土地资源的利用效率,实现土地的集约利用;通过优化产业结构,合理调整生产力布局,推进经济增长方式转变,走科技含量高,经济效益好,资源消耗低,环境污染少,资源优势得到充分发挥的新型工业化道路。这是我国全面建设小康社会过程中解决土地非农化问题的宏观思路所在。

二、在科学确定耕地资源保有量和空间布局基础上实行最严格的土地用途管制,并成为协调经济发展和耕地保护矛盾的出发点

粮食需求与供给分析表明,粮食安全问题并不是我国耕地资源保护的全部内容。农业生产技术进步与粮食贸易大大扩展了耕地资源保护的空间,同时,全国不同地区建设用地使用效益的差异也决定了部分地区应更多地发展非农经济,因此耕地保护数量应该有一定的弹性与适应性,避免因过度保护耕地而造成其他用地供给不足,影响经济社会正常发展。问题在于,就全国来讲,农地

过度非农化已成为一个不争的事实；即便是立足全国统一市场与全球化经济，耕地资源的保护仍然是土地管理的第一要务。从粮食安全、生态建设、社会稳定、国家法律要求等方面出发，依据经济社会发展需要，科学确定各地区的长期耕地保有量，将其纳入基本农田范畴进行最严格的管制和保护，实现耕地总量适度保护前提下的经济发展，是我国科学发展观在土地管理机制转变的出发点。基本农田保护制度是一项比较成熟有效的耕地保护制度。但从目前的执行情况来看，一方面存在着"重数量轻质量"、"划劣不划优"等问题，同时还普遍存在基本农田保护区与经济建设区在区位选择上的严重冲突。因此，在科学确定耕地保有量基础上，重新科学务实地划定基本农田保护区，在数量与空间上实现经济发展与耕地保护的统筹。

三、推进土地市场创新，使市场成为土地资源配置的主要机制，并作为转变土地管理机制的基本点

在全国大部分地区，市场配置国有土地资源的机制已基本形成，土地交易制度和土地交易规则也已基本完备。土地招标、拍卖、挂牌出让方式的比例逐年提高[1]。但由于工业用地比重大，且以协议出让为主，致使土地协议出让方式的比重仍然偏高。协议出让方式在很大程度上排斥了市场作用，政府干预过强，在地方政府追求地区经济总量最大化的动机下，容易导致土地资源过度供

---

[1] 2004年，全国招标、拍卖、挂牌出让土地面积占全部有偿出让土地的比例达到29.1%；江苏省达到30%，土地公开交易合同土地出让金占土地出让金总额的70%。

给、价格过低,引起土地过度需求和低效利用。应构建以市场配置建设用地为主的机制,充分发挥市场的供求机制、价格机制和竞争机制,尽量消除土地资源配置中的政府失灵,全面提高建设用地的配置效率,缓解经济发展对耕地资源的压力。

四、改革土地制度,为解决土地非农化问题提供制度基础

土地制度改革是解决当前土地资源利用不当与保护不力的重要手段。土地制度改革主要包括土地产权制度、征用制度、储备制度、收益分配制度和失地农民社会保障制度改革。土地征用实质是土地产权及其收益的重新配置,土地制度改革的核心问题是土地产权制度改革。产权的安全性、稳定性和延续性是土地资源高效利用与保护的根本动力。当前土地征用范围过宽、补偿过低、失地农民安置不当已经成为较大的社会不安定因素,严重影响未来公益性用地的供给,土地利用的社会效益大大降低。以稳定土地市场为目标的城市土地储备制度行为异化,经营性用地储备比例过高,片面追求土地收益最大化,基础设施等用地供给不足;同时,土地储备规模不适,制度运作风险与资金负担过大。只对当期地方政府负责的土地收益分配制度刺激了低地价、零地价等恶性竞争行为,导致建设用地供给失控,土地资源严重浪费。因此,必须加快土地制度改革,明晰土地产权边界,规范政府土地行为,保障一般经济主体与未来政府的合法土地权益,为土地资源高效利用与合理保护奠定坚实的制度基础。

五、完善政府宏观调控,优化土地资源配置

土地资源的有效保护和高效利用还有赖于政府的宏观调控。我国土地市场的发展现状决定了政府必须进行产权界定,完善市场交易规则,建立土地收益分配体制,培育市场竞争主体,完善土地市场体系等职能,促进土地资源流动和优化配置。同时,由于市场无法对土地资源,尤其是耕地、林地和草地等资源所发挥的生态和环境功能进行全面评价,无法自动内部化土地利用中的外部成本,必须建立有效的公共政策体系,以消除外部性、弥补市场缺陷。由于分割的地方土地市场难以控制土地出让中的恶性竞争行为,需要由省政府统一实施适用于不同区域、不同产业(尤其是工业)的用地门槛制度,为建立区域统一土地市场奠定基础。同时,改变当前工业用地过于分散、土地浪费与污染严重的局面也需要政府通过规划优化工业用地布局,加强用地与治污管理。完善政府土地宏观调控机制,是实现土地资源市场化配置的必要辅助,也是土地保护得以实现的基本要求。

第二节 解决中国土地非农化问题的政策建议

根据以上思路,为实现土地资源的有效保护和高效利用的双重目标,科学解决土地非农化过程中的主要问题,我国的土地政策应采取以下调整措施。

一、建立科学有效的保护机制,切实保护耕地资源

未来一段时间内,耕地保护政策体系面临着巨大的考验,审时度势地调整现有耕地保护思路,建立科学的耕地保护机制是实现快速经济发展阶段耕地资源保护的重要举措。

(一)提高土地利用规划科学性,强化规划调控能力

土地利用总体规划是对一定区域未来土地利用超前性的计划和安排。作为政府直接管制土地利用的手段之一,土地利用规划是政府土地管理的龙头,是土地用途管制的基础。然而由于在规划的基础数据、指导思想、方法存在着较大的问题,我国土地利用总体规划的科学性一直受到质疑,在实践中遭遇"纸上画画,墙上挂挂"的尴尬。为改变目前土地利用规划普遍失效、土地宏观调控依据不足的不良局面,为土地管理提供权威、科学的调控依据,迫切需要提高规划编制的科学性。首要的问题是掌握一套真实的土地利用现状数据,真实的数据才能有科学的规划。其次,在指导思想上,将经济发展与土地可持续利用作为主导思路,注重规划的层次性和动态性,其中国家和省级规划注重土地的生态可持续性和代际配置的公平性,市级规划注重经济可持续性和生态可持续性,县乡级规划除了考虑经济和生态外,还要考虑规划的社会可接受性;推行规划的公众参与制度,注重不同利益群体的利益均衡。再次,在方法上,应该借助国外空间规划的思路,依据区域不同的自然和经济条件,进行空间合理的分区,在分区的基础上确定各个分区的管制目标和手段,各个分区中再进行具体的规划设计,实现土

地利用总体规划体系向"空间规划＋土地利用规划（设计）"模式的转变，建立与市场经济体系相适应的、弹性与刚性相结合的土地规划。另外，规划编制思路应从以行政控制为主向激励、引导、控制相结合转变，对于生态保护区和基本农田保护区等进行刚性控制，对于一般性用地，在总量控制前提下，保留适度的弹性发展空间。

在科学制定规划的基础上，必须提升规划的法律效力，强化土地利用总体规划的控制能力。一切用地行为，特别是涉及建设占用耕地的，都要严格依据土地利用总体规划来确定，严格控制土地利用规划的修改行为。目前我国的土地利用总体规划仍然属于行政规章，缺乏法律效力。表现为，一是可以依据经济增长需要，临时报批修改；二是上届政府制定的土地利用总体规划，新一届政府经常随意更改。建议制定《土地利用规划法》作为确保土地利用规划政策有效实施的保障。

（二）科学调整基本农田保护制度

借助于土地利用规划修编之际，对基本农田保护区进行适当调整，将与经济建设严重冲突的区域重新界定为建设预留区，将具有重要保护价值的区域划定为保护区，同时根据不同地区耕地资源禀赋与建设占用需求情况，将我国基本农田保护重心转移到具有农业生产比较优势的地区。建立基本农田质量跟踪监督制度，将基本农田保护从一次性划分转变为长期性保护，完善基本农田质量与环境污染的监测体系，定期公布监测结果。将基本农田保护区与农业支持政策相衔接，通过直接补贴或间接资助建立农民参与基本农田保护的经济激励机制，激发农民耕地保护积极性，提高基本农田保护效果。

(三) 保障农民土地产权,增强农民耕地保护意识

在现有农村土地法律制度框架内,根据不同地区实际情况,创新有利于提高农民收益的土地产权安排,调动农民耕地保护积极性;坚决全面落实《农村土地承包法》,严格审查土地承包经营权证发放工作,保护农民土地产权。通过产权保障,增强农民的耕地保护意识,使农民成为抑制土地过度非农化的第一道屏障。

二、建立健全土地市场机制,高效配置土地资源

数量庞大的建设用地能否用好,是耕地保护目标与经济发展目标能否同时实现的重要基础。我国二十多年的市场经济改革经验表明,市场及价格是实现资源高效利用的最重要的工具。进一步建立健全土地市场,全面提升土地利用效率,是缓解我国土地资源稀缺的重要举措。

(一) 改革工业用地供给方式,集中有序供给建设用地

积极探索工业用地市场化进程的途径,改变当前工业用地"需求定供给"式的以协议出让为主的供地机制和模式,按照"规划控制—计划引导—市场化运作"的操作思路,建立工业用地统一进入园区与"供给引导需求"机制下的以招标、拍卖、挂牌出让为主的工业用地市场化配置模式,真正实现由市场来确定土地使用者、确定土地价格,将土地资源配置到效率高的企业和部门中去,提高土地资源配置效率。

(二) 大力发展二三级土地市场,提高土地配置效率

建立完善二三级土地市场,充分发挥市场的供求机制、价格机

制和竞争机制,建立统一的土地价格体系,促进土地资源流动,提升土地市场整体竞争性与土地配置效率。完善地籍管理与土地登记工作,为土地市场交易提供清晰的产权界定与产权保护服务。

(三) 规范土地中介服务市场,理顺土地价格机制

整顿土地中介服务市场,严格审查中介机构资质,规范管理中介服务行为,改变当前由于管理不足,不动产中介组织运作不规范、企业信誉低下等问题,理顺土地价格形成机制,促进土地市场健康发展。

三、创新机制,促进土地资源跨区域开发利用

实证研究表明,我国不同地区的土地利用存在着不同的比较优势,土地资源的跨行政区域的开发利用和统一规划成为提高土地资源高效配置与经济社会可持续发展的重要选择。东、中、西部地区之间,一个省内不同市、县之间,依据其土地资源禀赋和区域经济的比较优势,联合开发、互通有无,能够实现区域整体土地效益的最大化,实现以更小的土地非农化速度,获取同样的经济增长。

(一) 建立区域性合作组织,协调地区利益

随着"经济一体化"趋势的不断加强,以及科学发展观的深入人心,具有内在相似性的区域内行政单元相互协作、共同发展的愿望不断增强。建议组建区域合作组织,听取不同地区利益要求,建立区域交流平台,提出区域阶段性土地开发合作重点与合作形式。

(二) 科学编制区域土地利用总体规划,统筹开发区域土地资源

通过区域合作组织对区域整体利益与局部利益进行统筹协调,在利益相关地区比较一致同意的基础上,编制区域土地利用总体规划。根据区域土地利用总体规划,确定区域土地开发模式及重点开发区域,以及区域竞争性土地资源开发的空间与时间安排,统筹区域土地资源的开发利用,实现区域内土地开发与项目布局中的规模经济,实现土地资源利用综合效益最大化或开发成本最小化。

(三) 依托公共财政,建立区域土地合作开发机制

通过公共财政支出,建设一批区域重点项目,如区域性高等级运输网、区域性土地保护与整治项目等,改变区域土地分散开发的格局,培育具有较好的生态、经济、社会效益的增长极,促进不同地区经济活动(如开发区)的空间集中。改革平均分配的公共财政机制,结合区域资源综合开发规划布局重大工程项目,按照不同地区的贡献率,通过公共财政支出对因整体开发而暂时受到利益损失的地区进行补贴。也可以建立区域土地基金制度,集中部分土地出让收益,对在一定时期内因配合区域整体开发而延迟土地开发或进行土地保护的地区进行专项补偿,实现土地收益的公平分配。

(四) 建立区域土地利益共享机制

区域土地整体开发能否实现,关键在于能否建立起现实可行的区域土地利益共享机制。对土地分散开发现状进行评价,寻找可行的跨区土地合作开发模式,计量、比较不同地区在土地合作开

发模式中的收益—成本与单独开发中的收益—成本分布,考量不同地区对合作收益的贡献率,通过一定的资金流转或补贴方式,对贡献份额较大或利益受到损害的地区进行适当的财政转移支付。

四、改革土地制度,建立符合市场经济要求的土地管理机制

改革开放以来,我国的土地管理制度经历了多次巨大变革,促进了经济社会发展,但目前的土地制度还存在许多有待改进的地方。当前,迫切需要改革和完善现有的土地制度,建立符合市场经济要求的土地管理机制。

(一) 改革土地产权制度

应按照"归属清晰、权责明确、保护严格、流转顺畅"的现代产权制度要求,改革和完善土地产权制度:一是在坚持公有制的基本前提下,明确土地所有权主体和所有权实现方式,将国家土地所有权和集体土地所有权归属具体落到实处。对于农村集体土地,应在农地承包权物权化基础上,探索农户农地使用权制度成为集体土地所有制实现形式的可能性;对于城市国有土地,正视中央政府和地方政府产权关系问题的存在,探索建立中央和地方在土地管理和权益分配上的委托—代理关系或土地权益分级占有和管理的可能性。二是按照"权利平等"的原则,公平对待国家土地所有权和集体土地所有权,有条件地允许集体建设用地使用权进入市场流转。

(二）创新征地制度，允许农地直接入市，缩小政府征地范围

明确界定政府土地征用权和征用范围，把征地范围严格界定在公益性用地之内，控制征地规模。在实际操作中，确定"公共利益"的主要判断标准有：①公共利益项目的非赢利性；②公共利益项目实施的后果能增进全社会的福利；③公共利益项目实施后的受益面应是全体人员受益，而非特定部门或行业的人员受益。根据这些判断标准，国家应尽快制定出征地目录，进入征地目录的用地项目才能启动征地程序。适度提高征地补偿标准，除土地补偿费、劳动力安置补助费、地上附着物和青苗补偿费，还应对被征地农民就业转移、生活条件改变等造成的间接成本进行补偿；同时要建立失地农民的社会保障制度，缓解征地中的社会矛盾。在此基础上，探索征地市场化补偿机制建设的可能性。

其他非公益性项目需要占用农村集体土地，在明晰农村集体土地产权、符合土地利用规划的前提下，可让土地所有者——农民集体经济组织与用地方直接谈判和交易，做到"两种产权、一个市场"，统一管理，实现集体土地与国有土地同样用途、同等价格、同等收益的目标。在农村集体土地市场中，政府只充当裁判者角色，若用地者与集体经济组织以及农民确实遇到协调不了的矛盾时，政府可以从中引导、沟通和协调。同时政府还应加强税收管理、规划管理、产权产籍管理以及建设用地审批管理，从而实现对建设用地规模的宏观管理和调控。这种制度安排既可以增加农民收入，更重要在于使经营性项目可以从市场上及时获得用地。

(三) 反思与改进土地储备制度,实现由第二财政到公共利益的土地储备

改革土地储备制度,根据城市土地供给与需求状况,科学确定城市土地储备量,量出为入,有效降低城市土地储备的成本和运作风险,促进城市土地储备运行效率的提高;增加公益性用地的收购储备,保证政府公益性土地的供给能力;加强立法,明确土地征购储备的职能、规范、运作方式,完善监察管理体制。

(四) 重构土地收益分配机制,建立土地基金制度

从近期来看,应建立更加合理的土地出让金使用制度,借鉴国外和香港等地区的成功经验,建立土地基金制度,规范土地收益的收缴、管理与使用;将土地出让金收入按土地出让年度分期使用,控制当期政府土地收益使用规模,在当前政府与未来政府之间合理分配土地收益使用权。从长远来看,应完善土地税收体系,将土地非农化中各种收费转为税收,由税收部门来征收;加大对建设用地取得和保有环节的税收调节力度。通过设立不动产税、征收土地占用税等途径获取土地收益,而不应直接在土地征用中通过收取各种费用来获取收益。

同时,进一步完善财税体制。当前地方政府盲目扩大土地非农化规模一个重要原因就是地方财政收入严重依赖于土地收益。因此,进一步完善财税体制,使地方财政摆脱对土地收益的依赖,无疑可以降低地方政府盲目土地非农化的热情。为此,应合理、明确界定各级政府间的事权范围,并按照事权与财权相对称的原则来划分中央与地方以及地方政府之间的税收分享;加快税费改革

进程,逐步以规范的税取代非规范的费,实现预算的统一,促使地方政府之间以规范的税收手段进行横向之间的竞争;完善财政转移支付制度,加大对向落后地区财政转移支付力度,以换取它们不规范的竞争行为。

(五)建立合理的失地农民社会保障制度

建立失地农民社会保障制度,实现社会金融资本对农地实物社会保障功能的替代,弥补征地补偿内容与标准不能一步到位的缺陷,保障社会稳定。重点在于建立失地农民社会保障体系和法律援助机制。失地农民社会保障体系主要从养老保险,失业保险和医疗保险着手,在农民自愿的基础上,从土地补偿费、安置补助费、集体土地有偿使用收入中扣除,或由负责征地的单位统一向保险公司投保。建立失地农民最低生活保障制度,为其提供与城镇居民相同的最低生活保障。建立土地纠纷仲裁机构及法律援助机制,对征地行为的正当性、征地补偿标准的合理性、征地过程的合法性等进行考察监督,维护农民权益,抑制私人"机会主义"行为,保证征地工作的顺利完成,保障公益性用地的供给。

五、强化政府宏观调控,促进土地资源合理利用

市场是资源配置的有效途径,但仅靠市场机制并不能完全实现土地资源的最优配置。土地利用中的外部性、土地市场发育不完善都要求政府对土地市场进行必要的调控,实现土地资源的社会最优利用,避免土地过度非农化。

(一) 科学制定建设用地供应计划

当前及未来一段时期内,建设用地供给计划都是政府调控土地市场的重要手段。在对建设用地需求预测基础上,结合一定时期社会经济发展特点以及土地市场供求关系,科学制订建设用地供应计划,采取总量控制、弹性管理的方式,在确定各项建设用地指标值上下幅度范围基础上,以价格手段进行微观调节,实现计划与市场的有机结合。

(二) 加强产业用地供应管理

依据产业结构调整政策,制定相应行业的土地供应政策,通过土地供给总量与比例调控产业投资,促进产业结构升级;根据国民经济区域布局需要、区域经济发展阶段特征及其相应产业政策重点,制定具有鲜明区域特点的产业土地供应政策,优化产业空间布局。

(三) 实现工业用地集中布局与统一管理

根据不同地区比较优势与区位条件,结合现有各类开发区布局情况,选择若干适宜性较好的地段建设具有一定规模的工业园区,实现新增工业集中布局,发挥产业集聚的规模效益。同时,从进入到开发对入园企业进行统一管理,严格落实产业用地门槛制度,防止土地浪费,提高土地利用效率。

(四) 强化土地利用评价,建立区域性产业用地门槛制度

建立全面综合的土地利用效益评价指标体系,结合不同地区

经济发展阶段及土地利用现状,科学评价土地利用现状。根据评价结果在不同地区之间重新配置土地利用刚性指标,奖优惩劣,鼓励土地集约利用。

根据国际与国内先进国家(地区)发展经验,结合各地区经济发展阶段与区域分工安排,针对不同地区、不同产业特点,依据产业政策、区域规划及土地利用总体规划,设立土地投资集约度等标准,建立区域性产业用地门槛制度,防止建设用地盲目扩张。

六、建立健全土地管理中的公众参入机制

土地非农化涉及中央政府、地方政府、企业、农村集体、城市居民、农民等多种行为主体,或利益相关者。土地非农化过程中的公众参入自然成为协调多方利益,尤其是有效落实土地管理政策的重要制度安排。

(一)健全土地利用规划编制实施中的公众参与机制

要让公众对土地利用规划实施进行监督,其必要前提就是让公众参与规划、了解规划。只有公众参与的规划,公众才会有积极性去珍视它、维护它的权威性,从而有效地监督规划的实施。为此,首先应用法律法规来确立土地利用规划公众参与的权力。通过有关法律法规制订完善,明确公众参与土地利用规划的权力,明确政府作为土地利用规划的组织者和实施者吸收公众参与的责任和义务,使公众参与逐步纳入法制化、规范化的轨道。其次应进一步完善规划管理的公开制度。不仅规划内容要以各种方式公布,而且实施规划政策,工作制度和办事程序、规划审批和审查用地结果都应向社会公开。再次应组建合理的公众参与土地利用规划的

组织形式。积极组建独立于行政组织之外,拥有一定的决策和管理权限并受到法律保护,具备相当的规划知识基础的行业代表、相关利益集团、个体公众组成的非政府、多层次的团体。这些团体可以代表公众直接参与规划的制定和监督规划的实施,也可以直接受理公众的维权要求。另外,还应充分运用GIS等技术来促进规划的"大众化",公众参与度的发展。

(二) 完善征地程序,赋予农民参与权、知情权和起诉权

建立征地方案事前公告、听证和审批制度。地方政府征地,应当事先向社会公告征地用途,听取社会各方尤其是被征地农民的意见,在征地用途得到社会和被征地农民的认可后,再委托审计机构、会计机构对被征用土地的市场价格进行审核、评估。征地机构在参照被征地的市场价格的基础上,拟订征地补偿标准,并征求被征地农民的意见。由征地机构把征地方案与附有征地方案、补偿和安置等方案的社会听证意见等材料一并上报到上级主管部门予以审批。建立民主决策制度。为了保护被征地农民的权益,增强征地过程的群众性,建议参照村自治法的规定,实行村务、组务公开制度。具体可以规定为:对征地方案的确定和补偿费用的分配及使用,必须经三分之二以上村民或者村民代表同意。尤其是当只有少数村民的土地被征用时,更有必要让被征地的农民参与决策。建立征地争议司法救济制度。应在现行的征地争议行政救济之外,增设征地争议司法救济制度,从而实行行政救济与司法救济相结合的征地争议救济制度模式。考虑到我国的实际情况,在这种救济制度模式中,行政救济是司法救济的必经前置程序,具体规定为:对于土地征用争议,被征地农民应当向县级人民政府或者其

土地主管部门申请裁决;对县级人民政府或者其土地主管部门作出的裁决不服的,被征地农民有权向人民法院提起民事诉讼。通过赋予被征地农民提起民事诉讼的权利,使其能够得到充分的救济[1]。

(三) 提高土地供应过程的透明度,保证土地供应的公平、公开性

一应公开所有涉及土地供应的政府各职能部门(土地、财政、工商、税务等)的内部工作制度和程序。二应公布土地政策法规,包括土地供应的程序,划拨、协议、招标、拍卖及挂牌等土地供应方式的适用范围及程序等。三要及时向社会公布土地利用年度计划、城市总体规划、城市详细规划、土地利用规划等情况;定期修订和公布基准地价与标定地价。四要在供应前公开告示各供应土地的详细信息,包括土地的位置面积以及与土地价格评估相关的信息;供应后,还应发布交易结果,公布土地使用者名单、资质,以及用地形式、面积、年限、用途和建筑容积率等地块简况。

七、实行区域补偿或指标交易,发挥土地利用比较优势

不同地区由于经济发展水平、资源禀赋的差异,土地资源保护的成本和土地资源利用的效率具有较大的区别。利用各个区域的比较优势进行土地利用的分工能够达到土地资源的优化配置,实现经济发展与耕地保护的政策目标。发挥区域土地利用比较优势有两条路径,一是通过规划分区确定各个区域的土地利用功能,如建设发展区、生态保护区等;二是保留目前规划控制指标的分配原则,建立指标交易的市场制度。

土地利用的功能分区是一种空间发展资源的分配,即发展权的空间配置。这种配置可能造成区域发展资源的不均衡,如生态保护区可能有大量的基本农田保护区或湿地保护区,而建设发展区可能有充足的建设占用耕地的指标来满足发展的需要。为了弥补这种不均衡,需要实施财政转移支付政策,即建设发展区补偿生态保护区,并改革现有的官员政绩考核制度,达到区域经济发展不均衡,但人民生活福利的提高是均衡的状态。从理论上讲,市场化的可交易许可证制度能够降低管制的成本,提高管制的效率。而如果保留目前规划控制指标的分配方式,则可以通过建立指标区域自由交易的制度,通过市场来配置资源,使各种控制指标流向最具有比较优势的区域。通过实施可交易的指标制度可以协调不同地区土地资源保护与经济发展矛盾,实现整体资源配置的效率,同时促进区域间的公平发展。

八、科学调整地方政府在土地非农化过程中的政治效益和政治成本

以前的研究表明,土地过速的非农化除了有其经济原因外,重要的是地方政府,特别是地方政府官员能够从中得到超额的政治效益。因而,调节土地非农化的速度,切实按科学发展观协调经济发展与土地资源保护之间的关系,必须科学调节土地非农化过程中地方政府或政府官员的政治收益和政治成本。

(一)减少地方政府从过速土地非农化过程中获得的政治收益

地方政府从土地非农化中获得的政治收益主要为通过土地非农化促进当地经济快速增长以及兴建一些"政绩工程"。因此,减

少地方政府从土地非农化中获得的政治收益,首先应完善地方政府的经济业绩的考核指标,在原有的国民生产总值及其增长率、人均收入及其增长率之外,再增加诸如固定资产闲置率、环境保护、研究和开发费用占国民生产总值的比重、人均教育费等指标;使考核指标既能反映短期经济增长情况,又考虑到长期经济发展情况以及与社会发展之间的协调程度。在完善考核指标的同时,更重要在于改革考核方法,即改变主要由上级考核的方法,转变为上下考核相结合的方法,扩大人民群众在干部考核中的作用。只有这样,才能使地方政府更多地考虑为本地居民增加福利,从本地实际出发进行土地非农化。

(二)增加地方政府合法土地非农化的政治收益

在现行体制下,控制土地非农化规模也将减少地方政府的政绩,因此要调动地方政府执行中央政策的积极性也必须对严格执行政策的地区进行政治奖励。为此,可提高土地指标在干部政绩考评指标体系中的权重。土地利用总体规划和土地利用计划执行情况、耕地保有量、基本农田面积、建设占用耕地补充情况、违法批地用地和查处情况等都应成为考核地方政府政绩的一项重要指标,并将之与领导干部的评优评先,提拔重用挂钩,严格奖惩。

参考文献

[1] 董红、王有强:"改革农地征用制度 切实保护农民利益",《中国农学通报》,2005年第9期。

后　记

　　长期以来,以土地非农化为主要特征的中国土地问题,一直是理论研究的热点、社会关注的焦点和公共政策的难点。不可否认,土地非农化是世界性的普遍现象,不管是人多地少的日本、韩国,还是人少地多的美国、加拿大,在工业化过程中都有大量的土地向非农部门配置,从而支撑了经济社会的发展。然而在中国,土地非农化配置所引发的粮食安全受损、经济粗放增长、生态环境退化、社会安定受损等问题日益加剧。尽管土地政策频繁调整,但不同利益阶层之间、区域与区域之间在土地非农化配置上的冲突与博弈日趋突出,降低了现有土地政策乃至整个经济政策的效率。在我看来,土地非农化实质上是经济发展中土地资源在不同资源中配置的过程,是一个资源配置问题。既然是一个资源配置问题,就会有两个基本命题。一是由于不同部门效率差异,资源在不同部门按效率配置是一个不以人们意志为转移的客观规律;我们的任务是要揭示这一规律,而不是违背这个规律人为地去配置和管制。二是资源在不同部门配置有量的规定性,即最优资源配置。达不到或超过这个量的规定性,都不是科学、优化的资源配置。基于这种认识,我认为中国土地非农化理论研究要至少回答四个基本的政策问题。一是在经济发展过程中,土地非农化配置是不是不可避免?如果是,我们应以何种态度去认识和接受?二是在不同经济发展阶段,究竟多少的土地资源非农化才是合理的,当前的土地非农化是不是合理的或是最优的?三是不同区域土地资源在不同部门配置的规律和量的规定性是否表现出差异性?如果有,如何在区域间协调土地非农化配置才能优化全国的土地利用结构,提高土地资源非农化配置的整体效率?四是如果土地非农化配置是必然的,而且有一个量的规定性,那么有哪些主要影响因素?现实中国的经济发展和制度框架,哪些要素制约着这个量的规定性的实现?制度安排与政策体系应作出怎样的调整?

若要科学地回答这些政策问题,在理论上首先应该弄清以下问题:经济增长阶段与土地非农化配置之间的内在联系和主要特征,与经济发展水平相适应的最佳土地非农化配置水平,不同区域土地非农化配置的效率及其优势,土地非农化的主要驱动因素及其作用机制等等。而基于现有的研究回答这些问题,还比较困难。一方面已有文献更多地研究农地保护,强调保护与管制,使得政策依赖的理论基础缺乏理性;另一方面,现有的研究大多集中在理论上的定性判断,以数量分析为基础的实证研究不足,难以客观地揭示土地非农化配置的数量特征及其规律性,政策制订的数量界限比较模糊。对于这些问题的思考,我从20世纪末就开始了。有幸的是,2001年我得到国家自然科学基金(70173027)的资助,与我的博士研究生陈江龙和硕士研究生陈会广一起开始从事"不同类型区域经济增长与农地非农化研究"。2004年又获得了国家杰出青年科学基金(70425002)的资助,开始系统进行"农地资源非农化配置机制、评价与管理研究"。可以说,前一个课题的研究为国家杰出青年科学基金项目的研究作了十分重要的理论铺垫和前期准备,而本书的主要内容则是国家杰出青年科学基金项目第一阶段的研究成果。

全书分为十三章,共计五个部分。第一部分包括第一、二、三章,是绪论和土地非农化的研究动态综述,并对日本和中国台湾省土地非农化配置的经验进行总结。第二部分包括第四、五章,对中国土地非农化的基本特征及其影响,尤其是对粮食安全的影响进行了分析和把握。第三部分包括第六、七、八、九、十章,建立了中国土地非农化驱动机制的理论分析框架,并在国家和区域两个层面上进行实证分析,揭示了经济转型阶段土地非农化的主要因素和作用机制。第四部分包括第十一、十二章,系统分析了我国土地利用的区域比较优势。第五部分是第十三章,基于分析的结论,提出了中国土地非农化的公共政策体系。

本研究由曲福田主持,负责全书的总体框架构建、主要理论观点和政策建议的凝练和统稿。陈江龙负责土地非农化动力机制及空间效率分析方法的构建和实证分析。陈会广负责地方政府土地非农化制度响应的理论分析与实证研究。姜海博士完成了第十二章的研究与写作。陈利根教授对地方政府土地非农化制度响应的研究给予了有益的指导和帮助。我的研究生诸培新、姜开宏、谭荣和童建军的相关研究成果也融入到本书的相关章节中。在此表示感谢!

中国土地非农化将是一个长期的历史过程,其研究也必然是动态的,需要不断发现新问题,揭示新规律,取得新成果。现在的这本专著仅是我们在这一领域研究的开篇之作,必定有很多缺陷甚至错误,请同仁们能提出宝贵意见或建议,以指导我们今后更好地开展研究。

感谢国家自然科学基金委员会对该项目的支持和资助,感谢中国科学院南京地理与湖泊研究所的陈雯研究员和商务印书馆的李平先生对本书出版所作出的努力和帮助。

曲福田

2007 年 6 月

于南京陶谷新村